Village in Flows

流乡村

罗震东　著

Urbanization of China in Mobile Internet Era

移动互联网时代的中国城镇化

江蘇鳳凰教育出版社
Phoenix Education Publishing, Ltd

国家自然科学基金“电子商务推动的乡村城镇化特征、机制与规划应对研究”（项目批准号：51878329）资助成果

国家自然科学基金“基于流空间的城镇发展战略分析方法与规划理论研究”（项目批准号：51478216）资助成果

国家自然科学基金“治理结构视角下乡村公共产品供给与规划策略研究”（项目批准号：51808280）资助成果

目录

序

2022年元旦，罗震东教授把他的新书稿《流乡村：移动互联网时代的中国城镇化》发给我，并嘱咐我给他写一个序。拿到书稿，我觉得震东这次真是给我出了个难题，因为我不仅对移动互联网没有研究，事实上在生活中也是一个很少使用移动设备的“边缘人”，我甚至连淘宝都不会用，可谓移动互联网时代的“小白”。这序可怎么写呢？但是转念一想，这或许也是震东有意给我的一个压力，逼着我去学习、思考互联网社会的乡村发展与城镇化话题。于是我这两天抓紧时间把书稿从头到尾快速阅读了一遍。其实有些内容震东这两年通过报刊、微信公众号推送等渠道也发布过。我也参加过震东指导研究生的论文开题与答辩，因此也不能说对这个话题完全陌生，但是阅读了全书以后，还是颇有感慨。在这里与大家权且作一个交流吧。

震东早些年是从事区域与城市发展规划研究的，从他博士论文对大都市区治理的研究开始，到后来承担的自然科学基金课题，以及湖北、山东等省区城镇化战略规划等实践项目，研究尺度一直是比较宏大的。但是，六七年前震东开始把研究关注点转移到了乡村，他自己说是“离开城市，自我放逐到乡村”，这是一个巨大的研究转型与跨越。与那些乡村发展、乡村规划研究学者不同的是，他关注的对象是“淘宝村”“电商村”“网红村”这类互联网催生的特殊乡村，研究的是移动互联网对乡村发展、城乡关系、乡村城镇化的影响，这在当时不仅视角非常独特新颖，而且是一个很小众的研究领域。震东也确实由此开辟、引领了中国“淘宝村”“电商村”的研究。这些年他不遗余力地通过网络、自媒体等形式发布在各地的调研场景、学术交流活动与学术成果，吸引了众多的网络“粉丝”，成为国内规划界著名的青年学者之一,应该算是当下“淘宝村”“电商村”研究领域最有知名度和影响力的学者了。因此,我们平时也戏称震东为“淘宝教授”“网红教授”,很多淘宝村、网红村也许都要感谢震东给他们带来的新流量、新机遇、新发展。

当然,不同于一般的“网红”,要能够被称为“淘宝教授”“网红教授”,可不是一件容易的事情,更不是靠表面的“粉丝”与“流量”就可以支撑。作为一名专业的城乡规划研究者,最关键的还是在于能否透过现象进行深刻的学理研究,能否实现从感性世界到理性世界的升华,能否对中国的乡村发展与城镇化研究产生有益的,甚至是原创性的学术贡献。我认为罗震东教授通过这些年不断地努力探索与深入研究,总体上做到了这一点,达到了这个目标。阅读这本书,给我感受最深刻的有如下几个方面:

首先,这是一本扎根中国乡土深入调研、知行合一的学术力作。近年来,或是因为受国内学术研究整体浮躁之气的影响,或是因为沉醉于信息社会的“大数据”“GIS”等技术手段,众多青年学生甚至一些学者终日坐在电脑前面,抱着统计数据或大数据做学问。既轻松又容易出成果,何乐而不为?这些“学术成果”貌似科学定量、高大上,然而缺乏实质内涵与深刻的洞见,对学术发展亦无真正的贡献。我坚持认为做中国城乡发展、城乡规划的研究,首先要基于对中国基本国情的一手调研与深刻体悟,这是一个最基本的前提。震东就是这样的一位扎根中国乡土社会、直面鲜活现实的践行者。这几年,震东在教学工作之余,几乎把所有的时间都投入到全国各地的实地调研之中。他与阿里研究院合作,带着研究生走遍了大半个中国的淘宝村、电商村、网红村。如果关注震东的微信朋友圈,基本上可以说“他不是在淘宝村,就是在去淘宝村调研的路上”。任何一个成功都不是来自上天的偶然垂青,这本书中的每一个案例、每一点发现、每一条判断与结论,都是震东在长期、深入调研基础上的结晶，这也许正是他与别人谈论、交流淘宝村时的底气所在。现在我们身边能这样深入一线、知行合一的青年学者，不是太多，而恰恰是太少了。

其次，这是一本努力将论文写在中国大地上，追求原创性学术贡献的力作。城镇化既有世界共性的阶段与规律，也与一个国家的具体国情与经济社会发展模式密切相关。因此，中国必然不会原样重复西方当年殖民主义时代、工业革命时代的城镇化道路。从1980年代乡村与小城镇驱动的城镇化，到1990年代园区与新城驱动的城镇化，到2000年代全球化与土地财政驱动的城镇化，中国城镇化的道路实践可谓与众不同、别样精彩。近十多年来，互联网作为一种强劲的支撑与驱动力量，正在迅速而深刻地改变着我们的生产、生活与行为方式，尤其将深刻地影响中国城镇化的下半场，这显然是西方国家没有经历过的，因此，我们不可能指望从西方的城镇化历程中找到未来中国城镇化的现成答案。移动互联网到底将如何重塑中国的乡村？对中国的城镇化到底将产生怎样的影响？震东在这本书中以及业已出版的《新自下而上城镇化：中国淘宝村的发展与治理》一书中，无论是提出的"流乡村"，还是"E城镇化"等概念，都是尝试给出一种基于中国国情的探索性、原创性答案。这样的工作，对于中国乡村研究、城镇化研究显然是一个积极的推进，给看似汗牛充栋、貌似成熟的中国城镇化研究又带来了一个颇有新意的视角和不同维度的思考。

第三，这是一本与国际学界积极对话、反馈发展经典规划理论的力作。改革开放以后，中国城乡规划研究学者引介了大量西方的理论、学说，在很大程度上推动了中国城镇化、城乡规划研究与实践的发展。然而，随着中国经济的发展、城镇化进程的推进、国家综合地位的提升，我们也越来越无法回避一个问题：如何在全球化、国际化的语境中构建中国本土的规划学说与理论？正如中国城市规划学会秘书长石楠教授多年前一针见血指出的那样:中国城乡规划面对着“一手实践,二手理论”的巨大困惑。最近一二十年,中国学者在 SCI、SSCI 等国际刊物上发表的中国城乡研究论文越来越多,但是绝大多数是用西方的理论框架来解释中国的现象,我们是不是有责任、有条件去对话国际学界,积极地反馈甚至是发展那些经典规划理论呢?震东在这本书中提出的“新兴田园城市”模式,就是这样的一种努力和尝试:一百多年前霍华德提出但无法实现的“田园城市”理想甚至是梦想,也许在移动互联网作用下的中国乡村可以成为现实,因为工业化时代田园城市无法解决的“规模悖论”,在移动互联网时代可能得以突破。这样的一种学术判断确实非常大胆、具有新意,既是对西方城乡规划经典理论的一个积极反馈与发展,也是与国际学界的一次主动对话。

最后,这是一本以个体微观视角观察社会、彰显人文关怀与规划价值的力作。这些年来,中国学界不乏许多宏大叙事的研究成果与著作,然而真正关注个体、微观社会人群的日常生活与所愿所想,真正关注人本、人性与人文价值的研究成果实在是太少了,其中既有高速发展的时代大环境影响,也有学术界普遍存在浮躁之气的原因。正如前文所说,如果整天在室内抱着文献、大数据做研究,而不能身临基层一线去面对现实的社会,我们怎么可能关注微观社会个体,怎么可能产生真正的人文关怀?震东这些年来访问了无数乡村的居民与从业者,感受他们的生活,了解他们的境况,倾听他们的诉求,如此我们才能在书中见到一个个鲜活而富有张力的人物形象,才能对那些为了美好生活而奋斗的乡村创业者产生崇敬之情,也由此读懂和感受到作者对那些乡村,那些人群流露出的深深关爱之意。而这些,不正是我们的规划师、规划研究者所应该具备的最基本的人文精神吗?不正是城乡规划应该追求的最基本的价值取向吗?可以说,这本书在基础层面上再一次唤起了我们对社会,对人的基本良知与认识,正如作者在书中所说,“见天地,见众生,见自己”。

总之，这是一本视角新颖、内容丰富、内涵深刻而又富有创见的学术著作。移动互联网对中国乡村发展、城镇化影响的研究，是国内近年来刚刚兴起的一个学术领域，在国际上相关的研究就更少了。因此，书中的一些学术观点也许尚不成熟，还可进一步商榷，但是多年来，罗震东教授及其团队沉下心来聚焦这一“小众”领域，克服功利诱惑，进行深入扎实的研究探索，其坚持不懈、务实求真的精神的确让我钦佩。

新年读此佳作，感悟良多，欣然为之序。

张京祥

南京大学建筑与城市规划学院教授、博士生导师

中国城市规划学会城乡治理与政策研究学术委员会主任

2022 年 1 月 5 日

导论：流乡村的产生

作为人类历史迄今规模最大的城镇化进程，中国的道路从来不是先发城镇化国家历程的简单复制，也绝非既有的以先发国家经验为基础的城镇化理论的再次验证。中国的城镇化进程是拥有巨大人口与空间规模的悠久文明进行现代化转型的伟大实践。尤其在城镇化率突破50%以后的下半程，巨大的不确定性和重重挑战必将塑造前所未有的场景。以移动互联网、人工智能、虚拟现实等为代表的科技创新所推动的第四次工业革命方兴未艾[①]，以国内大循环为主体、国内国际双循环相互促进的新发展格局即将开启。面对这样一个高度复杂且无任何经验可循的时代，中国城镇化的道路选择和理论研究任务艰巨。

改革开放40余年来的城镇化进程同时是中国快速推进技术变革的进程。技术变革从未放慢脚步，信息通讯技术飞速发展所带来的时空压缩已经成为促进经济、社会结构巨变的核心动力。由此产生的数字经济正深刻地改变着中国城市与区域的产业结构。21世纪以来中国数字经济增加值的规模及其占GDP的比重逐年上升，2019年数字经济增加值超过35万亿元，占GDP比重已达36.2%[②]。随着服务业的快速数字化，工业的数字化转型也悄然加速。据中国信息通信院公布的报告，2019年工业数字经济增加值已占行业增加值比重的19.5%[③]。2020年始料未及的新冠肺炎疫情席卷全球，受疫情的催化各行各业纷纷加速数字化转型进程，数字化升级已经成为当

① 施瓦布．李菁译．第四次工业革命［M］．北京：中信出版社，2016.

② 数据来源于中国信息通信研究院．中国数字经济发展白皮书（2020年）2020.7.

③ 同上。

前产业发展的主要趋势[1]。

信息通讯技术与数字经济的蓬勃发展加速了城乡二元壁垒的瓦解，信息、资本、人口等要素在城乡之间重新配置，淘宝村、网红村等新乡村开始大量涌现，中国城乡已经全面进入移动互联网时代。截至2021年6月，中国网民规模达到10.11亿人，其中手机网民规模达10.07亿人，手机上网的比例高达99.6%；城镇地区互联网普及率为78.3%，农村地区互联网普及率达59.2%[2]，城乡差距持续缩小，城乡数字鸿沟加速消弭。线上销售模式的普及，以及更加多元化、低门槛、去中心化的平台与技术的出现，促进了以淘宝村为代表的大量数字乡村的浮现、转型与升级。从2009年最早出现的3个到2021年的7023个[3]，从年均销售额达到1000万到年均销售额过百亿元，从沿海省份的零星分布迅速扩展到全国28个省、自治区、直辖市，淘宝村已经成为具有全国影响力的新经济地理现象。移动互联网的快速发展也加速着“注意力经济”的发展。大众传媒方式的迅速改变使得传统线性传播结构变革为网状结构，以往得不到关注的诸多村镇开始成为网红村镇，吸引人流、资金流的聚集。

大量的淘宝村、网红村都属于实体分散、虚拟集聚的新空间——流乡村（village in flows）。它们完全是移动互联网时代的产物，虽然保持着乡村的风貌，但已经进入区域甚至全球的产业分工体系，一定程度上已经是城镇化的空间。

因此，流乡村的出现就是移动互联网时代的城镇化过程，是信息通讯技术与电子商务推动的就业非农化与生活现代化过程。这一过程正在改变传统的以进城为目的的单一城镇化路径，让城乡要素在高频对流的过程中实现更好的配置。

---

① 饶叶玲，罗震东. 数字化转型与深度扩散：基于B2B电商企业的长三角产业空间演化研究[J]. 城市规划学刊，2021，(3)：82-89.

② 中国互联网络信息中心. 第48次中国互联网络发展状况统计报告，2021.8.

③ 阿里研究院. 2021年淘宝村名单出炉，全国淘宝村数量已突破7000，2021-10-12.

移动互联网时代

城乡数字鸿沟的缩小，城乡互动方式的革新以及城乡社会参与度的增强，预示着移动互联网时代的新城乡关系。基于个人电脑的“传统”互联网时代，由于地区发展的不均衡以及信息基础设施建设的滞后，信息化与网络化发展的地区差距和城乡差距呈现不断扩大的趋势。上网所需的知识、技术、经济与硬件高门槛一度将年龄偏大、生活水平较低、缺乏良好教育、缺少计算机和网络知识的乡村居民阻挡在互联网时代的大门之外，“数字鸿沟”一度成为令全球社会担忧的现实①。2008年以来，随着智能手机、平板电脑的诞生，3G/4G/5G网络的普及，移动互联网开始爆发。APP（应用程序）迅速成为主流，人们可以全天候地保持“在线”状态。手机上网业务开始成为各大通信运营商业务竞争的核心，加之智能手机产业快速的技术迭代，城乡居民尤其广大乡村居民接入互联网的途径更加普惠、便捷。

手机日益成为小乡村连接大世界的窗口，海量而丰富的信息要素迅速突破时空障碍涌入原先落后闭塞的乡村，极大地拓展了村民的视野，丰富了他们的认知，同时也为他们提供了融入外界社会的端口。而政府对于乡村信息基础设施的重视和完善，进一步缩小了区域差距和城乡差距。短短10余年间，中国农村网民规模从2008年底的8460万人②，飞速增长至2018年底的2.22亿人③，截至2021年农村网民数已接近3亿人，约占中国网民总量的29.4%④。广大乡镇人群更是成为近几年移动互联网新增用户的主力军。移动互联网对于城乡数字鸿沟的深刻影响在上海财经大学的“千村调查”成果中反映得更为清晰。项目组通过对全国31个省、自治区和直辖市乡村的抽样问卷调查，发现乡村家庭手机拥有率远远高出固话和电脑的拥

① 胡鞍钢，周绍杰．新的全球贫富差距：日益扩大的“数字鸿沟”[J]．中国社会科学，2002（3）：34−48+205.

② 中国互联网络信息中心.第23次中国互联网络发展状况统计报告[EB/OL]. 2009.1.

③ 中国互联网络信息中心.第43次中国互联网络发展状况统计报告[EB/OL]. 2019.2.

④ 中国互联网络信息中心.第48次中国互联网络发展状况统计报告[EB/OL].2021.8.

有率，个人智能手机上网率基本追平城镇[①]。尤其对于西部地区而言，移动互联网很大程度上弥补了由于固话和家庭电脑缺失带来的与外界信息不对称的劣势，西部地区由此获得了追赶东部发达地区的机会。

移动互联网时代为乡村打通了更加多元、全面和开放的城乡交流渠道，对乡村产业及公共服务事业的发展产生了深刻影响。淘宝村、镇通过电子商务突破空间区位约束，参与全国乃至全球的产业分工，实现了社会和经济的跨越式发展。在日新月异的技术变革下，信息传送和接收终端日益呈现出多样化趋势，多频互动成为更加热门的交流传播手段。例如各类在线教育平台，使得众多先进的、丰富的教育资源可以在全球，在城乡共享；又比如“共享农庄”与线上农业信息平台的建设，进一步推动了农业信息化的发展。我们有理由相信，通过移动互联网可以让乡村的教育、医疗、卫生、文化、就业等社会民生事业与城市基本均等，从而逐步改变城乡社会公共资源分布和利用的不均衡状况。

移动互联网的兴起更为显著地、不可逆转地改变着大众传媒的格局，将传统线性传播结构逐渐演变成去中心化的网状传递结构，从而为城乡营销开辟了新的、颠覆性的途径。报纸、杂志、广告、海报等实体媒介日渐式微，电影、电视、传统网站等媒介也已风光不再，“两微一抖一快”（微博、微信、抖音、快手）以及快速崛起的直播、视频平台正迅速成为炙手可热的营销“法宝”。当前利用移动互联网进行产品推广、城市营销以及文旅扶贫的热度已经蔓延到广大乡村地区。过去由于低可达性而不为人知的自然美景通过新媒体的传播日益成为新的乡村形象。尤其我国西部地区丰富的自然与人文景观所展现出的强烈空间异质性，日益成为东部发达地区大众消费的热点。典型如位于连片贫困地区的稻城亚丁景区，2018年在抖音平台上拥有超过17亿次的短视频播放量，从而为它吸引了大量来自一线城市的游客，仅半年游客量就同比增长55.6%[②]。随着游客在地区

① 上海财经大学“千村调查”项目组．2017 中国农村互联网应用报告［M］．上海：上海财经大学出版社，2018.

② 抖音指数. 抖音稻城亚丁大数据报告[R]. 2018.

空间消费行为的完成，借由空间生产而实现的地方社会关系确认、社会认同强化的过程也得以完成，一批与当地文化相关的主题餐厅和民宿应运而生。稻城亚丁并不是个例，据统计在抖音平台上最热门的100个县域景点中，约30%位于贫困县。移动互联网对于城乡空间的影响必将随着更多新科技、新平台的诞生而产生颠覆性的变革。

移动互联网有着动态、自由、即时、智能、平等、自发等特性，而且日益变得无处不在。随着越来越多的城乡用户进入移动互联网世界，媒介渠道激增，大众文化生产与传播开始向乡村居民和年轻群体下沉。新的自下而上的文化生产模式和大众化的文化生产主体以一种草根的姿态，对大众文化进行解构和再造。典型如“李子柒”“张同学”等对于乡村生活的视频展现。通俗易懂、贴近生活的内容极易引起大众的情感共鸣，消弭城乡之间的文化信息隔阂。移动互联网已经成为乡村网民传递和满足物质与精神需求的主要载体，为城乡居民感受世界、融入世界、改变世界的愿景提供了平等发声与展示的渠道和平台。

同样来自上海财经大学的成果显示，95.9%农村网民都在使用微信、QQ（中文网络即时通信软件）等社交软件，应用比例甚至比城镇数据还高[①]。乡村居民压抑已久的表达与分享欲望在快手、抖音等自媒体短视频平台上得到了很好的表现：有人拍摄农村秋收，金黄的颜色铺满农家小院；有人拍摄乌苏里江捕鱼的辛劳与收获，号子声响彻江面；有人编写小剧本，或搞怪或写实地展示着自己的农家生活……朴实自然的拍摄手法，与城市截然不同的自然景观，以及乡村各种传统的生活细节片段，通过平台的算法分发模式，突破地域限制传播到全国各地，迅速激起人们的猎奇心理和关注热度，成为注意力经济时代的新宠。“土味”视频在网络上的迅速传播以及高热度带来的经济效益，往往激起更多村民开启新一轮的创作。各种“土味”创新一时间使乡村成为热门文化输出地，通过细微而琐碎的方式一点点向外界传输自己的独特文化和习俗。在移动互联网时代，

① 上海财经大学“千村调查”项目组. 2017中国农村互联网应用报告[M]. 上海：上海财经大学出版社，2018.

乡村景观、乡村文化的异质性，与更加真实、高质量的乡村生活开始得到更多青睐，乡村在一定程度上可以更加独立、平等、自信地与城市交流、并存，而不是工业革命以来的从属、迎合与异化。

淘宝村的发展与升级

十年来中国农村网民数量的高速增长，催生了由电子商务促发的乡村产业化与城镇化浪潮，全国各地淘宝村如雨后春笋般纷纷出现并实现了井喷式的快速增长。移动互联网在淘宝村、镇的快速发展过程中起到了至关重要的作用，不仅大大降低了乡村社会进入互联网世界的门槛，而且基于移动互联网的新营销模式，典型如直播、短视频等，赋予了乡村甚至相对欠发达的乡村一定的“后发优势”。在中国广大乡村地区，基于熟人社会建立的、供需信息不对称的、依靠非正式的传统秩序约束的小范围市场，难以真正地为当地的社会经济发展注入强大推动力。直播、短视频和社交媒体的到来为乡村产品的网上销售和推广突破了地缘与亲缘局限。村民在直播平台上与顾客聊天交易，五湖四海的陌生人都可以成为熟人，市场范围迅速扩大。同时，平台上相对成熟、完善的交易制度消除了村民销售商品时的社会不信任和对于熟人社会的强烈依赖。这种具有可见性、低知识能力门槛、平等进入、去中心化特征的营销方式受到了广大村民的欢迎[①]，“手机成为新农具，直播成为新农活”已经成为共识。调查显示，在网络销售的推广中，朋友圈传播、网络直播等营销方式在欠发达地区的使用占比均高于东部发达地区[②]。

网络直播动态、直观、详细的展示与即时互动的特性能够带动非标准化、高附加值、复杂工序产品的销售，从而直接促进淘宝村产业的发展升级。河南省镇平县石佛寺镇是著名的玉雕产品（和田玉）加工销售集散

① 刘守英. 信息基础设施与后精准扶贫阶段的减贫[EB/OL]. 2019-04-24.（2019-06-17）.

② 上海财经大学“千村调查”项目组. 2017中国农村互联网应用报告[M]. 上海：上海财经大学出版社,2018.

地，石佛寺镇石佛寺村、贺庄村是河南省最早的一批淘宝村。电子商务发展初期由于玉石产品的非标准化特点与相对昂贵的价格，当地虽然已经形成了两个淘宝村，但玉石产品的销售很大程度上仍是依托大市场的传统线下交易模式。2017年直播的兴起让石佛寺镇迅速扩大线上销售规模。通过视频直播，店家可以详尽地介绍产品，并展示专业的鉴定过程，从而让顾客深入了解玉石特性。相比于传统互联网时代的图片展示，视频直播能够更加充分地展示玉石产品的温润之美和雕刻工艺的精妙，进而激起顾客的购买欲望。在销售规模显著提升的同时，微商和早期店铺销售模式中高达一半的退货率，也随着直播模式的流行而大大降低，“主播”迅速成为石佛寺镇炙手可热的新兴职业。不仅在河南镇平，广东四会、云南瑞丽、浙江诸暨等传统玉石珠宝交易中心也纷纷建设专门的直播基地。年轻的移动互联网产业与古老的传统手工艺产业的碰撞融合，迅速擦出机遇的火花，点燃了乡村草根的创业热情，为淘宝村的转型升级注入新的力量。

网红村的涌现与挑战

随着移动互联网时代的到来，社会日益成为一个信息极大丰富甚至泛滥的集合体，面对日益过剩的信息，“注意力经济”开始受到重视。由于凭借视觉冲击吸引注意力的视觉营销是获得资源与吸引消费的重要手段，移动互联网时代一定程度上就是升级版的视觉消费时代。而既是消费场所又是消费对象的城乡空间，不可避免地被卷入视觉化的浪潮，网红打卡景观、网红村、网红城市不断涌现。不同于淘宝村在移动互联网的助推下实现实体经济的内生型增长，网红村通常利用移动互联网营销具有视觉冲击力和吸引力的景观，进而达到吸引外部资源、发展旅游经济的目的。网红村大体可以分为两类：第一类通常具有优美的自然风景、特殊的文化习俗或建筑风貌，但长期以来由于区位交通条件较差而鲜为人知，移动互联网传播后迅速在网络上走红，进而吸引大量游客；第二类往往自身特色不足，缺乏亮点，为迎合大众消费需求而制造“看点”，通过移动互联网新媒体建构独特的乡村景观（spectacle）[①]，吸引网络受众关注，进而引来线下打卡。

网红村的出现是移动互联网时代空间视觉化进程不断加深的必然产物，它集中体现了新时代、新经济所推动的乡村发展进程的特征和趋势。它的出现不是自发的，而是在移动互联网的媒介环境下多种文化生产主体共同作用的结果。由媒体平台、普通民众和粉丝众多的各路“网红”组成的新型人际关系网络，更是与乡村视觉化进程密不可分。如今公众习惯于在各类社交平台上保持“在线”状态，整个社会对信息媒介所塑造的经验世界日益依赖[②]，人们越来越频繁地在移动互联网所构建的虚拟社交网络中，借助可见的消费行为和对特殊商品的占有与展示，显示并强化特定的社会身份和地位[③]。人们在社交圈中通过对具有独特景观和关注热度的网红村的呈现，不仅展示自己的消费实力、审美旨趣以及新潮思想，还不断刺激着他人的攀比心理和消费欲望，形成一种“景观社交”，从而极大地推动网红村的大众消费与社交网络传播。这种在公众群体中自发产生的社交展示以及“刺激—拍摄—到访—刺激”链条促使“网红景点打卡”成为一种新兴的旅游目的，不少景点也纷纷在产品描述中打上“网红”标签来吸引消费者。

大量网红村的发展虽然吸引了广泛的关注和可观的线下流量，但乡村服务配套设施的滞后以及盈利模式的缺失，导致线下空间消费行为很难转化为可持续的实际收益。一方面，缺少体验深度和持续创新能力的实体空间只能吸引短暂的关注热度，难以获得长久稳定的资金支持，无法覆盖村庄为了维护公共秩序和环境而付出的巨大人力、物力成本。另一方面，

① 关于该词的翻译，亦有“景象”“奇观”“观展”等译法。张一兵（2006）认为spectacle不是什么令人惊奇的观看，恰恰是无直接暴力的、非干预的表象和影像群，景观是存在论意义上的规定，因而译为“景观”。显然spectacle和landscape是有明显差异的，landscape译为“地景”可能更好一些。

② 方玲玲. 媒介之城——媒介地理学视野下的空间想象力与城市景观[D]. 杭州：浙江大学，2007.

③ 周宪. 视觉文化的消费社会学解析［J］. 社会观察，2004（11）：58-58.

村庄在配套设施尚未完善的情况下，往往难以招架“来势汹汹”的大量游客，导致地方居民的生活空间被挤压，生态环境被破坏。为了抢占注意力经济的先机，网红村在短时间内炮制的、缺乏建设引导的空间景观大多都是直观的、感性的、当下的、无历史深度的。为了迎合流行文化和大众喜好而生成的视觉空间和体验活动，其背后的文化内涵往往和最初的地方文化民俗相背离，由此传递出的地方文化和精神内核存在着不同程度的“失真”，甚至还有可能剥夺地方居民定义自己居住生活空间的权利，乡村的可持续发展同时面临着流量消失和流量异化的严峻挑战。

从流空间到流乡村

城镇化的实质是以人为核心的多种要素在特定空间的集聚。随着时代的发展和技术的进步，集聚的内容和形式持续变化，但集聚导致分工，进而推动专业化形成规模报酬递增的规律基本不变[①]。规模报酬递增体现分工与集聚的好处，但分工同时也带来交易费用、运输成本的上升，这种两难冲突往往决定集聚的规模和空间分布。工业革命以来，随着运输成本的大幅下降，城镇化快速推进，城镇人口出现爆炸性增长，工业区、工业城市的大量增加充分证明了集聚与经济增长的关系。除运输成本外，地理分隔还会造成另一种空间摩擦力，即通信成本。通信成本越低，总部和工厂间的协同越容易，进而促进分散化进程[②]。二战以来的产业全球化，就是通信成本大幅降低的产物。尤其20世纪80年代以来，随着信息通信技术的革命，全球产业分工不断加剧，新产业空间应运而生，产品生产的全过程均可以分散到不同的空间区位[③]。然而，通信成本降低所导致的分散化和全球分工进程并非绝对的分散，“分散的集聚”可能是更为准确的描述。

① 藤田昌久，蒂斯．石敏俊等译．集聚经济学：城市、产业区位与全球化（第2版）［M］．上海：格致出版社、上海三联书店、上海人民出版社，2016.

② 同上。

③ 曼纽尔·卡斯特．夏铸九等译．网络社会的崛起［M］．北京：社会科学文献出版社，2003.

进入21世纪，信息通信与互联网技术的飞速发展推动了新一代科学技术革命，深刻地影响了全球社会的生产生活方式和城镇化形式。人类社会的发展越来越显著地围绕流动而建构起来，流空间（space of flows）的规模和内涵加速扩展。根据卡斯特的定义[①]，流空间包含电子回路、电子回路的地方载体以及管理精英的空间组织[②]。通过近20年的观察可以看到，一方面互联网的普及与高快速交通设施的发展加快了全球一体化的进程，为各类生产要素在大区域间的快速流动以及全球分工创造了可能，尤其是21世纪以来中国的信息基础设施与高快速交通设施的建设显著地扩展了流空间的规模、强度以及呈现形式[③]。另一方面，流空间极大地重塑了现代主义的空间逻辑[④]，以等级和距离为特征的“中心地”概念开始让位于以网络为特征的“中心流”概念[⑤]。流空间的扩展促进了生产要素的高速流动，使得城乡空间在一定程度上形成了自由连接的网络，包括乡村地区在

① 曼纽尔·卡斯特. 夏铸九等译. 网络社会的崛起［M］. 北京:社会科学文献出版社,2003.

② 卡斯特对流空间做了三个层次的界定:第一个层次,流空间的物质支持是由电子交换的回路所构成,包括以微电子为基础的设计、电子通信、电脑处理、广播系统,以及高速运输,它们共同形成信息社会策略性关键过程的物质基础。第二个层次由其节点(node)与核心(hub)所构成。流空间奠基于电子网络,但这个网络连接了特定的地方,后者具有完整界定的社会、文化、实质环境与功能特性。有些地方是交换者、通信中心,扮演了协调的角色,使整合进入网络的一切元素顺利地互动。其他地方则是网络的节点,即具有策略性重要功能的区位,围绕着网络中的一项关键功能建立起一系列以地域性(locality)为基础的活动和组织。节点的区位将地域性与整个网络连接起来。节点和核心都根据它们在网络中的相对重要性而形成有层级的组织。第三个层次是占支配地位的管理精英(而非阶级)的空间组织。卡斯特,网络社会的崛起,2003.

③ 2019年,在互联网诞生半个世纪的时刻,占全球总人口约一半的近40亿人已经成为登陆数字新大陆的“新移民”。作为全球最大的在线零售市场,阿里零售平台同时在线的商品数,更是高达十亿级。资料来源:阿里研究院,智能经济:迈向知识分工2.0,2019.

④ 艾少伟,苗长虹. 从“地方空间”“流动空间”到“行动者网络空间”: ANT视角［J］. 人文地理,2010(02):43-49.

⑤ Taylor, P. J. World City Network: A Global Urban Analysis［M］. London: Routledge, 2004.

内的各种生活聚落都有机会自由地融入区域范围的生产和消费体系[①]。单一空间的增长潜力不再单纯依赖自身的人口规模和经济实力，而更多地取决于其与其他空间的链接能力[②]，也即流空间的密度与强度。

在流空间的作用下，新产业空间的出现过程不再只是实体空间的集聚，更是虚拟空间的集聚。以信息流为核心的要素流在特定地方的持续加密首先带来虚拟集聚，进而产生经济活动，规模报酬递增，促进经济发展以及就业机会的增加。虚拟聚集达到一定程度，将进一步推动专业要素的实体集聚，形成“双重集聚”互相促进的趋势，推动特定地方的产业发展升级。在双重集聚过程中，虚拟集聚无疑是更具控制力和影响力的集聚，虚拟空间也将随着知识与服务经济的蓬勃发展加速壮大，成为与实体空间相对独立的平行空间。在虚拟与实体两个空间中，虚拟集聚基本没有空间束缚[③]，虚拟集聚所引起的实体要素的集聚也不必然引起特定地方建成空间的扩大、加密，或者不引起较为明显的建成空间开发密度和强度的变化，例如纯贸易型或农贸型的淘宝村[④]。这就使得田园城市理想的“既集聚又分散”状态成为可能，亦即集聚的规模效应与分散的环境效应可以同时存在并实现最优[⑤]。

基于“双重集聚”机制，根据虚拟与实体、集聚与分散的关系，可以形成四种空间类型。传统上区分城镇与乡村，主要根据实体空间的存在状态。实体空间集聚就是城镇，实体空间分散就是乡村。当然这里的集聚和分散都是定性的界定，分散更多地指一种低密度、低强度的状态，而集聚是高密度、高强度的状态。如果加入虚拟集聚的维度，更准确地说就是

① 罗震东，何鹤鸣. 全球城市区域中的小城镇发展特征与趋势研究——以长江三角洲为例[J]. 城市规划，2013（9）：9-16.

② Taylor，P. J. World City Network：A Global Urban Analysis [M]. London：Routledge，2004.

③ 对于通信基础设施的发展水平，网络的容量与质量可能是唯一的约束条件。

④ 罗震东. 新自下而上城镇化：中国淘宝村的发展与治理[M]. 南京：东南大学出版社，2020.

⑤ 罗震东. 新兴田园城市：移动互联网时代的城镇化理论重构[J]. 城市规划，2020（3），vol.44：9-16.

特定地方空间通过互联网进入更大产业分工体系的程度，那么原来的城乡二元结构就会出现有趣的变化，实体分散、虚拟集聚的流乡村产生了。显然，实体分散、虚拟仍然分散的空间是传统意义的普通乡村，即使能够接入互联网，由于主要是消费性的联系，没有能力进入更大范围的产业分工体系，不会引起流空间的加密，因此也不会产生虚拟集聚；实体集聚、虚拟分散的空间是传统意义的城镇，是大量仍处于前信息时代的城镇，缺乏链接全球产业分工体系的能力，很多就是纯粹的消费性城市；实体集聚、虚拟同样集聚的空间是流城镇（town in flows），是进入全球产业分工体系的城镇，最顶尖的流城镇就是全球城市，它们和传统的乡村处于人类聚落体系的两端。

从提高交易效率、促进经济发展的角度，集聚是空间演化的必然趋势。沿着两种集聚的演进方向，可以看到城镇化路径不再单一。传统路径中，乡村通过工业化实现实体集聚，产生城镇化动力，升级为小城镇，进而逐渐做大做强。在移动互联网时代，乡村通过虚拟集聚成为流乡村，流乡村如果进一步带动实体集聚，推动空间扩张、密度增大，就会演化升级为流城镇。传统城镇在移动互联网时代如果能够成功进入区域产业分工体系，形成强大的流空间，同样意味着大量虚拟集聚的发生，也将升级为流城镇。在这样的一个升级演化路线图中，霍华德所希望的“城市—乡村磁铁”，亦即既有乡村的自然美景、纯净的空气以及明亮的家园，又有好前景、高工资的就业和良好公共服务的田园城市①，只有在流乡村这一象限可以实现。而霍尔所建构的“乡村里的城镇”（Town-in-Country）②，则可以在相对低密度、低强度的流城镇中实现。如果整合霍华德和霍尔的构想，可以看到流乡村与实体相对分散的流城镇将是“新兴田园城市”（E-garden city）③的构成主体，兼具城市与乡村的优势，而没有大城市的

① 霍华德. 金经元译. 明日的田园城市[M]. 北京：商务印书馆，2010.

② 霍尔，沃德. 黄怡译. 社会城市——埃比尼泽·霍华德的遗产[M]. 北京：中国建筑工业出版社，2009.

③“新兴田园城市”的命名希望既能够与原来概念有所区别又体现移动互联网时代的特征，其英文命名为“E-garden city”，E代表了emerging和electronic的双重含义。

焦躁与乡村的落寞。更为重要的是，由此构成的“新兴田园城市”具有强劲的内生动力，能够链接更大范围的产业分工体系，从而提供更为充分的就业和更宜居的生活环境。

重新定义城镇化

新兴田园城市的出现一定程度上预示着城镇化定义的改变。尼尔·博任纳认为城镇不是一个有边界的地域单元，而是一种根植于广泛且动态演变过程中的社会空间联系，它不是通过划定具体的领域边界而建立的，而是在更大范围、多尺度关系框架下的社会空间关系结构的结晶[①]。在众多的社会关系中，经济关系显然是最重要的，人类最早的城镇就是生产者与消费者为降低交易费用而创造的场所。由于集聚能够带来更多的交易机会，同时大幅降低交易费用，城镇化因此而发生。移动互联网时代，人员、货物、信息、资金等要素的流动不断加速，要素空间上的分散与集聚规律也随着技术的发展而重构。即时信息通讯设施和高快速交通设施的建设使得高度专业化、网络化的社会分工与协同成为现实。只要能够带来流空间的密度的增大，在前三次工业革命中均处于弱势地位的地方空间也将获得重新发展的契机。流乡村的出现就是对传统城镇化定义的挑战，空间形态与景观上的乡村表象，无法掩盖密集的交易活动与对外联系的城镇本质。从这个意义上讲，新兴田园城市实现的过程就是传统城镇化定义崩塌的过程。

移动互联网时代的城镇化是流空间扩展与消退的过程。生活性的网络联系不是流空间的本质，因为生活性的网络联系通常是均质的[②]，不会引起多种要素的集聚。流空间不是均质的，它是以生产性网络联系为本质的信息流、交通流、资金流以及人流等所构成的多元复合空间。流空间的扩

① 尼尔·博任纳．李志刚等译．城市，地域，星球：批判城市理论[M]．北京：商务印书馆，2019.

② 日常性的，不服务于生产交易活动的网络联系，例如亲友间的问候、聊天等，虽然个体之间存在差异，但从人类总体角度看，基本是均质的。

展与密度增加，意味着经济关系的扩展，其所带来的虚拟要素与实体要素的集聚将推动特定地方单元的经济发展和就业增加，并与更大的空间和分工网络形成链接。流空间的消退意味着经济关系的收缩甚至断裂，即使实体要素还处于集聚状态，但随着虚拟要素的持续流失将最终导致实体要素的流失、空间的空心化和衰败。而且随着要素流动的普遍加速，流空间的扩展与消退将更加频繁，城镇的动态性与城镇化的动态性也将更加显著。然而，流空间的扩展与消退不是随机的。由于流空间的第三个重要层次是占支配地位的管理精英的空间组织[①]，因此流空间的核心机制依然是人。占支配地位的管理精英——掌握较强交易技能、拥有或者能够创造更多社会关系的人——的空间活动将对城镇和城镇化产生重要影响。从这个角度讲，移动互联网时代的城镇化也是精英群体在空间集聚与分散的过程。当他们将流空间引向特定地方空间，也就开启了这一地方的城镇化进程，例如淘宝村的发展就是草根精英在乡村创业进而引起质变的过程[②]。移动互联网时代的城镇化更是“人的城镇化”，是城镇化的人改变社会空间关系，进而推动人的城镇化的过程。而物质空间虽然只是城镇化的外在形式和载体，但对于吸引精英却有着重要的积极意义，因此流乡村只有发展为新兴田园城市才真正进入健康可持续的高级城镇化阶段。

流空间重新定义城镇化的同时也将重新定义基础设施、生产要素和协作结构。这突出表现为随着移动互联网在生产生活中的广泛应用，原有的产生于工业时代的铁路、公路、机场等传统基础设施开始让位于云计算、移动互联网和智能终端等新基础设施。工业时代的土地、劳动力、资本等传统生产要素的重要性逐渐让位于人才、数据这样的新生产要素，同时社会原有的产业分工体系和市场协作体系将逐渐让位于基于即时网络的大规模社会协同与共享结构。虚拟的移动互联网和实体的高快速综合交通网的

① 曼纽尔·卡斯特. 夏铸九等译. 网络社会的崛起[M]. 北京：社会科学文献出版社，2003.

② 罗震东，何鹤鸣. 新自下而上进程：电子商务作用下的乡村城镇化[J]. 城市规划，2017，41（3）：31-40.

互联互通，将彻底打破传统地理格局中的封闭疆界，由“移动互联网+高铁网”支撑的流空间正在中国城乡迅速扩展。要素流动程度的快速提升，将加速城乡空间再结构化为自由连接的网络，弱化城乡区域内部行政边界的限制，弱化封闭环境中的等级规模体系，把生产、分配和管理功能重新定位在更有利的区位，使之成为各种要素集中与再扩散的中心，而这些都将重构传统的城镇体系结构，倒逼城乡治理体系的变革。

一｜流动的都市：广州淘宝村的死与生

村庄之于广州，似乎始终是一个神奇的存在！

“羊城村”[①]，一个被社会学家符号化的概念，却并没有因为社会学家宣告它“终结”而真的终结。从冼村、猎德、三元里，到犀牛角、里仁洞、大源……随着都市化进程的推进，流动，让新的村庄承接着活力，传递着神奇。于是在移动互联网的世界里，“羊城村”的躯壳里长出了“浙江村”[②]的肉身与灵魂。

百亿淘宝村的奇景

广州市白云区太和镇大源村，这座位于广州主城区北部边缘的村庄（见图1－1），2020年成为中国首个销售破百亿的淘宝村[③]，创造出电商引爆乡村经济的新神话。不同于一般的城中村，白云山环抱的大源村有着清晰的空间边界，村域总面积约

图 1–1　大源村的区位

① 李培林. 村落的终结 —— 羊城村的故事. 北京：商务印书馆，2004.

② 项飙. 跨越边界的社区：北京“浙江村”的生活史. 北京：生活·读书·新知三联书店，2018.

③ 阿里研究院. 中国淘宝村研究报告2020.

25平方公里，现居住人口大约20万，据说最高峰时曾达到26万。不仅规模、密度堪比小城市，大源村的景观更是有着中国大量县城都不具有的“忙”和“乱”。双向八车道的大源北路和大源南路纵贯全村，各式货车、私家车与公交车在道路上繁忙穿梭，超载的电动三轮平驮着大小包裹颠簸前行，电动车上的年轻伙伴紧紧抱着黑色的大袋货物行色匆匆。见缝插针的电商中心、直播基地，密不透风的小区，相对规整的电商园区、物流园区，高大漂亮的医院与职业技术学校沿着这条主干道自由拼接。如果说经过多轮改造的道路与临街界面已然整洁有序，那么只要离开主干道走进村庄内部，城中村的气质立即扑面而来（见图1-2）。火柴盒式的高楼拔地而起，狭窄的巷道和握手楼随处可见，深藏在这些楼中的就是无数的生产车间、仓库、直播间、宿舍……

图 1-2　大源村内部的城中村特质

直播经济的爆发让夜间的大源村更加魔幻，努力打拼的年轻人的活力彻底将整个山谷激活，央视的报道中就曾用“不夜城”来形容大源村的非乡村特质。随着夜幕的降临，直播基地、电商中心、文化创意谷等新经济空间开始进入一天中最繁忙的时段。经过一天休整的大小主播们“火力全开”，他们持续到深夜的热情讲解重新将白日里稍显冷清的直播间点燃，财富梦想就在这数以千计的直播间里被一点点实现。配合直播经济昼伏夜出的作息，大源村的餐饮服务行业也在这时候活跃起来，风情各异的沿街门店霓虹闪烁，汇聚全国小吃的夜宵摊位点亮着大小广场（见图1–3）。都市夜景的魅力与村庄的轻松氛围在这里形成了奇妙的结合。

图 1–3　大源村的夜景

正是这个魔幻的城中村，藏着超3000家商铺[1]，15个电商园区[2]，4000人以上的主播，平均每天有300万个快件从这里源源不断地发往全国各地。这些店铺中，年销售额超10亿元的有两家，过亿元和过5000万元的均有十几家。虽然没有薇娅、李佳琪等头部网红的助力，也不在互联网之都杭州，默默无闻的大源村却以百亿元实绩惊艳了所有人。广州市有如此众多的城中村，即使淘宝村也多达192个[3]，为什么偏偏是大源村率先摘得“首个百亿”的桂冠?

直播电商的巨大魔力

直播电商为淘宝村注入了经济发展的新动能。作为首个爆发的新经济业态[4]，直播不仅缩短了“货”从生产端到消费者手中的传播路径[5]，而且实时互动、立体直观的交易方式保障了产品信息传播的丰富度和准确性。相比于以图文为主的传统电商时代，视频直播的内容更加直观，更新

① 广州诞生全国首个销售破百亿淘宝村,2021–04–13. 2021–05–6. [EB/OL].

② 百亿“淘宝村”—— 大源村的电商产业蝶变之路,2020–12–04. 2021–05–6. [EB/OL].

③ 阿里研究院 . 中国淘宝村研究报告 2020,2020.

④ 阿里研究院 . 2020 年淘宝直播新经济报告,2020.

⑤ 亿欧智库 .“带货”的逻辑:直播电商产业链研究报告,2020.

速率更高，兼具的娱乐休闲功能能够进一步增加用户黏性，激发消费者的购买欲望。更强的社交属性和更直观的交易体验使得直播电商快速受到消费者的青睐（见图1–4）。2020年新冠疫情的爆发客观上加速了直播电商的发展。截至2020年12月，我国直播电商用户规模达3.88亿人，占网民整体的39.2%，较2020年3月高出9.9%；占网络购物用户的49.6%，较2020年3月高出12.3%[①]。2020年3月，广州市商务局印发《广州市直播电商发展行动方案（2020—2022年）》，鼓励通过直播电商赋能传统的实体专业市场。直播时代的到来已经引发电商经济的巨大变革。更多平台的竞争，更强引流变现能力的释放，正促进着电商经济效益快速提升。

图 1–4　社交属性更强的直播场景

正如吴晓波在《激荡三十年》中所写，“当这个时代到来的时候，锐不可当，万物肆意生长”[②]。直播时代的到来加速了新商业物种的涌现。根据观察，目前直播机构至少存在四种类型，以培育网红直播带货为主要模式的MCN（Multi-Channel Network，多频道网络）机构、为品牌方提供专业化标准化直播服务的代运营机构、供应链直播基地以及厂商（店铺）自营直播等。四种直播类型对于“人”和“货”的不同侧重与链接，将直播电商市场进行了细分。

① 截至 2020 年 3 月，我国网络购物用户规模达 7.10 亿，电商直播用户 2.65 亿；截至 2020 年 12 月，我国网络购物用户规模达 7.82 亿，电商直播用户 3.88 亿，较 2020 年 3 月增长 1.23 亿。数据来源于中国互联网络信息中心发布的《第 45 次中国互联网络发展状况统计报告》（2020.4）和《第 47 次中国互联网络发展状况统计报告》（2020.2）。

② 吴晓波 . 激荡三十年：中国企业 1978–2008. 北京：中信出版社，2017.

大体上，MCN机构和代运营机构更侧重“人”这一侧，注重主播的培养和直播服务的整合，货主要由品牌方提供。他们两者的主要区别在于MCN机构的“人”以网红和头部主播为主，而代运营机构更强调机构的整体专业化服务能力，主播可以是网红、明星，但以腰部主播甚至素人为主。供应链基地和厂商（店铺）自营直播相对更侧重“货”这一侧，以提供更好的产品或者更丰富的产品组合来吸引主播加入形成合作，主播多为腰部和素人主播，合约灵活，变动也更为频繁。他们的主要区别在于，供应链基地货的品类丰富，可以在全国甚至全球选品，而厂商（店铺）自营直播则主要以自家产品为主。然而无论哪种类型的直播，能将人与货更好地结合起来才是王道，供应链居间整合的重要性迅速凸显。

直播电商的首要特色就在于内容丰富、直观互动。一位主播一晚的直播通常会上大约20款不同的产品，头部主播往往还要求都是新款。这样的选品需求要求直播机构必须具有强大的供应链，能够对接多个工厂并拿到最优的价格。主播需要大量物美价廉的新品好货，但生产工厂更看重订单数量，如果没有一定的生产规模工厂通常不愿意接单，主播拿到的价格也没有优势。生产端的规模需求反过来倒逼直播机构集聚更多的主播，形成更强大的销售能力。主播与生产厂家关于品类和规模的矛盾，只有通过直播机构的有效对接形成“N×N”的矩阵（见图1–5），才能满足各自的诉求，形成竞争力。在这中间进行对接、发挥乘数效应环节，就是供应链服务[①]。

图 1–5　主播与工厂的“N×N”矩阵

① 快手研究院. 直播时代——快手是什么［M］. 北京：中信出版集团股份有限公司，2021.

一旦供应链服务成熟，直播电商的第二大特色——制造爆款、瞬间流量，就会出现。对于头部主播甚至很多中腰部主播，往往一个单品一晚上就能卖掉几千甚至上万单，这种瞬间爆发的巨大交易量完全不同于传统电商时代“大促”以外的相对稳定的店铺日交易量，它对生产厂家的物流、快速反应、生产以及售后能力都将提出巨大挑战。而如何制造爆款，充分发挥直播电商的这一特色？这又对直播机构的选品、数据分析、测试等能力提出新的要求。直播的魔力其实就是生产端和销售端效率同时提升后形成的综合效应。直播时代对商品的生产端和需求端都产生了很大的变革驱动作用①。

大源村就是这样一个集聚供应链的直播沃土（见图1–6）。自2013年步入电商行业，大源村就一直处于广州市淘宝村发展的前列。随着直播电商的兴起，大小商家纷纷进入直播销售赛道，涉足平台从淘宝、天猫到快手、抖音、拼多多等不一而足。曾经的生产车间、仓库、商业综合体被陆续改造成标准化的直播间，物业老板甚至亲自下场试水直播。2020年大源村更是入驻了全国首批、广州市首个获得淘宝官方授牌的服装直播基地。

地处被誉为“供应链之都”的广州，大源村直播电商的优势主要在“货”这一侧，供应链直播和厂商（店铺）自营直播是主要发展类型。这里既有夫妻档的小型直播电商，骑着电单车或者搭乘公交车在服装批发市场与大源村之间往来穿梭；也有专业化的供应链基地，企业规模小到几个

图 1–6　大源村的直播基地

① 快手研究院．直播时代——快手是什么［M］．北京：中信出版集团股份有限公司，2021.

格子间，大到整栋楼，自由组合，茂盛生长。直播涉及的货品从白牌到不同知名度的品牌，种类繁多、眼花缭乱。大大小小不同规模和定位的商家共同构成了多元混合的产业生态系统。主播与产品在这里很容易完成对接，从而形成“N×N”的乘数效应。

充足低成本空间的规模优势

“这里地方大，租金便宜，招人也方便，所以我们都过来了。”谈及来大源创业的原因时，众多受访者近乎给出了完全一致的答案。如果说直播电商强大的虚拟集聚能力是大源村爆发式成长的主因，那么充足的低成本空间所形成的实体集聚优势，则是大源一步步走向百亿奇迹的另一关键。

地处白云山谷中的大源村并不位于广州城市发展的主要廊道。2000年时这里还是广州主城东北部的一个普通村庄，村居与农地还清晰可辨。2005年随着沙河地区城市改造，原来位于这一区域的物流、汽配、服装加工等产业逐步沿着沙太路向北转移至大源村。2013年随着电子商务的蓬勃发展，大源村临近沙河服装批发市场的区位，拥有7个大型物流园的基础设施优势，以及相对低廉的地租和充足的空间，塑造了电商发展、创业的绝佳空间，使得入驻大源的第一批商家在电商红利期赚得盆满钵满。随着商家的实体集聚，大源的电商氛围日益浓厚，不仅吸引着全国各地的创业者，还不断接纳广州其他区域（城中村）的成熟商家，电商产业规模不断扩大（见图1–7）。

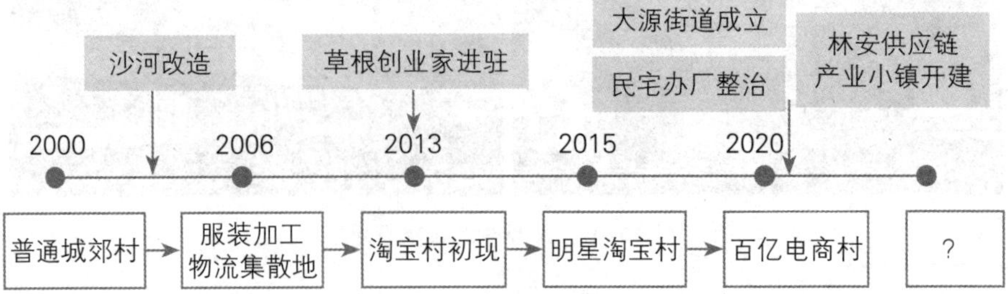

图 1–7 大源村的发展历程

在寸土寸金的广州主城区，号称“最大城中村”的大源村在空间资源上的优势非常明显。从广州市政府编制的《白云区大源村片区提升启动区控制性详细规划》中可以看到，规划研究的大源村域面积约18平方公里，其中非建设用地10.83平方公里，主要为山林、水域，建设用地7.19平方公里，主要为村居、村物业、公服配套和二类居住用地等①。现状总建设量1016万平方米，毛容积率高达1.41，其中村居有716万平方米，占70%，村物业228万平方米，占23%。如此巨大的建筑量不仅使得大源村能够为外来人口提供充足的居住、生活空间，也能够为电商产业链上中下游各环节的商家提供丰富多样的办公、仓储空间。

目前民宅、仓库的月租金为20元~30元/平方米，写字楼和电商园区的月租金价格也不过30元~45元/平方米，新建的产业园或直播基地的月租金通常在50元~70元/平方米。虽然大源村的租金成本并不是最低，但是足量的差异化空间很好地满足了多元需求，让更多外来从业者可以在大源村“落脚”②，进而形成复杂的分工与旺盛的生态系统。这样一个多元包容的电商生态，自然营造出浓厚的电商氛围，吸引从业者集聚，实现规模报酬递增，最终塑造大源村独特的虚拟集聚与实体集聚互促的比较优势。

人从哪里来？货从哪里来？

大源村的人都是从哪里来的？漫步大源村的大街小巷可以发现，沿街的餐饮具有强烈的地域混合感，基本覆盖全国各地的美食与小吃（见图1-8），潮汕火锅、东北烧烤、沙县小吃、湖南小炒、陕西面馆、四川冰粉……汇聚全国的美食，自然也汇聚着全国的人。大源村的人口构成基本反映了这一状况，常住的二十多万人口中本地居民不到一万。浓郁的电商氛围、充足的就业岗位与“造富”机会，不仅吸引大量来自福建和潮汕地区的淘金者，更吸引着湖南、湖北、四川、江西乃至更远的河南、

① 白云区大源村提升规划出炉，将设3条景观视廊．乐居网广州，2019-07-31.
② 道格·桑德斯．陈信宏译．落脚城市［M］．上海：上海译文出版社，2012.

图 1–8　大源村的沿街餐饮

江苏以及东北的创业者和闯荡客。

今日汇聚大源的人群已非简单的“打工者”，移动互联网时代的“打工人”大多具有一定电商技能，能在大源站稳脚跟的更是在相关产业摸爬滚打多年的能人。访谈中来自湛江的林女士，目前从事女士瑜伽运动品牌跨境电商，之前从事服装外贸行业，具备专业的运营设计能力。通过亲戚介绍，她最终选择来大源创业，看中的就是大源村浓厚的电商氛围，招人方便，租房容易，相关配套设施完备。在大源创业成功后，她还带动亲戚朋友加入，计划2021年将销售额做到六千万元。全国各地电商从业者的大量流入重组了大源村的经济、社会结构，为直播电商爆发所需的“N×N”矩阵集聚了充足的“人”。

大源村的货又是从哪里来的？货和人的来源一样复杂。不同等级、规模和类型的直播电商所选择的货源不尽相同，大体可以分为三个空间层次：第一个层次是广州市，第二个层次是珠三角乃至广东省，第三个层次是全国乃至全球。

广州素有“千年商都”的美誉，从唐代设置的市舶司，到新中国成立后创办的广交会，再到改革开放后的“买全球，卖全球”，浓厚的商贸氛围与珠三角强大的生产制造能力，奠定了广州全球贸易城市的坚实基础。这座城市所集聚的近千家实体专业市场，典型如闻名全国的沙河、白马、十三行服装批发市场等，在支撑大量中小网商成功创业的同时，也成就了大量“羊城村”向淘宝村转型。距离大源村仅30分钟车程的沙河服装批发市场就是大源村中小直播电商的重要货源地，作为广州三大服装批发集散地之一，集聚着整个珠三角地区的服装货源（见图1–9）。新潮的服装款式、迅捷的上新速度、充足的供应能力和发达的物流配送足以支撑中小直播电商的发展需求。

图 1–9 沙河市场物流集散中心

厂商自营的直播电商以及供应链直播基地，主要从珠三角以及广东全省范围的工厂直接拿货。由于自带产业联系，就能跳脱对于批发市场的依赖，依托与工厂的密切合作，增强产品更新速度，提升获利空间，降低库存压力。更大规模的供应链直播基地以及更高等级的直播电商，比如头部MCN机构和品牌代运营机构，能够更加彻底地摆脱货源的地理空间约束，或者根据主播对货物品质、调性等方面的要求直接与全国的工厂、产业带对接，或者配合品牌方的需求建立覆盖更大范围的供应链。目前的大源村早已将位于福建、湖北、浙江、江苏等地的服装产业带纳入货源体系，“N × N”矩阵的“货”这一端还在不断扩充。发达的专业市场、强大的产业基础与成熟的国际国内商业网络，为大源村直播电商的发展提供了优越的外部环境。全国范围的人与全国范围的货在大源村“完美”匹配，这样大规模的“N × N”矩阵，有力地支撑了大源百亿淘宝村的爆发式增长。

大源村的上一站

作为首个交易额超百亿元的超级淘宝村，大源村的“脱颖而出”与“羊城村”的兴衰也有着紧密的关系。大源村既不是广州最早的淘宝村，也不是广州最先出名的淘宝村。伴随着都市化进程和城市更新的步伐，大源村只是当下承接和传递“羊城村”传奇的一站。

大源村的上一站是哪里？从很多大源村电商从业者口中，会经常听到犀牛角和里仁洞的名字。他们当中的很多人最近落脚的上一站就在那里。对于这两个村庄，关注农村电商或者淘宝村的朋友肯定不会陌生。据《中国淘宝村研究报告2015》统计，当年活跃网店数最多的10个淘宝村中，里仁洞、犀牛角和大源村位列前三，其中里仁洞村更为著名，不仅当年销售额已经过10亿元，媒体和学术界的关注度也非常高[①]。广州的“城市近郊型”淘宝村大部分位于广州环城高速与广州绕城高速之间。以沙河服装批发市场为中心，可以清晰地看到三个淘宝村所处的圈层（见图1–10）。不同的区位往往决定着“羊城村”不同的命运走向，即使是淘宝村也没有例外（见图1–11）。

图 1–10　三个典型淘宝村的区位

犀牛角村位于广州市白云区京溪街道，是一个典型的城中村。紧靠沙河批发市场的区位是犀牛角成为淘宝村最直接的原因，然而也正是这一区位让它成为城市更新的重点和最早衰落的淘宝村。目前犀牛

① 赵渺希，师浩辰，黄卓，彭袆苋．淘宝村城镇化转型的社会网络植入与演替机制——以广州市里仁洞村为例．上海城市规划，2021（02）:29–35.

三个典型淘宝村的发展对比

村名	当前状况	类型	电商人群来源	租金（元/m^2）	村庄面积	货源	迁移趋势
大源	巅峰	由近郊工贸向商贸转变	全国各地（潮汕、福建老板较多）	20–70	约25	自产自销、专业市场批发、全国供应链	未知
里仁洞	淡然	近郊工贸型	潮汕人为主	30–40	约1.0	自产自销、专业市场批发	迁往大源、返回潮汕、坚守
犀牛角	落寞	近郊商贸型	湖北汉川人为主	40–50	约0.2	专业市场批发	迁往大源、返回湖北

图 1–11　三个典型淘宝村的发展对比

角村稍微有点规模的企业已不超过五家，绝大多数是每日仅仅几百发单量的小散户，勉强维持经营。村内大量的房屋主要出租给周边上班的白领群体。不断上涨的房租，对于中小电商往往是最主要的“驱赶”因素。离开犀牛角的商家一部分沿着沙太路来到大源村，继续扩展他们在犀牛角的生意和网络；另一部分则返回湖北省汉川市，利用毗邻武汉市区的绝佳区位和地方政府的大力支持，将紧邻武汉市东西湖区的新河镇成功“打造”为淘宝镇①。

里仁洞村是阿里研究院认定的全国首批14个淘宝村之一，最高峰时期村内淘宝网商超过600家，2015年全国网店最活跃淘宝村排名第一，是广州市最早兴起、最具规模的淘宝村。然而今日的里仁洞村在各类排行中已罕见其名，随着潮汕商人的陆续转移，电商产业从巅峰状态迅速跌落。走进里仁洞新村，行列整齐的5至9层楼房沿着迎宾大道有序排列，挑高的底层沿干道一侧基本为餐饮、美容美发等生活服务业占据，不临干道的巷道里仍有大小的车间、仓库分布，不断经过的快递小车依稀能够嗅到淘宝村的气息。

2014年以后随着越来越多的人加入电商行业，市场竞争日益激烈，大量同质化、低竞争力的商家在里仁洞难以为继。同时随着番禺区都市化

① 杨勘．汉川市新河镇入选“2019年中国淘宝镇”．孝感市门户网站，2019-08-09.

图 1–12　里仁洞村的主街与内巷

进程的推进，特别是万博商务区的开发建设，里仁洞村的房屋租金不断上涨。无法承受高额房租的商家要么选择返乡创业，要么选择迁往大源村等综合成本更低、空间更加充足的村落。据访谈大约四分之一的电商从业者选择迁往大源，而更多的潮汕商人则返回潮汕地区，最典型的如普宁市，推动了当地电子商务产业和淘宝村的爆发式增长。当前的里仁洞电商氛围已经淡化，都市生活区的气息更加浓厚（见图1–12）。还在坚守的潮汕人大多是拥有物业的早期商家以及他们的亲朋。由于没有物业租金方面的压力，他们的生意依然红火，但心态早已淡然。

显然，大源村庞大的外来人口不是一蹴而就的。广州不断推进的旧城改造，与城中村有限的空间供给，共同将大量中小商家和电商人才推向空

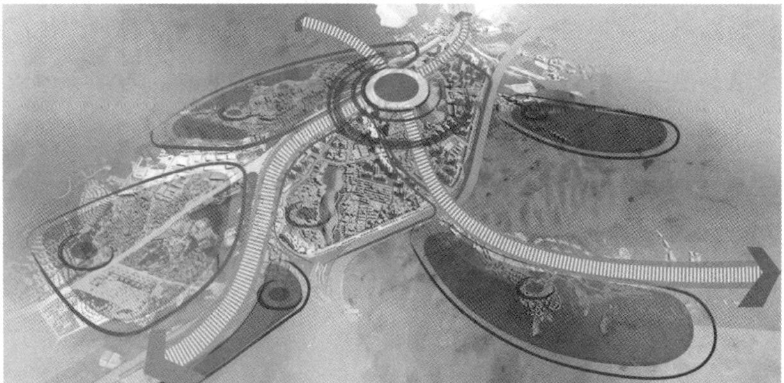
图 1–13　大源村控规空间结构图

间承载力和包容性更强的大源村。然而随着广州都市化进程的不断推进，大源村也已纳入城市更新的范围。2020年大源村的行政区划已经从原来的太和镇划出，成立大源街道，全覆盖的控制性详细规划也已公布（见图1–13）。控规保留了原有村庄的肌理，迁出物流园区，整治低效用地，引入基于TOD（Transit–Oriented Development，公共交通为导向的开发）的综合服务核心、都市产业、创意小镇以及创新孵化功能。尤其随着广佛环城际铁路站点以及地铁18号线支线大源站的建设，大源村的空间品质必将得到极大的提升，而这将对大源村的经济、社会产生怎样的影响呢？当前大源村的优势就是当年里仁洞、犀牛角的优势，未来大源村的优势在哪里呢？看过大源村的上一站，不禁要问大源村的下一站还会是大源吗？

流动的村庄、流动的逻辑

从犀牛角、里仁洞再到百亿大源村，表面上是“羊城村”的终结，实质上是“浙江村”的流动，也许这就是广州淘宝村的特质吧。重新阅读李培林教授的《村落的终结》和项飙教授的《跨越边界的社区》，我们似乎可以看到一条从羊城村、浙江村到淘宝村的“特殊”的中国乡村演进脉络。20多年前的羊城村，主要是外来人口居住的空间，虽然存在着从事各行各业的来自全国各地的人群，但村庄基本没有体系化的产业，因此也没有广泛的对外经济联系，更像一个封闭的、自足的社区。20多年前的浙江村，人口的来源更为集中，以浙江温州地区为主，更为重要的是形成了以服装生产、批发为主体的完整的产业体系和社会组织，其基于产业的联系不仅覆盖中国北方，而且存在跨境（俄罗斯等）的联系。

今日的大源村就是羊城村与浙江村的综合升级版。大源村的人口依然来自全国各地，但来自不同地区的人口会在不同类型的产业或者产业环节集聚。他们来到大源不仅是为了居住、落脚，更重要的是在这里工作、创业、致富。大源村的产业虽然也是以服装产业为主，但生产加工早已不是主导，利用广州“供应链之都”的优势和互联网新经济的力量，大源村的产业早已构建起覆盖全国、对接全球的网络。试想当年的浙江村如果与互联网新经济链接，肯定也是超级淘宝村、电商村、直播村甚至跨境村。

流动的“浙江村”，流动的是什么？流动的是空间，流动的更是人！这一空间是以生产性网络联系为本质的信息流、交通流、资金流以及人流等所构成的流空间，是移动互联网时代更具主导地位的城镇化动力。人是掌握较强交易技能、拥有或者能够创造更多社会关系的人，是特定时代的精英。流动的逻辑，就是空间躯壳与灵魂更好匹配的“身心合一”的过程，是占支配地位的时代精英重塑空间关系的过程，更是一个个鲜活的个体努力摆脱经济束缚，实现梦想和更大自由的过程。从这个角度讲，移动互联网时代的城镇化就是时代精英在空间集聚与分散的过程。大源百亿淘宝村的发展就是大量网商精英利用互联网在羊城村成功创业进而引起质变的过程。移动互联网赋予了个体更大的选择自由，因此移动互联网时代的城镇化更是“人的城镇化”，人始终是空间流动的核心。试看今日中国，人口持续增长的地方都是经济繁荣的地方，拥有巨大人口规模的地方都是经济增长潜力巨大的地方。广东省“七普”数据中的巨大人口增量，一定程度上就是如大源一样的千千万万个空间单元贡献的。

移动互联网时代就是流动的时代，流动无时无刻不在高频发生。在这样的时代，如何吸引人，留住人呢？空间本身的建设和治理变得异常重要。能够更好地承载生活的物质空间或地方空间终将成为高竞争力的空间，无论它是大城市还小城镇甚至乡村。物质空间虽然只是城镇化的外在表象和躯壳，但对于吸引时代精英却有着极其重要的意义。同时因为高频流动的常态化，地方空间也将和流空间一样成为更加网络化的存在。人的空间选择也将不再唯一，而是选择一个空间组合或者一个更符合各自偏好的空间网络。因为可以高频流动于多个空间之间，所以可以生活在多个空间所组成的网络之中，一个更加现代化、可持续的空间网络，如都市区、城市群、巨型城市区域[①]。城市工作、乡村生活、山野度假……多年前我们所提

① 霍尔，佩因，罗震东等译. 多中心大都市——来自欧洲巨型城市区域的经验[M]. 北京：中国建筑工业出版社，2010.

出的“长三角人”[1]，今天似乎正变得更加具体和丰满，“珠三角人”应当也是一样的。

再论死与生

如果流动的逻辑是更好的身心合一，是为个体的人提供实现梦想和自由的合适空间，并让空间更好地被人重塑，那么重新回到大源村，我们会收获更多的感动。繁华的城市街道，清幽的山谷小径，村居、厂房、商铺、站场……历史与现实汇聚，自然与人工相逢。直播间中的青年们对着屏幕眉飞色舞，发往各地的货车挤满巷道，川流不息，霓虹闪烁的餐馆招牌下是热汤的雾气和南腔北调的喧嚣。移动互联网给这个杂乱无章的空间带来了蓬勃的生命力，他们被这里接纳，被这里改变，也在改变着这里。

简·雅各布斯让我们重新认知了纽约最宝贵的空间和空间蕴藏的伟大价值，看似无序、混乱的空间实则存在着社会、经济系统的有序。大城市的“生”就在于它的多样性（diversity），包括空间、人群和功能的多样性，而大城市的“死”就是衰败，没有生气和活力，是对人的驱赶[2]。距离雅各布斯走上纽约街头已经大半个世纪了（见图1-14），这些来自地球另一面的认知并未因时空的遥远而褪色。事实上，这些认知中国人早已习得，传承千年的《清明上河图》里就鲜活地记录着大城

图 1-14　简·雅各布斯

① 罗震东，朱查松，薛雯雯．基于高铁客流的长江三角洲空间结构再审视[J]．上海城市规划，2015（4）：74-80.

② 简·雅各布斯著．金衡山译．美国大城市的死与生[M]．南京：译林出版社，2005.

市的死与生。而宋代的广州就是繁华不输汴京、临安的国际大都市。

随着时代的进步、科技的发展，城市更新从未间断。更新本身就是城市生命力的体现，必然也以维护和增强城市的生命力为目的和原则。而要在大城市的更新中创造和保持“生”，首先要创造和保持“流”。“流水不腐，户枢不蠹”，开放的、能使要素自由流动的空间一定是新鲜的、生机勃勃的。这一点自古皆然，在移动互联网时代更是凸显！

要在发展中有“留白”，为应对更多的不确定性留下一份从容、包容的空间。广州之所以能够孕育出大源村，一定程度上得益于拥有众多具有包容性、充满可能性的弹性空间。城中村没有在图纸上被赋予明确功能，反而成为最强大的功能。移动互联网时代，地理空间对人的束缚越来越小，基于网络的、更加数字化的产业流动性不断增强。不管是在里仁洞、犀牛角、大源，还是在普宁、汉川，空间不再是创业的首要障碍，但空间的包容性却更受创业者的青睐。而包容性的塑造一定程度上需要在发展中“留白”。

要在大城市的更新中创造和保持“生”，更需要自下而上力量的参与，为自发更新保留可能。如果说羊城村只是外来者生活的空间，缺乏自我更新的内生动力，那么浙江村显然不是，今日的大源村就更不是。这样一个百亿淘宝村早已是一个完整的经济社会单元，自生自发的秩序清晰而强劲，自发更新的能力不容忽视。大城市的死与生其实是由一个个有机的、如同细胞一般的空间的死与生决定的。细胞死亡或者失去活力，母体自然不会健康，淘宝村与广州大概也应是这样的关系吧。哈耶克所谓的“致命的自负”[1]时刻提醒着我们。那么为什么不让更有引导力和话语权的力量直接参与规划，让生活、工作在这一方土地上的所有力量参与空间提质，参与产业链升级，让事实上的主体拥有“主体性”，进而形成对地方的依恋，增强地方空间对流空间的“黏性”呢？如果能够做到这样的“生”，那或许就不是一次更新，而是一次脱胎换骨的“重生”。

① 哈耶克．冯克利等译．致命的自负［M］．北京：中国社会科学出版社，2000.

二｜南国新风：潮汕文化圈的乡村电商

空间优势有时就是时间优势。2017年岁末，当大半个中国都在天寒地冻里等待开春时，我们却穿着单衣坐在潮汕乡镇的夜排档里烫鸡丝。夜半三更，霓虹闪烁，车流不息，南风吹得柔软，腹中美食温暖。想起上月去山东曹县调研时，万物蛰伏、黄土漫天的肃杀，不禁感叹这来自低纬度的天然胜利——活色生香，不夜之城，潮汕人首先在时间的拥有量上就打败了很多地区。仿佛为了印证我们对南方夜间活动丰富的艳慕，进村调研的时间定在了晚饭后。据电商办的工作人员介绍，这是淘宝村一天之中最忙碌的时刻。干淘宝这一行，忙碌是必然的，我们预想了家家户户快递成堆，原材料和加工成品乱作一团的场景。然而，潮汕的乡村电商自有它的套路，这一点大大超乎我们想象。

在人多地少的潮汕地区，村庄的形态早已异化。没有农田，没有牲畜，没有平房，水泥硬化的路网纵横，村落绵延相接，多层洋楼鳞次栉比，KTV、咖啡厅、餐吧等休闲娱乐场所在暗夜里闪着灯。相比于传统认知中的中国乡村，这里更像是一个复合了生产功能的集镇中心。走进每一扇家门，更是麻雀虽小五脏俱全。超过6层的农民自建房里不仅住着老板一家，也有流水线、小广场、员工宿舍、健身房、办公室、会客厅和展厅。即使是专业人士也很难找到准确的词语定义这种空间形态，用地分类失效了，用家庭手工作坊或者乡镇企业工厂来形容也都不合适。接触城市规划许多年，不曾想竟在南方的村镇里撞见这样一处职住平衡的绝佳范例，高效的空间运作和良好的职工住宿环境为电商的蓬勃发展打下了扎实基础。

虽然已近晚上9点，形似中学教学楼的回字形工厂里依旧有序地忙碌着。同我们认知中起于微末、艰难摸索的淘宝村不同，拥有30多年纺织工业历史沉淀的汕头市外砂镇，在面对新生的互联网浪潮时，体现出了长期技术积累的优越性。电商对于他们来说，不是背水一战的唯一机会，而是扩大销路、做出适应性改变的升级道路。除了传统的线下订单以外，天猫店要求厂家提升对爆款的预测和设计能力，跨境电商则对公司业务开拓和运营能力提出了更高的要求。物流的大量介入、分销商订单和B2C（Business to Consumer，商对客电子商务模式）包裹的分散化，往往让文化知识和操作能力不足的农民疲于奔命。而在这里，月销数十万件的电商老板们依旧能气定神闲地泡一壶好茶。精明细致的潮汕人早就将空间和时间做了有条不紊地切割：灯火通明的工厂里，打版、织布、缝纫、清洗、熨烫、包装被讲究地放置在不同楼层的不同板块，再由一台垂直升降的大货梯串联。上午接单、客服，下午生产、打包，一直工作到晚上10点，工人休息，司机装车，货品被连夜送往全国乃至世界各地。日复一日，几班轮转，高效循环（见图2-1）。

图 2–1　夜间依然忙碌的车间与物流

最让人感到欣喜的是，在长期“商本”文化熏陶下，潮汕在“互联网+商服业”拓展方面展现出敏锐嗅觉和杰出天赋。当规划师们绞尽脑汁地思考电商小镇究竟需要怎样的配套，却总不得要领时，潮汕的农村电商已经自发分化出了分工明确、专业化程度高、成效翻倍的上下游产业链和产业空间。各个村的电商协会负责举办联谊活动，维护市场价格稳定；联合职业技能培训学校建立的电子商务创业培训基地，大量输出产品触网的前端（研发设计）和中后端（营销维护）青年人才；陈店镇的内衣采批超市、澄海的玩具展厅[1]则是服务于中小网商的新型电商实体展销空间。设计—生产—批发—分销—摄影推广—线上运营，专业团队各司其职，专注模块内部优化，共享网络销售红利。在网购已深入人们生活细枝末节处的今天，电子商务再也不是早期一句“你好，亲”就可以获得成功的蓝海。面对日益复杂多样的网络推广销售环境，起步晚、学历低的农户几乎甫一开始就丧失了竞争的资格，而潮汕淘宝村的分工模式大大降低了“触网”的门槛，让村民可以根据自己的实际水平和需求寻找到互联网经济的切入点。

军埔村的初印象

除了产业上的长期积淀和空间上的门道，相比于很多无中生有，或是机缘巧合之下白手起家的淘宝村1.0版本，潮汕地区农村电商的兴起更要归功于骨子里的基因。不同于一般中国人“家庭—家乡”的故土情感联结，潮汕人民自古重视的还有另外一层“家族”的关系维系。这一点在我们造访的中国首批14个淘宝村之一的军埔村感受尤为强烈。

军埔村在农村电商界的龙头地位，从村口公路上遍布的川菜、湘菜、山陕面馆和大车店可见一斑。操着四方口音的人群在这里汇集，从堆积成山的爆款货品中挑选出自己中意的，再匆匆告别四散而去。做淘宝爆款生意，核心就是要快、更快。从设计到生产、销售往往只有一两个月的黄金时间，这对品牌商、供应商、代理商、分销商都是巨大的考验。设计预测失误、资金流断裂、人手经验不足……每一次失败对底子薄的农村电商个体来说都是致命的，而“家族”在这场鏖战中，常常起到至关重要的支撑作用。在军埔村委会门口展示的“电商十二罗汉”介绍中，可以发现许姓占了6位、黄姓4位、杨姓2位。这个简单的统计似乎揭示了农村电商能在军埔村落地生根、枝繁叶茂的奥秘——底蕴深厚的乡土社会网络。在宗族

① 面向全球的玩具会展中心，甚至设置专门服务于中东穆斯林客商的礼拜室。

观念下，个人对宗族负责，宗族对个人拥有“所有权”，族人一荣俱荣，一损俱损。

早在第二次鸦片战争后的1860年，潮汕成为新一批开放口岸，当地人便围绕在宗族旁侧，以家庭企业的形式激活了经商技能。潮商起步的年代，市场并不健全，缺乏稳固的信用体系，而信用乃商业之本。宗族的出现让这一难题迎刃而解。一个人的信用不足以让商业伙伴信服，但加上宗族里的成百上千号人就让人安心得多。商业运作中，宗族更为潮汕人提供了必要的商业资本。当旺季来临需要增加投资扩产时，他们不会去找银行花数月来办几十万的小额贷款，而是直接找本村宗族组织的标会[①]渡过难关。宗族是农村内置金融服务的信用保障，而血缘为参标人吃下了定心丸。

进入到新世纪，年轻的军埔经商一代凭借祖上传递的敏锐商业嗅觉和原始资本积累，完成了从线下到线上，从食品到服装产业的跨越。宗族里没有秘密，亲近的人情网络让电商的消息传播、经验传授、实体教学几乎零成本地开展起来，而原本在外经商和务工的家族子弟也为本村的业务拓展带来了更多廉价的资源和信息。传统与现代在这片土地上奇异又和谐地共生共长着。军埔村随处可见的大伯公庙、宗祠、神位，绵延不绝的香火，与在互联网时代开疆拓土的“潮人电商一条街”看似貌离，实际上延续着相同的基因。宗族不仅帮潮汕人解决了海盗问题、温饱问题，还帮他们铺就了电商经营的致富之路。

在军埔村我们几乎看不到在中国其他普通乡村常见的“993861部队”（留守老人、妇女、儿童）。或父子叔侄相携，或兄弟姐妹相帮，强烈的家族维系让潮汕人出走又回归。上了年纪的传统围寨不远处，是孩童嬉闹、妯娌攀谈的小广场，另一侧则是农民自建的新村。这两年，村里房屋翻新的速度很快，宗室也集资新修了祠堂。放眼望去，脚手架后的多

---

① 标会，又称抬会、打会、跟会，是一种具有悠久历史的民间信用融资行为，具有筹措资金和赚取利息双重功能，通常建立在亲情、乡情、友情等血缘、地缘关系基础上，带有合作互助性质。

层小洋楼影影绰绰露出轮廓，每一处新搭的脚手架都藏着一颗新希望的种子——新房意味着稳定的新人和新家，人才是乡村发展的永续动力。

当然，这种自下而上、宗族强权制的发展模式也不是问题全无，当地政府弱势的困境在一定程度上导致电商发展空间有规划却无落实、无管控。农民企业家投资的电商“商品房”七零八落且在大片农地中鹤立鸡群，私人工厂和商铺混作一处，农民自建房的“高度竞赛”愈演愈烈（见图2–2）。乡村传统景观的丢失、公共空间的减少、污染造成的环境恶化并没有让这成为标杆数年了的电商村走向生态宜居、共同富裕的淘宝村新境界。在“三生”（生产、生活、生态）友好的终极目标下，军埔村的家族和家庭还要携手走一段很长的路。

图 2–2　军埔村街景

普宁淘宝村的增长

作为中国淘宝村集聚分布的核心区之一，普宁市是潮汕地区电子商务迅速发展的代表。普宁市淘宝村的“裂变式”增长与当地的产业基础、文化传统、人口数量以及空间管制等方面有着密切的关系。这些要素的共同存在为淘宝村的快速、就近增长提供了适宜的生态环境。

强大的产业基础

普宁市县域经济发达，2015年全市GDP就已接近600亿元，位居广东省各县（市）之首。普宁市是中国重要的纺织服装产业基地之一，生产的内衣、衬衣和家居服占全国市场份额的60%以上。2015年行业产值达1037.8亿元，是揭阳市首个千亿级产业集群，目前已形成涵盖纺纱、织布、印染、辅料、配件、设计等多个环节的完整产业链，诞生了众多著名商标。为了推动纺织服装产业升级，普宁市2010年建成广东最大的单体服装批发市场——普宁国际服装城，总用地面积约20万平米。商城作为一个大型商业综合体包含商业街铺、旋转批发商城、综合商务大楼、商业广场、商务酒店等多种业态，同时设置了物流中心、检测中心、汽车客运站及派出所等，创造了非常适宜电子商务发展的物质环境。近年来随着电子商务的快速发展，商城原本用于服装批发的三、四两层已调整为集创业、培训、产业升级示范于一体的电子商务产业园。

普宁国际服装城的强大交易能力和当地电子商务的快速成长，无不源于当地强大的生产能力。长期以来形成的众多服装加工企业为电商的发展提供了一般地区无法比拟的优势。具有一定规模的网商往往不满足于直接从国际服装城拿货，直接办厂或者将生产环节外包给当地加工企业是更为普遍的方式。尤其许多具有较高品牌知名度的网商，自己主要负责款式设计和在线营销。他们通过网络预售确定消费者偏好，根据消费者偏好及时调整款式和生产计划，然后反馈给生产厂家进行批量生产。这一基于网络数据分析确定生产的模式大大地提高了生产效率，降低了产品的生产和仓储成本。由于普宁服装加工企业众多，产业集群基础雄厚，因此不仅加工制造能力突出，设计、研发以及配套服务的成本也相对较低，能够及时满足网商不断推出新款或者调整款式的要求。据当地网商介绍，一般一款新T恤从设计图版发给工厂到成品出厂只需一天。

重商的文化传统

普宁地处潮汕文化核心区，重商、亲商的文化传统源远流长。潮汕商帮是中国重要商帮之一，与晋商、徽商相比，潮商更是历久弥新，在全世界华人群体内均有较大的影响。潮汕地区是我国著名的侨乡，华侨人数众多，不仅拥有海外资本的强大助力而且具有海外市场的天然优势。潮汕重商的文化传统与地区的资源禀赋密切相关。潮汕地区多山地丘陵，背山面海的地理环境和人多地少的现实困境造就了潮汕人既有精耕细作、勤奋踏实的农耕文化特征，又有敢于冒险、开放拼搏的海洋文化精神。祖祖辈辈、远亲近邻几乎都在商场上打拼磨炼。这种重商的文化传统同时有着浓重的老板情结或曰“企业家精神”，不管生意大小，都希望能够自己掌控。“宁可睡地板，也要做老板” 就是对他们的形象描述。因此在电商产业的发展过程中，员工一旦掌握开设网店的技术后，大多会离开公司自己创业，从而造就了当地网商数量快速增长、电商企业规模不大的特征。通常电商企业规模都在20人上下，很多公司基本依靠家人或亲戚打理一切。

普宁淘宝村、镇的快速发展很大程度上源于普宁商人的返乡创业。在普宁开设加工厂，在广州、深圳等地服装市场开设档口，曾经是普宁人最常见的经营模式。广州著名的淘宝村——里仁洞村就是潮汕人的天下，卖家多以普宁、流沙两地为主。2011年前后，由于市场竞争加剧、经营成本高企等原因，普宁人陆续返乡创业。他们发现在家经营电商，更能发挥本地服装产业集群的优势。被称为“池尾电商第一人”的陈耿乐就是返乡创业的代表人物，他2007年到广州从事服装批发业务，而后逐渐接触淘宝网，尝试通过网络销售服装。由于广州的租金较高，且产品大多在普宁生产，运输到广州会产生不菲的运输成本，再加上普宁当地在税收、土地、通讯等方面的优惠政策，促使他于2012年回到普宁从事服装网批业务（见图2-3），并带动一大批一起在广州经商的亲朋陆续回到普宁。近几年普宁返乡创业的人数以每年30%的速度增加，普宁也因此成为2015—2016年全国返乡电商创业较活跃的十大县域之一，位列广东省第1名[①]。广州—普

① 衡量各地返乡电商创业活跃程度的指标是“返乡网商密度”（返乡网商数量/人口数量），即平均每万人中的返乡网商数量。数据来源：阿里研究院，2016返乡电商创业研究报告，2016.9.

图 2–3 普宁的服装网络批发产业

宁、深圳—普宁也成为最热门的省内返乡电商创业线路。返乡创业的普宁商人带回了资金、技术以及先进的经营和管理理念，实质性地打通了由城到乡的生产要素流通渠道，改变了乡村地区长期以来资金、人才单向外流的尴尬局面。

庞大的人口基数

人口从来都是战略性资源。普宁市人口众多，2015年全市户籍人口达到246万人，常住人口突破210万人①，在广东省乃至全国的县级行政单位中均处于前列。庞大的人口基数为当地的生产和消费注入了巨大的活力。不同于国内很多地区的家庭小型化和少子化趋势，普宁地区多子女家庭比例很高，大部分乡村地区户均人口接近5人。这一方面与潮汕地区的传统家庭观念息息相关，宗族观念强，崇尚大家庭、大家族；另一方面，由于当地民营经济、个体私营经济发达，居民大多经商创业，受体制约束相对较小，计划生育政策实施效果不明显。多子女家庭使得普宁人创业经商很大程度上依赖家庭和家族关系网。由于人口众多，家庭内部的分工程度较高，往往一人创业，父母、兄弟、姊妹、媳妇甚至姐夫、妹夫等都会参与进来，从而大大降低人力成本，提高创业的成功率。基于血缘、亲缘的熟人社会网络往往使得创业经验和技巧能够快速传播，从而有力地促进了当

① 数据源自《2016 年揭阳市统计年鉴》。

地电商产业的迅速壮大。

弱势的空间管制

潮汕地区民众的产权意识和市场观念较为强烈，自上而下的空间管制总体呈现弱势地位。尤其在经济快速增长时期，庞大的人口基数、火爆的电子商务产业使得土地开发需求异常旺盛。在调研走过的淘宝村随处可见刚刚完工或者正在建设的、高达十二三层、配置电梯的农民自建房。这些建筑的功能基本都是复合的，居住、商贸、生产加工和仓储功能均有，除了小部分业主自用，大多用于出租。由于电商产业的蓬勃发展，租金也是水涨船高，从而刺激更多村民投资房屋建设以满足市场需求。对比普宁典型淘宝村近年来的卫星影像图，可以发现当地的土地开发强度、用地性质和建筑密度均有明显的变化。通过规整的地块和道路网可以判断这些村庄是经过规划的，不同于自发建设的城中村，然而在开发密度、景观风貌和设施建设方面显然缺乏有力的空间管制。相比于国内其他地区相对严格的土地管控，普宁乡村地区的土地管制较为宽松，交易成本较低。调研访谈了解到，村民间土地私下交易频繁，这也是当地一直以来的传统，不仅宅基地用于交易，农田的民间买卖、租赁现象也十分常见，交易后的农田通常用于建设住宅或厂房。

潮汕电商的期冀与探索

潮汕人崇拜神明，几乎每个村子、企业或是工厂里都供奉着大小种类不同的神灵，或简陋或壮观，守护着一方天地。这些神明书既书写了旧时潮汕人迫于生存环境的艰辛，也寄托着家乡亲人对远方行商的牵挂与不舍。今日潮汕人的生活早已不再艰辛，随着电子商务与乡村振兴的大潮，愈来愈多的年轻人开始返乡创业，然而潮汕人供奉神明的风俗却没有改变，因为在这些端坐的神明身上承载着人们对未来的美好期冀。

未来确实有太多理由值得期待。2017年，广东省“亿元淘宝县”达到22个，淘宝镇达到54个，其中汕头市以淘宝镇总数11个位居全省首位。许多看似平淡无奇的潮汕乡镇，借助互联网重新焕发生机。传统产业优势，地方政府的扶持，低成本的创业环境使得淘宝村、镇迅速在潮汕地区崛起，切实地给当地人带来发展的红利。垄断了全国七成内衣销售份额的汕头市潮南区陈店镇因“中国内衣名镇”而扬名。踱步在镇上一条名为“陈贵路”的街道上，放眼望去，每一家门店都与内衣相关，从培训到售卖辅料再到网批销售，甚至还有独创的“内衣网批超市”，品目繁多，不胜枚举（见图2–4）。电商大厦里开办着专题培训班，年轻的从业者坐得满满当当，认认真真地学习营销、摄影与美工的每一个环节。镇里的小孩子们耳濡目染，从小在商品堆中穿梭帮忙，感受勤勉、诚信、节约、创新的商业精神。从自己生产加工到自己批发销售，再到利用多年的销售经验和朴实的美学观尝试自己设计。文胸内衣在这方土地上与性感无关，而更是像农耕时代的农作物，是他们生活生存最基本的元素、最忠实的陪伴。

家家户户对于电商的投入不知不觉中催生了新型的空间布局。外砂镇素以潮织毛衣产业闻名。除了大型企业，镇中集聚着一种带有潮汕特色

图 2–4　陈店镇内衣网批一条街

的“家庭工坊”：大院里两幢楼房矗立，一幢是厂房，一幢是住房。晚上八九点钟的时候，厂房里依旧灯火通明，一二楼的库房里，数十位员工熟练地分拣打包；三四楼的车间内，十几排针织机器轰鸣，如打印机般有条不紊地吐出织好的布件花样。一墙之隔即是他们的日常起居地。为了确保物流的效率，淘宝村内最为繁忙时段是夜幕降临之后。为了错时发货，工厂几乎每天都要开工至凌晨，直到发货完成。即产即运的衔接方式节省了仓储等中间环节，而这种居住和厂房相结合的特有模式，良好地匹配了电商的运营特点，自然而然地在镇区普及开来。不同于传统家庭作坊的简单混杂，它体现了更专业、更明确的小型分区，诸如车间、配送和住所，生产和生活两类空间相互分离。与此同时，它所保留的居住属性又格外鲜明，院子里有布置好的假山与水池，大门上贴着春联，除开那五层的生产厂房，这份温馨像极了乡下人家的别墅小院。

我们该如何定义这些土地的用地类型？能否延续原来的定义方式？无法划定分区，无法教条地套用工业与居住不能共存的理论。这是乡镇在发展过程中，经过摸索、试错进而沉淀演进出的，最适应当下的，家庭式的组合模式。不同于温室中经由几代人培育的名花，乡镇自发产生的空间布局模式，更像是郊外蓬勃生长的野生植物，面对自然表现出顽强的生命力和适应力。无独有偶，早在18世纪初欧洲农业社会向工业社会转化的过渡时期，家庭作坊式的生产模式就已在大洋彼岸萌芽，发展，遍地开花。如今当我们去欧洲参观那些保存良好的古迹，甚至历史商业街区时，仍然不乏前店后坊式的家庭院落和它们曾经存在的影子。

混合并不意味着杂乱，即便是杂乱也并不等同于低效。布朗运动是无规则的代表，然而同样是这无规则运动的轨迹，帮助人类认识了微观的分子及其运动的客观存在。混、合、杂、乱也可能在接触和冲突中撞开一片崭新的天地。我们所能做的，除了处理好当下已暴露出的矛盾之外，或许更应该多些耐心，给予新生以时间，赋予未来以宽容。当后人用历史的眼光回首检视今日的种种，外砂镇的“家庭工坊”何尝不是一种自发的创新？又何尝不是人们在适应产业变革时对空间组织的有趣尝试呢？

面对电商热潮，军埔村的人们显得更加务实。他们开办电商学校，设立电商服务中心，创办电子商务企业，极尽所能地做足配套的文章，甚至连电商一条街的招牌都统一了风格。村道边新建的商务办公楼、物流仓库和居住楼盘，这些现代化的建筑元素无一不向往来的商旅展示着一个事实：电子商务的注入确确实实给这个村庄带来了翻天覆地的变化。政府的扶持与帮助迅速激发了这个村庄所蕴含的能量。如今的军埔村，三千左右的人口支撑起上亿元的月成交额。村民们对于电子商务这条致富新路的热忱和坚持，使得军埔村不断地刷新纪录，成为全国闻名的“淘宝村”“电商村”。军埔“电商十二罗汉”的创业故事是军埔村的骄傲和见证，每个成功故事的背后是政府把握机遇的敏锐和村民们敢为人先的魄力。

比及菏泽各县，原以为鲁南、粤东大为不同的应是村镇乡郊的风貌，细想却是“人”的风景更让我印象深刻。广东人的精气神打底就是蒸蒸日上的劲头，连稍稍上了年纪的也让身边的小辈带得“敢教日月换新天”。这是自心里一点点往外生的，并非外人能用耳提面命强往怀里塞的东西。鲁西南人也勤奋，心里也透亮，但总隐隐地觉得前者的勤在争——年轻，禁锢少，你不给他，他也信自己能凭本事在荒滩里走出一条路；而后者仿佛更勤在循——你给他画个范围，他自己慢慢能琢磨出怎么往前蹚的一二窍门来。其实没什么优劣，各有各的合适，各是各的心气。淘宝村的发展，追根溯源仍是人的发展，淘宝村的蓬勃生机，长久而言只能源于村中人的意气风发。

军埔村中至今仍完好地保留着一座面积不大的龙王庙（见图2–5），一代又一代的村民们曾来此烧香祈愿，以求风调雨顺。房顶装饰用的嵌瓷似乎刚刚翻新，缤纷的色彩与不远处的祠堂交相辉映。村里新建的电商公园风光正好。不知是红千层还是串钱柳的红花掩映在层叠的绿植中。小池畔的绿地一角不知何时静静立起一尊马云的雕像。这是很有意思的场景，甚至有些魔幻现实主义的调侃。然而，对于军埔村而言，正是马云一手缔造的互联网“电商帝国”，用快速扩张的版图将潮汕人纳入了一个开放，包容，充满可能与挑战的新世界里。村民们所敬仰的对象，所追逐的目

图 2-5　军埔老村龙王庙前嬉戏的孩子

标，对于世界和价值的认识方式，或许也在与外界的沟通中，一边传承一边转变。

钱塘江以南的中国

钱塘江以南中国①虽然是一个文化地理学概念，但越来越多地呈现出经济地理学特征。潮汕地区电子商务产业以及淘宝村的增长机制具有钱塘江以南中国的普遍特征。强大的产业基础、重商的文化传统、庞大的人口基数以及弱势的空间管制所形成的生态环境，与适度的政府支持共同推动了淘宝村的裂变式增长。根据2016年的数据，全国十大淘宝村集群中，钱

① 在文化地理学上，钱塘江以南中国包括宁波以南的沿海地区，也可以包括皖南、江西等地。参见姚中秋．钱塘江以南中国：儒家式现代秩序——广东模式之文化解读[J]．开放时代，2012（4）：37-48.

塘江以南中国占据7席，分别为义乌市、温岭市、普宁市、晋江市、白云区、番禺区和瑞安市[①]，拥有的淘宝村数量也接近总量的六成[②]。

钱塘江以南中国长期以来由于生存压力，人口大量出海谋生，构建了一个复杂的跨国人口、商业、资源、文化互动网络。这个网络与儒家文化支撑的较高的社会组织化共同发挥作用，让钱塘江以南中国更为有效地化解了国家权力向下延伸的巨大压力，凸现出引人注目的文化、社会与经济特征[③]。从普宁市、陈店镇、军埔村等地的发展可以看到，重商的传统文化与跨国网络孕育了最早的外贸加工产业，从而为当今的电商发展奠定了强大的产业基础。儒家文化对于家庭繁衍和宗族组织的重视造就了庞大的人口基数、自发性社会组织和地方性礼俗规范，从而大大降低了电商发展的人力成本和交易成本。同时由于地方政府官员基本为本地人，与民众具有相同的价值观念，对于民众的有关行为往往有着更多的理解和同情，倾向于默许或“善意地忽视”。恰恰是这些默许创造了相对宽松的制度环境，为创新、创业活动提供了孕育的土壤。

① 资料来源：阿里研究院，中国淘宝村研究报告（2016）。

② 统计范围包括广东省、福建省、江西省、浙江省除去杭嘉湖三市，共计749个淘宝村，约占总量的57.9%。

③ 姚中秋. 钱塘江以南中国：儒家式现代秩序——广东模式之文化解读[J]. 开放时代，2012（4）：37-48.

三｜双重边缘革命：杭州淘宝村的远与近

作为中国互联网新经济中心的杭州市，市域淘宝村、镇的规模一直处于高速增长中。自2013年首次出现两个淘宝村以来，8年间总数猛增至2020年的224个，与全国淘宝村、镇快速集聚、扩散的态势高度同步（见图3-1）。深入分析杭州淘宝村、镇的增长与空间分布，可以发现在时空两个维度形成了非常鲜明的阶段性特征，充分反映了淘宝村与中心城市的空间关系。

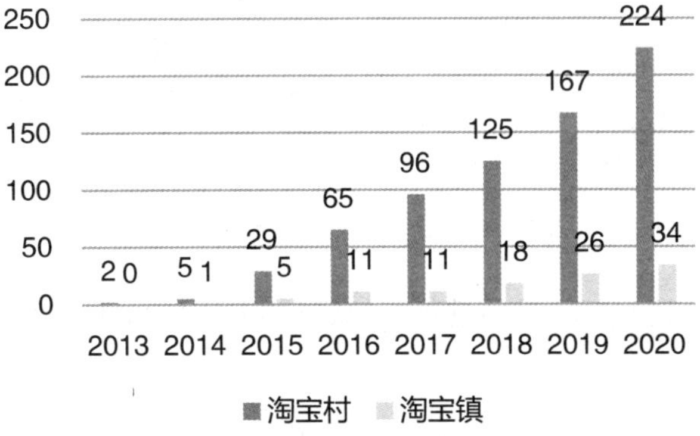

图 3-1　2013—2020 年杭州市淘宝村、镇数量变化图

2015年以前，农村电商蓬勃发展，淘宝村开始出现，虽然数量不多，但创新的模式与显著的绩效开始引起关注，空间分布主要位于距主城区相对较远的临安区[①]。2015年以后，随着淘宝村、镇数量的快速增长，电商规模不断扩大，从业人员不断增加，开始受到政府和新闻媒体的广泛关注。与此同时，分布范围进一步扩大，从小片集聚区逐年扩散至都市区全域。观察2013—2020年杭州市域淘宝村、镇的分布散点图（见图3-2）

① 2017 年 7 月，国务院撤销县级临安市，设立杭州市临安区。

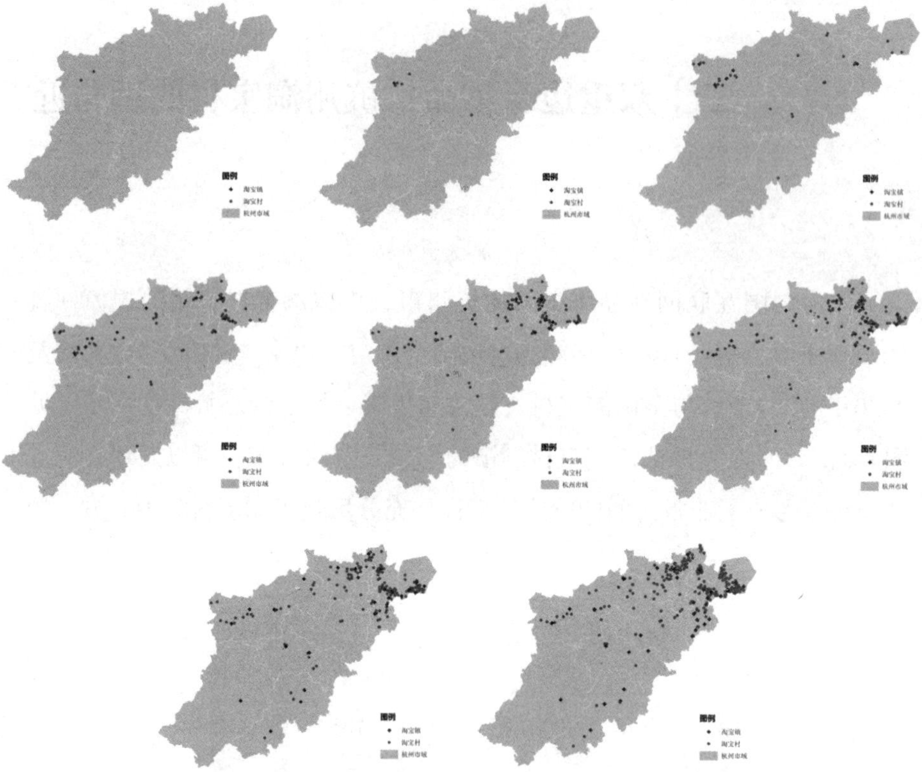

图 3-2　2013—2020 年杭州市淘宝村、镇分布散点图

可以清晰地看到裂变增长的过程[①]。最早的淘宝村出现在都市区外围，到2020年全市所有下辖县区都已出现淘宝村、镇[②]，但集聚中心出现明显的空间位移，都市区近郊成为高度密集分布区。这一特征通过2013—2020年市域淘宝村核密度分析图（见图3-3）可以更为清晰地观察到。8年间杭州市域淘宝村的集聚重心从远离都市区的西北部逐渐平移到都市近郊的东北部，而且东北部后来居上，在数量和集聚程度上都远超过西北部。

深入分析杭州市域淘宝村空间集聚的过程（见图3-4、3-5），可以将其分为前期远郊小规模集聚与后期近郊大规模涌现两个阶段：远郊小规模

① 单建树，罗震东．集聚与裂变 —— 淘宝村、镇空间分布特征与演化趋势研究［J］．上海城市规划，2017（02）：98-104.

② 除淳安县只拥有淘宝镇之外，杭州市所辖其他区县均有淘宝村和淘宝镇分布。

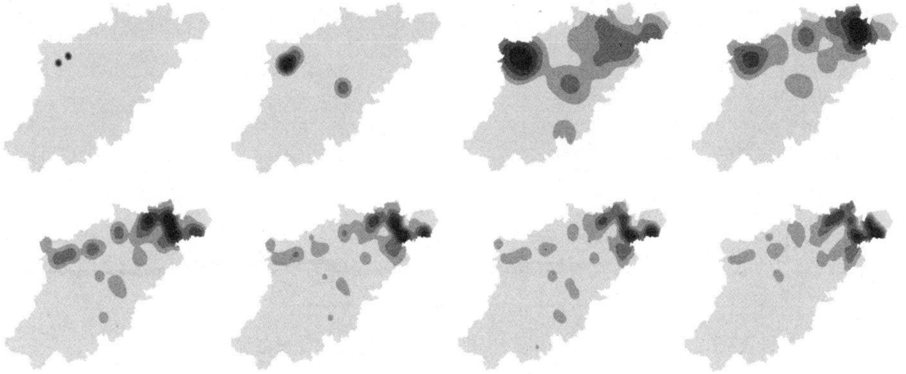

图 3-3 2013—2020 年杭州市淘宝村核密度分析比较图

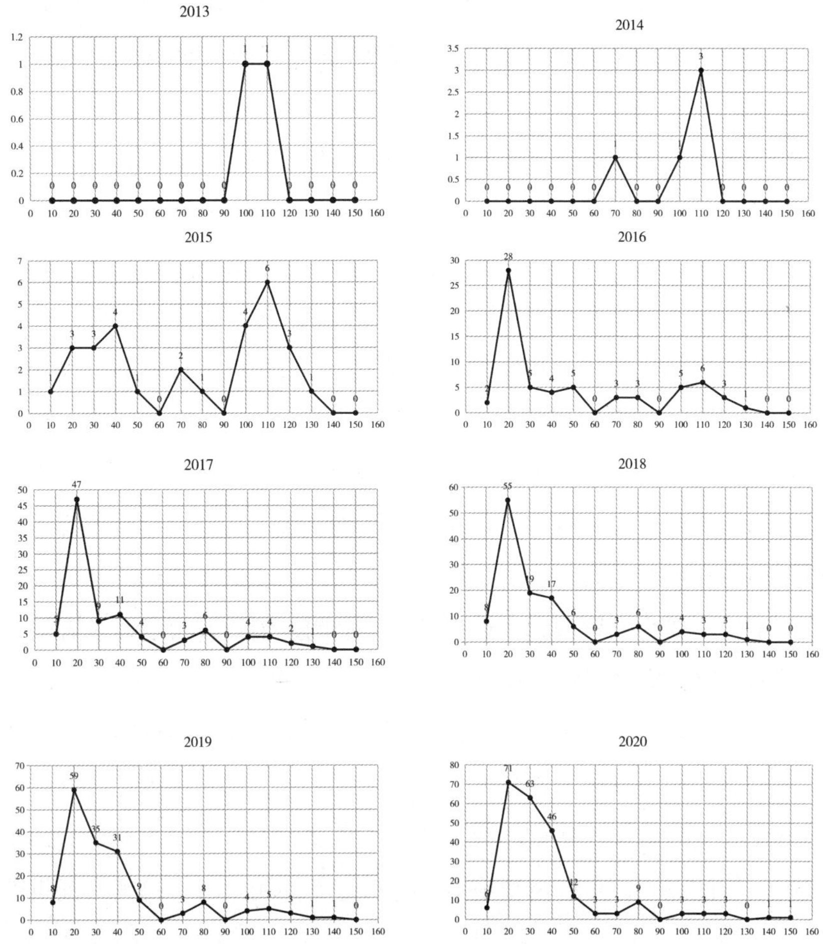

图 3-4 2013—2020 年杭州市淘宝村圈层分布统计图

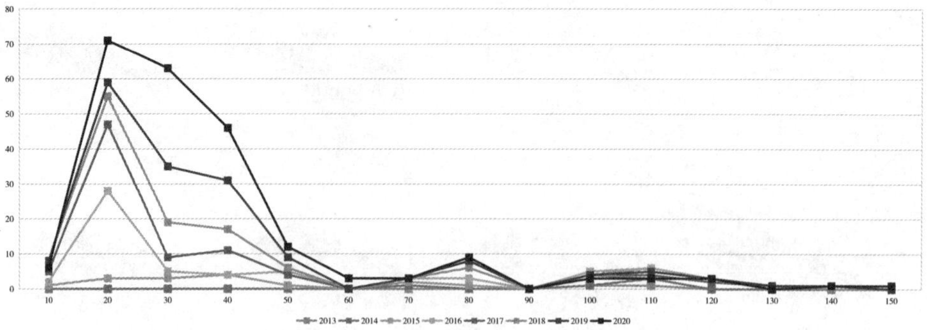

图 3-5 2013—2020 年杭州市域淘宝村空间增长的圈层距离特征

集聚阶段（2013—2015年）的淘宝村产生并集聚于距离杭州市中心80—100千米的圈层内，主要是临安区、桐庐县等区县的乡村地区；近郊大规模涌现阶段（2016年至今）的淘宝村、镇大部分集中在距离杭州市中心10—30千米的都市近郊，尤其近郊的城中村以及城乡接合部区域。这一时期都市远郊的淘宝村、镇依然增长，但增速、规模和集聚程度远远不及都市近郊地区，形成了典型的集聚核心空间转移并分化的特征。

远郊小规模集聚的淘宝村、镇大多以特色农产品为主。最具代表性的就是临安区的山核桃及坚果炒货加工业①，它孕育了杭州乃至全国最早的一批淘宝村（见图3-6）。受到互联网、电子商务大潮的影响，最早的一批返乡创业人群让这些闭塞在乡村里的特色农产品借助网络力量走向全国，并迅速得到广大消费者的青睐。触网创业带来的巨大财富效应迅速推动电子商务在乡村社会网络的扩散，淘宝村的裂变式增长由此开始。然而这些淘宝村主要为农贸型，产业规模、产品附加值以及市场需求有限，由此形成的淘宝村集聚规模也有限。

与远郊小规模集聚不同，2016—2020年淘宝村在距离杭州市中心10—30千米的圈层内呈现出涌现特征，数量规模更大，增长更迅速，分布更密集。五年间杭州淘宝村增量的绝大部分来自这一圈层。深入观察2020年的淘宝村、镇散点图，可以清晰地看到都市近郊的淘宝村、镇围绕杭州市中

① 陈越. 农村电商“浙里”腾飞［J］. 浙江经济，2015（14）：36-37.

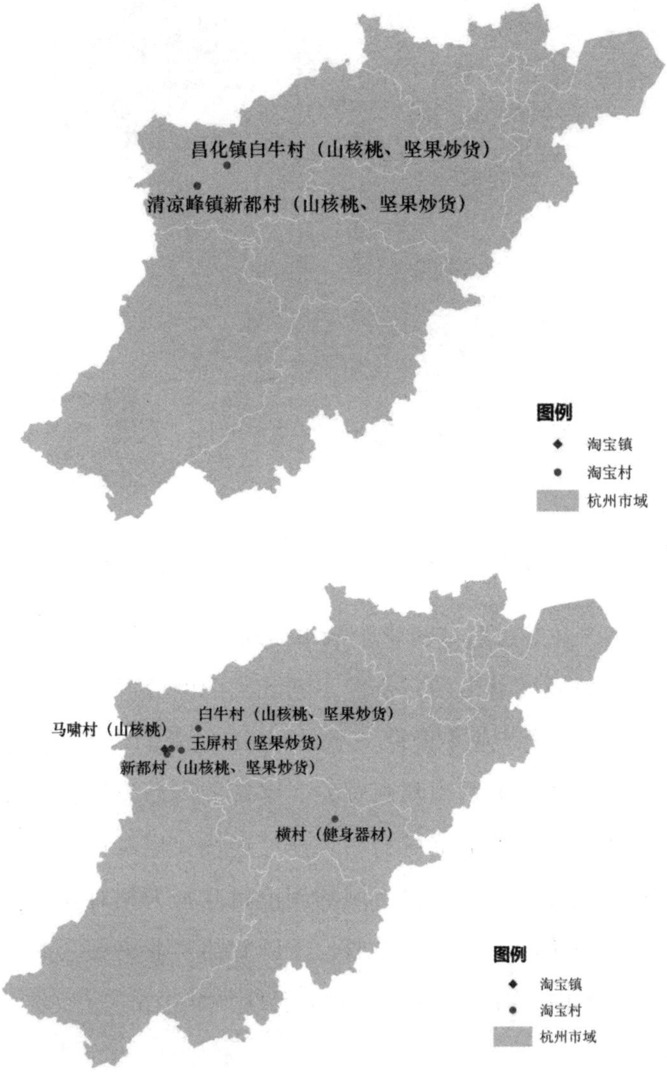

图 3–6　2013—2014 年淘宝村发展起步阶段位置及主营产品

心城区形成一个形似马蹄的分布带（见图3–7）。从余杭区、江干区（已撤销）到萧山区，由北到南跨江连绵，形成一条巨大的都市近郊乡村电商产业带。大量城乡接合部的城中村、城边村构成淘宝村的主力。

这些淘宝村大多具有一定产业的基础，在上一轮乡村工业化进程中形成以轻工业产品为特色的块状经济，典型如余杭区和江干区的服装产业、

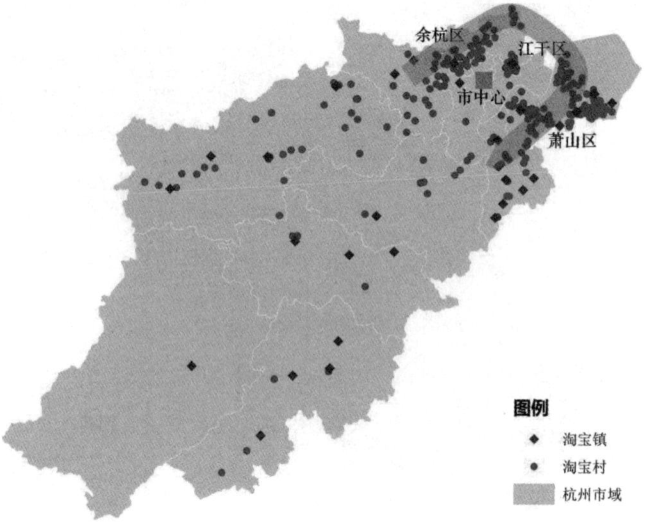

图 3–7　2020 年杭州市淘宝村、镇分布散点图

萧山区的卫浴产业等，这些日常生活中需求量巨大的产品在“+互联网”的过程中迅速拓展线上市场，借助不断壮大的网商群体，创造出类目丰富、规模巨大的电商产业集聚带。不同于都市远郊的农贸型淘宝村，都市近郊的淘宝村主要是工贸型和商贸型。丰富的产品类目、巨大的产业规模和网商群体使得这类淘宝村的增长速度极快，集聚程度和强度极高。在远郊小规模集聚阶段，杭州市域的淘宝村基本为相对独立的乡村；而近郊大规模涌现阶段，淘宝村主要位于既有的产业集聚区内。淘宝村的产生不再是“无中生有”的奇迹，而是传统块状经济“+互联网”过程的必然结果。

远郊淘宝村集聚特征

以特色农产品为主营产品

远郊乡村广布于大都市区外围圈层，在大都市区产业分工体系中主要承担农业及农产品加工职能，产业具有强烈的本地根植性，主要依托本地资源禀赋进行组织。杭州市临安区的乡村就是典型。临安区位于杭州市域西部山区，东邻杭州市区，西接黄山余脉，南部联系富阳、桐庐和淳安，北靠湖州市安吉县。作为靠近杭州市区最近的山区，临安区境内山地丘陵密布，“九山半水半分田”，森林覆盖率高，海拔跨度大。这种地理条件使得临安的乡镇地区没法像传统的苏南浙北县市那样孕育典型的块状经济。多样化的山区农业，竹、林、茶、桑、菜、畜等多业并举，成为临安的产业特色。而山核桃就是其独特的地理、土质、气候条件下孕育的特色农产品，是以昌化镇为中心的乡村地区主要的经济来源。

临安种植山核桃的历史悠久，相传已有超过500年的历史。山核桃在触网销售之前早已声名远播，当地也已经形成一套完整的加工工艺与产品体系，并在长期积累中形成了独特的产业文化。临安区种植山核桃的面积约占全国山核桃种植面积的60%。近46万亩的山核桃林产出全国七成左右的山核桃。相关加工企业300多家，3万多户以此为生[①]。以山核桃加工炒制为主体，临安区目前已经形成坚果类特色农产品加工集群，成为“中国坚果炒货”基地。山核桃及其加工产品也成为杭州市远郊乡村地区第一个触网的主营产品。在山核桃成功触网后，远郊乡村中的中草药、绿茶等农特产品纷纷成为网络销售的主力产品，传统的农产品种植与加工业快速完成“+互联网”进程。这些特色农产品成为淘宝村、镇小规模集聚阶段的主营产品。

以乡村社会网络为扩散渠道

淘宝村在远郊乡村集聚的另一大特征便是以乡村社会网络为主要扩散渠道。乡村电商带头人在这一过程中发挥着重要作用。往往是带头人最早接触电商，他们在电商平台获得的成功，尤其巨大的财富效应迅速引来本村村民的效仿，进而使得整个村子形成电商创业、就业的良好生态。周边乡村也不同程度受到影响，形成裂变式扩散效应。首先是核心商户和企业通过人与人、商户与商户之间的传播、裂变，接着是村和村之间信息、知

① 何诗煜．临安山核桃产业的发展现状及策略研究[J]. 中国市场,2016（47）: 34–37.

识的传播、扩散。这种以乡村社会网络为渠道的传播扩散是淘宝村裂变式扩散的核心。

临安区昌化镇白牛村是最典型的案例。2007年，全白牛村淘宝店的总销售额只有100万元。在核心商户和企业的示范带头下，2008—2012年销售额几乎每年翻倍，2012年之后更是直线上升。2013年，白牛村被阿里研究院认定为中国“淘宝村”，成为全国知名的农产品电商村，甚至被冠以“中国农村电子商务第一村”的称号。一时间白牛村成为浙江乃至全国淘宝村的象征。周边乡村在白牛村的示范带动下也陆续成功触网，形成杭州都市区最早的淘宝村集群。

以农民自建房为空间载体

远郊淘宝村的产业发展基本以农民自建房为主要的空间载体。任何产业的发展都需要一定的空间载体，电子商务产业作为新兴的产业类型，其空间需求通常受网络销售产品的类型和规模影响。从淘宝村来看，农贸型、工贸型和商贸型淘宝村对于空间的需求差异很大，发展初期和成熟期对于产业空间的需求也完全不同。由于杭州都市区远郊淘宝村以农贸型淘宝村为主，产业空间需求总体不大，早期农户自家住宅、庭院以及乡村集体建设用地基本能够满足产业发展的需求。随着经营规模的迅速扩大，更为集中的生产加工与物流仓储需求基本由临近的小城镇解决。

小微企业、电商创业者在起步阶段都难以承受实体空间的高昂租金，而电子商务的经营模式对于空间载体并无特殊要求，因此低成本就成为空间载体选择的最主要因素。乡村自家住宅无疑是成本最低、便捷度最高的载体。一方面，乡村自家住宅通常面积较大且带有庭院，另一方面乡村地区建成空间的管控力度通常较弱，这就为电商创业者提供了较为宽松的环境。一户乡村院落往往是居住、办公、生产加工、仓储物流的综合体。以白牛村为例，电子商务兴起时基本就是利用农民自建房或村里原有工厂的空余仓储、办公空间起步（见图3-8）。尤其是农民自建房，其空间较大、功能复合的特质较好地匹配了这一阶段的产业发展需求。

图 3-8　白牛村的食品加工厂与农民自建房

远郊淘宝村小规模集聚的动力

蓝海产品的竞争力重塑

地方特色农产品作为典型的蓝海产品，是杭州远郊农贸型淘宝村产生的主要因素之一。随着我国居民对于美好生活需求的不断增长，对高品质、健康、绿色农副产品的需求也不断增长。然而优质特色农产品的生产往往距离城市较远，分布较散，销售难一直是抑制其迅速发展的主要瓶颈。数字经济与特色农产品的结合，很大程度上解决了农产品上行难的问题。利用互联网打通农产品上行通道，在满足城市居民对优质特色农产品需求的同时，也改善了农业生产经营在国民经济中的边缘地位。

传统农产品销售链每一环节都采用三现交易模式[①]，遵循“生产地采购—产地型专业市场集散—销地型专业市场分销—终端零售”的模式。特色农产品加工业也采取类似的生产和销售模式[②]，走的是“生产地采购—集中深加工—分销商分销—终端销售”这一渠道，普遍存在流通链条过长、缺乏信息反馈机制、现货交易难以保证产品标准化等问题，进而导致农业生产供应和市场需求不相匹配，中间分销商掌握产销两端定价权压低农民利润，农产品流通环节损耗严重等问题。进行农业生产的小农户在面

① 三现交易，通常指现场、现货、现实（现金）的交易方式。

② 陈德宝. 农产品流通电商化新模式构建[J]. 商业经济研究，2013（32）：23-24.

对采购商和分销商时很难掌握交易的主动权，因此也基本无法分享优质农产品的附加利润。而信息和渠道的不通畅使得优质产品往往很难走进大众日常消费的视野。电子商务一定程度上扭转了这一局面。电商平台对于特色农产品信息的充分传递，成功地重塑了这些具有强烈地方特色的农产品在更大市场中的竞争力。近些年越来越多的特色农产品开始涌入大众消费视野，与临安山核桃一同爆红网络的安溪铁观音、武功猕猴桃、赣南脐橙、烟台樱桃、富平柿饼等，都是借助互联网平台从地方特产成为享誉全国的知名产品。

数字经济模式尤其是基于电子商务平台的销售模式，利用其链接、处理、整合信息的技术优势，能够及时链接生产端和需求端，减少农产品的流通环节，从而大大降低农户售卖农产品的规模门槛。从事农业生产的散户和加工企业可以借助互联网直接链接全国产销体系，介入交易的过程，掌握议价权，通过平台和市场双向对接。同时随着互联网平台经济的发展，农产品的规模化集运模式不断升级，优质农产品、特色农产品的上行难度不断降低，市场竞争力日益增强。近年来全国各地农产品的网络零售呈现飞速发展的良好势头。2019年全国农产品网络零售额达3975亿元，同比增长27%，较全国网上零售额增速高10.6个百分点[①]，农产品及其加工产品上行的障碍被不断破除，从农户手里到消费者手里的渠道日益畅通。农产品电子商务的发展让处于农业地域的乡村找到了产业兴旺的路径，数字乡村的建设具有了可持续的基础。

电商带头人的创新与传播

最早接触互联网并获得成功的草根创业者是淘宝村产生和发展的关键，他们将互联网思想与技能运用到实践，让电商产业在乡村地区生根发芽、传播扩散。在临安区昌化镇可以清晰地看到，电商创业者基本都是本地了解山核桃产业的人，大体又可以细分为两类：一类是离开本地外出求学谋生，最终选择返乡创业的人；另一类是一直在本地从事山核桃、坚果

① 商务部电子商务和信息化司．中国电子商务报告2019. 中国商务出版社，2020.

炒货加工相关职业的人。在昌化镇白牛村山核桃电商产业集群形成的过程中，电商创业者及效仿者的作用非常显著。

无论是外出求学还是进城务工，大部分原生村民很难真正在城市定居，城市的压力往往将他们再次挤压回乡村。然而他们或长或短的城市经历往往让他们打开眼界，习得一技之长，为他们重返乡村开启新的人生做好铺垫。白牛村最早返乡创业的带头人就是将互联网思维和知识从城市带回乡村的年轻人，他们在农村电子商务萌芽和发展过程中发挥着至关重要的作用。这群有着互联网思维与技能的返乡创业者和熟悉山核桃生产、加工的本地从业者的结合，奠定了临安山核桃电商产业发展的人才基础。电商创业相较于传统的务农以及外出务工有着无可比拟的经济优势和示范效应。而乡村"熟人社会"的地理邻近性、社会邻近性以及组织邻近性使得这种创业行为不断被成功模仿和复制，形成以点带面，进而带动整个乡村电子商务发展的局面[①]。

除了个体通过社会网络自发模仿学习外，电子商务协会组织与推动的学习也是乡村电商快速发展的重要原因之一。2014年白牛村自发成立电商协会，使得电商创业的成功经验、先进知识有了通畅的传播渠道。协会通过邀请各地电商专家、带头人来讲课，加速了电商成功模式和经验的传播，形成学习的正反馈效应。电商协会还在电商经营和乡村治理中发挥着关键作用，通过搭建解决行业内部摩擦和矛盾的平台，不仅促进了行业的有序良性发展，更优化了资源要素的配置，形成了良好的经济与社会效益。

电商平台的突破与赋能

电商平台打破了传统三现交易对于实体空间的依赖，为更多边缘区位突破空间束缚接入更大市场提供了可能。随着信息通讯技术的飞速发展，空间距离和空间异质性逐渐被打破[②]，互联网正深刻地影响着当下的时空

① 罗震东．新自下而上城镇化：中国淘宝村的发展与治理．南京：东南大学出版社，2020.

② 钱志新．大互联网．南京：南京大学出版社，2014.

关系和日常生产生活[1]。距离虽然没有死亡，但扮演的角色和形式已经发生巨大变化。以电子商务为代表的数字经济使得商品交易活动不必依赖实体高度集聚的城市，在中小城镇或者乡村，只要存在虚拟集聚，交易活动同样发生。线上结算平台和线下物流平台依托电商平台强大的信息计算和资源链接能力，与电商平台一起构成了网络交易的闭环。正是这样一个强大的线上、线下虚实结合的平台体系（见图3-9），充分赋能临安山核桃这类边缘区位的农特产品，让它们得以全面地呈现在消费者的眼前，实现边缘的跃迁。

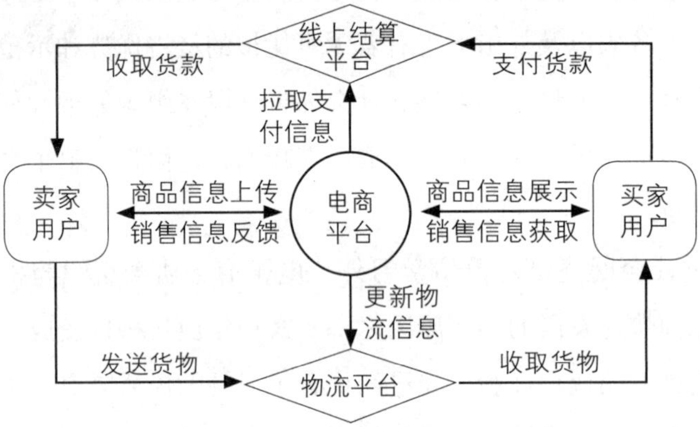

图 3-9　电商平台在卖家和买家用户之间的关联关系示意

显然都市远郊淘宝村在空间、人群、产品三个维度都具有边缘属性：空间位置是大都市远郊的乡村地区，创业人群是离开城市的返乡创业青年，主营产品是较少进入城市居民视野的特色农产品。都市远郊淘宝村的产生，可以说就是边缘人群在边缘区位通过互联网销售边缘产品所引发的一场新边缘革命[2]。多重边缘属性的叠加使得都市远郊淘宝村的兴起和繁荣充满张力。而这一“边缘革命”正是互联网信息技术突破传统产业空间组织的最好例证。

① 聂林海. 我国电子商务发展的特点和趋势[J]. 中国流通经济，2014，28（6）：97-101.

② 梁春晓.改革开放和互联网都是货真价实的边缘革命.阿里研究院，2018-06-29.（2021-04）.

近郊淘宝村集聚特征

以轻工业产品为主营产品

杭州都市近郊的块状经济基础决定了当地淘宝村大多是以轻工业产品为主的工贸型或商贸型淘宝村。所谓块状经济，就是指在一定地域范围内，某一类相关或相似产业高度集聚，形成具有十分明显产业优势的专业化、一体化产销基地①，并带动当地经济和社会发展的一种区域经济组织形式。新中国成立后由于资源条件、国防安全等多方面原因，中央政府对浙江的工业体系、基础设施投资较少②，直接导致浙江的工业基础相对薄弱。改革开放后，随着浙江民营经济的快速发展，许多由民间资本建立起来的小型化、分散化企业和浙江山多地少的地貌条件较为契合，从而形成由中小企业组成的县域和乡镇块状经济③。一乡一品、一县一业成为浙江经济的一大特色。由于缺乏国家投资，主要以民间资本为主，块状经济往往以便于生产加工、技术水平不高、面向日常生活的轻工业产品起步，逐渐积累升级。杭州市所在的浙北地区民营经济发达，专业市场建设更是领先全国，块状经济实力雄厚④。余杭区、江干区的纺织、服装加工，萧山区的化工化纤、塑料橡胶、汽车零部件制造，富阳区的造纸等，都已发展成为特色产业集群⑤，构成市县域的支柱产业。

余杭区的服装产业集群和萧山区的卫浴产业集群孕育了杭州都市近郊的大量淘宝村。服装产业尤其是“杭派女装”是杭州市的支柱产业之一⑥。从化纤、织造、印染到设计、加工、销售，从染料化工、纺织机械

① 陆立军.科技型中小企业与区域产业竞争力.北京：中国经济出版社，2002.

② 黄勇.浙江“块状经济”现象分析[J].中国工业经济,1999(05)：58-60.

③ 许高峰.民营经济发展及其在区域经济发展中的作用[J].中国青年政治学院学报，2010，29(03)：111-114.

④ 徐维祥.浙江“块状经济”地理空间分布特征及成因分析[J].中国工业经济,2001(12)：55-60.

⑤ 杭州市人民政府关于印发杭州市全面改造提升传统制造业实施方案(2017—2020年)的通知[J].杭州市人民政府公报,2017(Z1)：20-27.

⑥ 安子蕴,何琬文,李一.杭州市服装产业碳排放与经济增长的关系研究[J].轻纺工业与技术,2017,46(03)：11-12+18.

等配套产业，到专业市场、科研机构、电子商务、物流仓储等生产服务业，杭州市业已形成以服装制造产业链为主，多条产业链配合的强大生态体系。尤其在余杭区乔司街道和江干区九堡街道，随着四季青服装批发市场（见图3-10）的迁入，目前已经形成以多个巨型专业市场为中心，产品辐射全国的服装产业基地，周边的大量乡村在产业基地和电子商务的共同作用下迅速转型成为淘宝村、电商村。装饰卫浴产业是萧山区瓜沥镇的

图 3-10　杭州市四季青服装市场

支柱产业之一，有着三十多年的发展历史。1990年代初瓜沥镇就有人开始制作化妆镜、门等家装用品，逐渐带动周边形成装饰产业集群，现在化妆镜、门和各类卫浴配件成为瓜沥镇的主营产品。2011年中国日用杂品工业协会授予瓜沥镇群益村“中国装饰卫浴村”称号①。2021年瓜沥镇共计25个村入选中国淘宝村。

以多元化网商群体为主要人群

都市近郊淘宝村的从业群体相较远郊淘宝村有着明显不同，他们不再是被城市挤压回乡村的青年，构成更加复杂多元。既有从事相关产业的本地人群，也有外来的创业者和打工人。本地创业人群通常是在产业集聚地从事相关产业的人群，其中很大一部分与当地传统大小商户有着或近或远的血缘关系。这类人群往往通过自带的血缘与地缘社交网络来运营自己的产销体系。块状经济的最大特点就是集聚，集聚使得一定地域范围内的人

① “中国装饰卫浴村”——瓜沥镇群益村. 浙江万村联网工程.

群都参与到专业化生产环节之中，进而带动从业者及其子女亲朋不断深化产业链分工合作，实现产业转型升级。因此“块状经济+互联网”的升级过程往往是比较自然的。

我就是瓜沥镇长大的，我家所在的八里桥村和周边的一些村子都是做卫浴产品的。这些产品主要包括门、梳妆镜、梳妆台、淋浴房、马桶、台盆、花洒、毛巾架等。可以这么说，在瓜沥镇，基本上你想找的卫生间里面的用品我们都能提供。我现在做的都是全套定制的。我们公司把整个卫生间的东西都打包发过去，用户在家里安装就行了……我在大学的时候就接触了电商，那时候就是和几个同学一起在QQ上卖卖点券。大学毕业了，就回来自己创业，在网上卖我们这里的卫浴产品，从别人厂里或者门店里拿货，挂到网上去卖，效果还不错……

——倪先生　萧山区瓜沥镇八里桥村网商

我爸妈原来就是做卫浴这方面产品的。爸爸之前在做梳妆台的厂里工作，零几年的时候回来在家后面搭建了两间厂房，开始自己生产自己卖。一开始是外贸生意居多，都是做出口的，出口到东南亚、南美洲的比较多。后来我从学校毕业就回来帮父母接着做，也是从那时候开始接触电商的，大概是2013年左右，就把家里的产品都挂到淘宝和1688上。这几年出口一年不如一年，尤其受新冠疫情的打击，我们整个瓜沥镇卫浴出口的生意基本上都停了，但是我们凭借线上的单子还能够维持。现在我家后面的厂房也被我改造成办公室，生产都挪到村子里面的专业厂房了。我在镇上还有一个办公的地方。两处办公室分开是因为两个团队分别负责不同平台的两个店铺……

——丁先生　萧山区瓜沥镇官一村网商

都市近郊淘宝村地处城乡接合部的区位特征，为大量外来创业人群提供了适宜的“孵化”空间。杭州服装产业巨大的量级决定了服装产业的从业者数量同样巨大。在乔司街道和九堡街道的淘宝村里集聚着大量围绕女装创业的人群。他们是来自全国各地的新兴职业从业者，如直播运营、主播、主播助理、选品助理、线上制版员等等，多元化的从业者支撑着杭州服装电商产业的繁荣。

我是浙江海宁人，很早就开始在四季青服装市场做女装。那时候主要是做批发，在市场里有三间店面，每天都有全国各地的人来批发进货。淘宝起来之后，我就开始线上线下一起做了，线上销售份额占据的比例逐年增加。应该是2019年，直播在全国才开始火的时候，我就全部转型做直播了。那时候敢于全部转向做直播是因为我手里本来就有常年经营的几个认可度较高的牌子，同时也和两家国际名牌服饰签下了直播的代理权……我现在在这个园区有300多平米的展示和直播中心（见图3-11），在滨江那边我还租了一个场地，马上也要装修好了。那边网红街拍、直播带货氛围更加浓厚，对于我来说也能更好开展工作……

——王先生　余杭区1964服装直播中心网商

图 3-11　余杭区 1964 服装直播中心的展示厅和直播间

我是在浙江嘉兴的浙江传媒学院读的大学，大学毕业后就留在嘉兴的濮院镇从事女装设计工作。其实我大学也不是学这个的，就是大学期间接触到的这方面人比较多，所以就顺其自然，也没回家乡。后来直播、短视频兴起之后，我就在各个平台创建了自己的账号，给自己设计的服装，也给别人的服装带货。后来我发现服装尤其是女装还是在杭州四季青一片，包括下沙、滨江做的人多，我就转型成为一名专业的主播和模特，每天要赶好几场，完成直播任务和拍摄任务……我现在还是住在嘉兴，每天开车到下沙来上班。直播不需要起早，往往是下午和晚上才上班，所以我来上班的时间也足够……粗略估算了一下，我自己的抖音、快手账号上粉丝加起来也突破9万了……

——梁女生　杭州职业女装主播

以多样化产业空间为主要载体

都市近郊淘宝村的产业空间并不高度依赖农民自建房，超越村域范围的、高度联合的新产业空间是主要载体。这类新产业空间依托于镇、街道的建成空间，将产业链不同环节分散到不同区位，形成具有一定邻近性的电商产业集群。于是，农民自建房、创新创业园区、工业集中区以及专业市场等多种空间共同构成都市近郊淘宝村复杂的产业空间体系。村庄内部的农民自建房在电商产业初创、孵化阶段扮演重要角色，但随着产业不断转型升级，生产、生活、办公、物流、仓储均集中在农民自建房的初创模式逐渐难以为继，不同功能的产业园区应运而生。生产加工环节进入工业集中区，办公、运营、设计等环节往往进入创新创业园区，农民自建房和乡村空间开始新一轮的更新。电子商务的蓬勃发展一定程度上重构了传统块状经济的空间组织。余杭区乔司街道的“时尚云村”就是一个城中村、淘宝村空间成功更新的典型案例（见图3–12），隐约中让我看到流乡村向新兴田园城市升级的轨迹。

“时尚云村”位于杭州市余杭区乔司街道的永西村五组，2017年以前是典型的城乡接合部的“城中村”。依托乔司街道杭州市“东大门”的优越地理区位以及当地的“杭派”女装产业基础，永西村以服装产业为主导，走出了一条具有自己鲜明特色的产业发展之路。家家户户以当地特色的四层半民居为主，引入服装加工小作坊，民营经济蓬勃发展。然而随着产业规模的不断扩大和外来人口的涌入，村庄环境逐渐“脏乱差”“低散乱”起来，私搭乱建、租客混杂、环境恶劣、消防隐患成为永西村五组面临的多重挑战。为了彻底扭转这种情况，地方政府将乔司街道永西村五组作为整治淘汰小作坊行动的试点村，对村庄进行详细规划。根据规划，全村腾出76幢民房，共1469个房间，园区通过和村集体、村民合作开发，打

图 3–12　余杭街道时尚云村园区

造集生活、工作、居住、产业、创新“五位一体”的时尚云村。

时尚云村不仅仅是城中村改造的样板工程，也是传统服装产业转型和升级的先锋试点。在升级和改造过程中，充分采用城市微更新的手法和策略，“与旧为新”，在保留原有村庄肌理和建筑特色的同时，将时尚、多元、活泼、年轻的色彩和策略应用到空间改造与景观设计。尤其注重村庄公共空间的打造，在园区内设置包括政务综合服务中心、生态公园、创客咖啡馆、共享厨房、健身中心、共享会议室、休闲娱乐沙龙等一系列共享空间，不仅考虑到入驻企业和创客的需求，同时契合原住民的生活习惯。在开发模式上，余杭区政府及乔司街道协同当地企业共同进行村庄更新和园区建设，构建地方政府、社会资本和村庄主体合作开发机制。整个项目前后分为四个阶段：

（1）环境改造升级，建筑推陈出新。依托村庄现有建筑，将办公、创意、生活三大空间功能融入环境升级改造。通常民居一层被改造为商铺，容纳服装工厂店、电子商务、设计工作室、制版工作室和公共配套等功能，二层往往被改造为原住民自住空间，三层到五层被改造为精装修的小型公寓，供园区从业人员租住。

（2）整合产业资源，赋能产业升级。通过招商引资，汇集深圳平面设计师协会、英国设计师协会、北京服装学院、连联新材料、FDC柔性时尚产业、云贸平台等业内明星组织和企业，为园区企业创新注入活力。

（3）培训原住民，提升综合能力。园区原住民不是仅仅依靠房租收入。在政府和运营商的培训与帮扶下，将其原有的服装加工作坊根据园区的产业发展方向进行转型，融入园区的产业链，获取更多的利润和回报①。

（4）探索未来之路，开启直播时代。2019年11月，快手杭州服装直播基地落户时尚云村，引领村内很多企业走上直播之路。2020年受新冠疫情影响，园区企业纷纷转变销售模式，大量店主和设计师从台后走到台前成为带货主播。园区全面复工复产后，入驻企业全面开启“直播带货”模式，超半数复工中小企业实现订单量逆势增长。

时尚云村的升级和改造让一个原来环境脏乱差的村庄，变成一个原住民乐居，创业者乐业，“电商销售主导、时尚元素突出、配套业态完善”的新型创业社区，是杭州市探索“乡村振兴新路径、产城融合新形态、社会治理新模式”②的一次成功实践。

近郊淘宝村大规模涌现的动力

强大块状经济基础的支撑

强大的块状经济是都市近郊乡村电商发展的重要基础和支撑。构成这些块状经济的大量中小企业实力雄厚、产销灵活。长期的产业发展历史和完善的线下销售渠道，使得它们在电子商务发展的初期并不积极参与其

① 乔司“时尚云村”揭开神秘面纱．余杭晨报，(2018-08-21)．

② 昔日小作坊聚集地成功“逆袭”，余杭乔司“时尚云村”开园迎客．杭州日报，(2018-08-21)．

中，一定程度上就是“看不上”线上渠道。然而随着电子商务和数字经济的优势日益凸显，以及传统线下销售渠道不同程度的受阻，这些企业开始加速数字化转型。依托强大的产业基础和都市近郊的区位优势，它们更容易吸引人才并成功拥抱互联网，于是都市近郊淘宝村开始大量涌现。

产业基础和空间区位是决定淘宝村类型以及发展路径的两大核心要素[①]。杭州都市区淘宝村两个发展阶段的差别，很大程度上就是由这两个因素决定的。通常发展条件优越的地方都存在较强的路径依赖，发展的惯性和转型的难度远大于发展条件一般的地方。于是创新、突破往往都诞生于发展条件一般的边缘地带，因为往往没有可以依赖的条件也就没有束缚，人的主观能动性可以发挥关键作用。杭州都市远郊淘宝村的率先出现就是边缘突破的结果。而发展条件优越的地方虽然不能率先突破，然而一旦开始转型往往速度更快、规模更大，杭州都市近郊淘宝村的大量涌现就是如此。

网商群体构建的分工协作网络

多元网商群体所构成的强大分工协作网络是近郊淘宝村快速涌现的核心动力。以杭州市服装产业集聚为例，在互联网介入服装产业之前，产业链的参与群体及其构成就是传统的商品生产和流通体系。产业链前端主要是原材料的生产及加工，为成衣制作提供必要原料，这部分产业由于原材料、污染等多种因素较少布局在杭州市域范围内。布局在杭州市域范围内的主要是服装的生产加工环节，还有附属于生产加工环节的服装设计、打版等环节[②]。服装完成生产加工后，一部分就近进入产地型专业市场中的批发商手中，另一部分则直接供给全国的分销商，通常还有一小部分走直销模式供给不同区域的零售商。在前互联网时代，可以清晰地看到，参与生产、分销等环节的群体类型并不多，构成的产销链条也不长，产销网络体系较为简单、稳定。

① 罗震东. 新自下而上城镇化：中国淘宝村的发展与治理. 南京：东南大学出版社，2020.

② 闫帆. 基于 SaaS 模式的服装设计流程管理软件 [D]. 东华大学，2018.

进入互联网时代尤其移动互联网时代，产销网络体系发生了翻天覆地的变化[①]。参与群体类型激增，体系开放性增强，整个产业网络随着互联网的升级而日新月异。网商的出现是一个重要的转折点。传统的批发商、分销商以及零售商纷纷在电子商务的风口中选择适合的平台建立自己的网络店铺，形成线上线下并行的模式。网商群体迅速崛起，并在迅速扩大的在线市场中不断发展。2018年以后，随着直播带货、短视频营销成为网络销售新的增长点和风向标，一大批与直播相关的职业爆发式增长，包括产品模特、主播、主播助理、选品助理、场控等等。这些新兴网商群体的出现进一步加速电子商务的专业化，并推动服装产业的转型升级。新的空间载体诸如各类创业园区、直播基地应运而生。与此同时针对产业链的服务商和资源整合商也开始涌现，他们可以迅速地帮助企业在产业链中找准自己的平台与位置，并利用云服务系统和产业微服务系统实时清晰地了解自己的经营状况，进而连接上下游的企业（见图3–13）。

我们是依托中国5G产业联盟建立起来的，名字叫飞鹊直播基地，定位于时尚产业，为网商提供“人、货、场”一体化全方位服务。以空间运

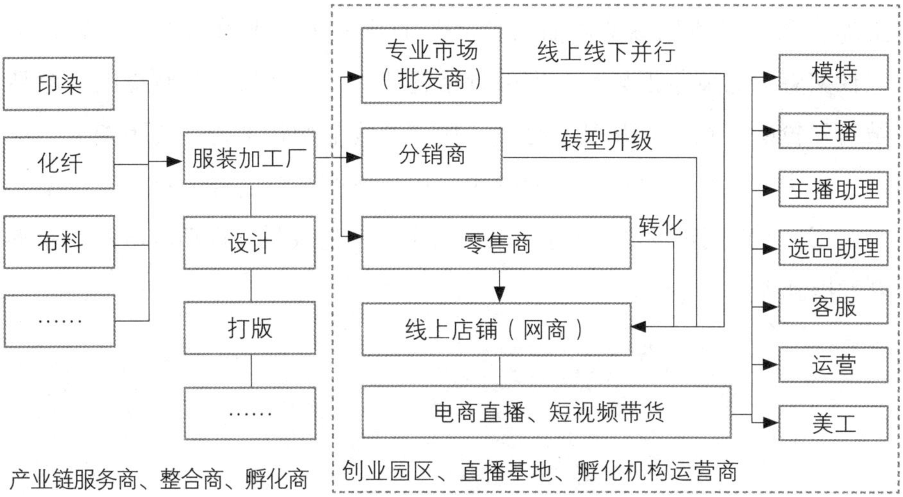

图 3–13　移动互联网时代服装产业网络

① 刘文沛，应宜伦. 互动广告创意与设计［M］. 北京：中国轻工业出版社，2007.

营、供应链集成服务为基础，形成货在场中流、人在货间选、场为人服务的“人、货、场”三要素有机结合，为直播产业链的两端双向赋能，为供应商及主播搭建一个可持续的交互平台。我们基地主要提供的服务有办公场地与直播间租赁、直播学院和网红资源的供应、供应链梳理、直播代运营、样衣制作等等。可以说，一个电商企业进驻我们基地，基本上每个环节的问题都可以在这里得到很好的解决……

——吴先生　余杭区乔司街道飞鹊直播基地负责人

多元平台商业模式升级

都市远郊淘宝村小规模集聚阶段是传统电商平台崛起的时代，以淘宝为主的电商平台的突破和赋能，成为第一阶段推动乡村电商产业发展的重要动力。都市近郊淘宝村大规模涌现的阶段则已迈入移动互联网时代。随着信息通讯技术的加速迭代，5G网络、移动终端、人工智能等不断普及，电子商务平台与营销模式日益多元，生动、直观、即时互动的直播、短视频等营销模式和平台快速发展。

相较于传统的图文电商，网络直播将观众直接带入购物现场，让其更加直观、立体地感受商品的特质。而优秀主播细致入微的讲解，个人社交魅力的流量汇集和一定的价格优势，常常使得进到直播间的商品被粉丝抢购。在传统互联网时代，典型的线上购物平台主要为淘宝、京东、拼多多，而在移动互联网时代，传统电商平台之外的抖音、快手、小红书、YY直播、微拍堂等一系列新平台快速成长，推动着电商产业不断发展升级。

四 | 玉鱼共舞：豫西大县的新市场经济

石佛寺镇位于河南省南阳市镇平县西北，是全国最大的玉产品加工销售基地，被誉为“中国玉雕之乡”。镇域面积88.66平方千米，实际常住人口超过10万人，玉雕从业人员占50%以上。全镇现辖22个行政村，其中14个为玉雕专业村。依托历史悠久、基础雄厚的玉雕产业，石佛寺玉器市场辐射全国，产品畅销海内外。尤其和田玉挂件产品占全国40%左右，摆件产品占比超过70%。从20世纪90年代至今，各类实体专业市场相继建成，有力地促进了玉雕产业的集聚和规模扩张。目前石佛寺镇有真玉天地、玉博苑、榆树庄市场、万玉批发市场、玉之友商贸城等十余个大型玉器成品市场，以及国际玉城、天下玉源、琢玉苑等多个大型玉石原料市场（见图4-1、表4-1），其他小型市场和非正规的早早市则难以统计。

图 4-1　石佛寺镇玉器专业市场群空间分布图

表4–1　石佛寺镇玉器专业市场基本情况

名称	开业时间	形式	摊位数	营业时间	产品种类
万玉市场	2016 年	室内摊位	520	翡翠全天，和田玉下午	翡翠、和田玉
真玉天地	2014 年	商场柜台	786	全天	和田玉、翡翠、独山玉
华夏玉都	2014 年	室内摊位	720	全天	翡翠
玉之友商贸城	2013 年	室内摊位	1870	上午	和田玉
玉雕湾综合市场	2011 年	室内摊位	3000	全天	和田玉、独山玉、玛瑙、水晶、蓝田玉等
玉佛源市场	2010 年	室内摊位	1600	上午	和田玉成品，籽料
国际玉城	2009 年	独立店铺	2180	成品全天，原石下午	和田玉、翡翠、独山玉成品，原石
天下玉源	2009 年	露天摆摊	—	上午	籽料
新村市场	2006 年	大棚摊位	3500	下午	和田玉
琢玉苑玉料市场	2006 年	露天摆摊	—	上午	小块玉料、边角料
玉博苑	2005 年	大棚摊位	830	上午	和田玉、翡翠、玛瑙
榆树庄市场	2005 年	大棚摊位	1100	下午	和田玉、独山玉、玛瑙、水晶、蓝田玉等
早早市	2003 年	露天摆摊	—	上午 6–8 点	和田玉

石佛寺镇的玉雕历史悠久，改革开放初期涌现的个体加工作坊开启了玉雕产品专业化生产的道路。不同于广东四会、云南瑞丽、江苏扬州等单一要素驱动而成的玉石产业区[①]，石佛寺镇的玉雕产业是由资源、技术、人才和市场等多因素共同作用形成的：① 中国四大名玉之一的独山玉产自南阳，石佛寺镇具有得天独厚的资源优势；② 悠久的玉雕历史使得当地拥有众多玉雕人才，目前就拥有2位中国工艺美术大师，26位中国玉石

① 赵宏伟，戚红年，程寅，谢培原. 中部地区玉产业特色镇发展建设研究. 山西建筑，2016，42（13）：18–20.

雕刻大师，300余位省级玉雕大师[1]，占全省玉雕人才的70%以上，同时镇平县工艺美术中等职业学校、南阳师范学院、南阳理工学院等十余所院校长期培养玉雕专业人才；③石佛寺镇地处南阳盆地这一豫西传统农区，劳动力、土地等生产、生活成本较低，具有产业发展的比较优势。资源、技术、人才等要素的综合作用，塑造了石佛寺镇集原料和辅料选购、设计加工、产品销售、设备配套、人才培育、市场运营、玉文化传播及综合服务于一体的完整产业链（见表4-2）。

表4-2　石佛寺镇玉雕产业链

环节	玉料供应	玉器设计	玉器加工生产	玉器包装	玉器销售
地点	琢玉苑（小块玉料）、天下玉源（籽料）、罗营村（原石）	中国玉雕大师创意园	榆树庄村（手镯）、贾寨村（水晶球）、田庄村（兽类）、大佧营村（白菜和花鸟）、小佧营村（阿富汗白菜）、尚营村（印章）、石佛寺村（龙船）、贺庄村（小挂件）、杨沟村（大摆件）、老毕庄村（综合）	马一店村（玉雕盒座）	各大实体专业市场

石佛寺镇的玉器产品在不同历史阶段面向不同的市场。20世纪90年代之前，本地的玉器产品主要面向海外，通过苏州、天津等地的口岸出口到国外市场。1990—2010年是国内珠宝玉石行业发展的鼎盛期，玉石产品消费步入“民玉时代”，市场对玉器产品的需求量与日俱增。由于大量消费者对玉器产品的鉴赏水平不高，石佛寺相对低层次、低价格的玉器产品恰好符合市场需求，销售迅速扩大。然而低价低质代价也很大，这一阶段石佛寺出产的“南阳工”玉器甚至成为行业内“垃圾工”的代名词。2011年以来，随着国民收入水平的不断提高，主流消费群体的审美水平整体提升，对于玉器产品的质地、设计等都提出更高要求，低价低质模式难以为继。2012年以来，玉器消费日趋理性，高端玉雕、礼品玉雕产品销量大幅下降（见图4-2）。石佛寺玉雕产业主打的这“一低一高”两类产品需求的下降，严重地影响着线下实体市场的发展。加

① 数据源自中国珠宝玉石首饰行业协会。

图 4-2　2005—2018 年全球珠宝首饰市场规模及增速

之本地独山玉储量的日益枯竭，和田玉等外来原材料价格的节节攀升，玉雕产业成本居高不下，石佛寺镇的玉雕产业和实体专业市场面临前所未有的挑战。面对困境，商户开始积极寻找转型之路，互联网尤其移动互联网给它们带来了新的生机。

实体专业市场的转型

移动互联网时代让注意力资源成为具有商业价值的经济要素。网络直播作为注意力资源的主流载体，日益成为当下内容创作、商品营销的核心渠道。网络直播涵盖语音、图像、弹幕等各种信息形态，相比于以图文为主要媒介的传统电商，能够更好地展示工序复杂、附加值高的非标产品的特性，从而拓展线上销售渠道[①]，让服饰、珠宝等品类的实体专业市场找到新出路。据报道，2019年义乌已有“网红直播”从业人员6000余人，涉及3000多家市场经营户，与此同时广东四会、揭阳、云南瑞丽等地的玉器专业市场直播销售额屡创新高。网络直播日渐成为专业市场的标配，正有效地推动传统实体专业市场的转型发展。

① 罗震东，项婧怡. 移动互联网时代新乡村发展与乡村振兴路径. 城市规划，2019，43（10）：29-36.

交易方式的迭代升级

传统玉器产品主要借由实体专业市场通过三现交易进行。改革开放初期，大量玉雕加工商选择在马路两旁摆摊销售自家生产的玉器产品。随着交易规模的不断扩大，传统“露天市场”模式难以满足不断增长的经营需求。为了扭转交易条件差、市场不规范的局面，榆树庄市场、玉博苑、新村市场等实体专业市场先后建成，极大地方便了玉器产品的销售，实体专业市场与产业集群相互推动，规模逐步扩大。石佛寺玉器专业市场的主营产品是和田玉挂件和摆件，同时涵盖翡翠、独山玉、绿松石、蓝田玉、琥珀、南红等近百种玉石的几乎全品类产品，价格跨度从几元到几十万元不等（见图4–3）。这种广价位、全品类的商品分布模式不仅吸引大量外地客商前来批发采购，也吸引一大批创业者聚集在市场周围。电子商务兴起之前，石佛寺镇的玉器产品主要是依托本地经销商和外地批发商，通过“工厂—本地经销商—批发商—分销商—消费者”的单向链条以层层加价的方式销往全国。

图 4–3　石佛寺镇的实体玉器市场

传统销售方式面对的市场范围相对有限，加上家庭作坊的工艺水平参差不齐，导致玉器产品特色和创新性不足，同质化现象严重，市场竞争日趋激烈。2010年前后，石佛寺镇，部分卖家开始尝试利用微信、淘宝等电商平台拓展销路。由于对网店经营不熟悉，也没有系统的学习渠道，一开始开设网店的人数相对较少。在地方政府和部分电商带头人的帮扶下，“触网”商户越来越多，经济收益非常可观，逐渐吸引传统实体商户尝试。2016年石佛寺镇的石佛寺村和贺庄村的淘宝店铺年销售总额首次超过

1000万元，成功入选淘宝村[①]。

相比于线下市场，传统图文电商低成本地将玉器产品的大小、尺寸、样式等属性传播到更大的市场，有效地扩大了交易规模。然而图文电商很难真实地呈现玉器产品的质地和工艺。价位虚高不透明、产品质量不合格、售后难以保障等问题成为困扰产品扩大线上交易规模的主要障碍。通常珠宝玉器单价较高，消费者认知不充分，往往需要专业导购进行深入讲解，因此在传统电商时代，玉器产品的销售很大程度仍然依赖基于实体专业市场的线下交易模式。

直播电商的兴起是石佛寺实体市场突破发展瓶颈的关键因素。2016年底，当地年轻人效仿广东四会、揭阳等地的做法，利用快手、YY直播等平台，通过发布短视频、开通直播来展示自家的玉器产品，分享玉石生产加工过程，介绍玉石鉴定、品质辨别的技巧。由于没有刻意的编排，网络直播现场代入感较强，观众能够随时询问产品参数或者挑选其他心仪款式，足不出户便能实现“边看边买”（见图4-4）。规模庞大的经营者与消费者在网络直播搭建的这一实体专业市场的虚拟场景中沟通互动，进行供需的精准对接，交易费用大大降低。2018年，镇平县玉器产品成交量同比增长35%，其中线上销售占55%，直播成交量更是占线上销售的60%[②]。销售额明显提升的过程中，玉器产品的复购率大大提高，实际退货率远低于微商和早期淘宝网店模式下的退

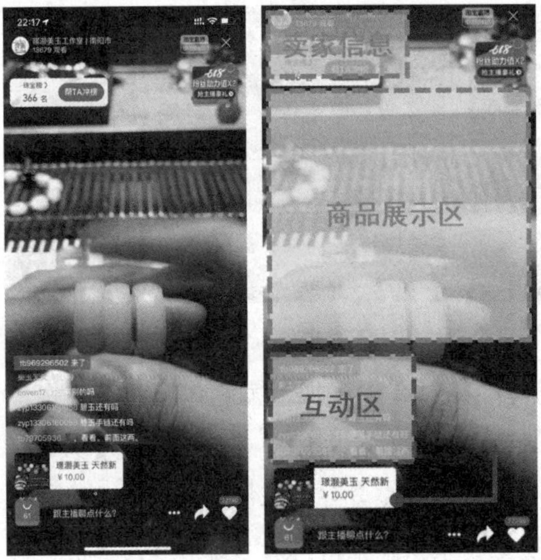

图 4-4　淘宝直播页面

① 数据来源：中国淘宝村研究报告（2016），2016.
② 数据源自镇平县电子商务协会。

货率。

多元分工网络的协同

直播电商深刻地改变了石佛寺镇依托实体专业市场的传统线下交易模式，带来新的分工组织形式。在原有玉雕产业的基础上逐渐形成以直播电商为核心的产业链，即“以主播为销售中心，以家庭作坊为供货中心，以快递商和运营机构为服务中心”的分工网络。直播电商模式的兴起使得“主播”成为最具有吸引力的新兴职业。大量传统的玉器分销商从线下迈入线上，由幕后走到台前，借由主播的全新身份进行知识输出，通过玉器产品自销、代销等方式获取经济收益，并发展出“坐播”“走播”等多种直播形式（见图4–5、表4–3）。

图 4–5　左图为“坐播”，右图为“走播”

表4–3　主播模式

类型	货源	主播分成	特点
坐播	自主加工	产品溢价	利润高，对质量要求高，需要具备一定的工艺水平
	货主供货	代购费（货款 10%）+ 货主抽成费（货款 10%）	不压货，效率高，利润不高
	市场扫货	产品溢价	利润较供货制更高，对鉴赏能力要求高，容易压货
走播	市场代购	代购费（货款 10%）	不压货，利润偏低

所谓坐播就是在固定直播间进行直播的形式，根据货源的不同还可以细分为市场扫货模式、自主加工模式和货主供货模式（见图4–6）。市场

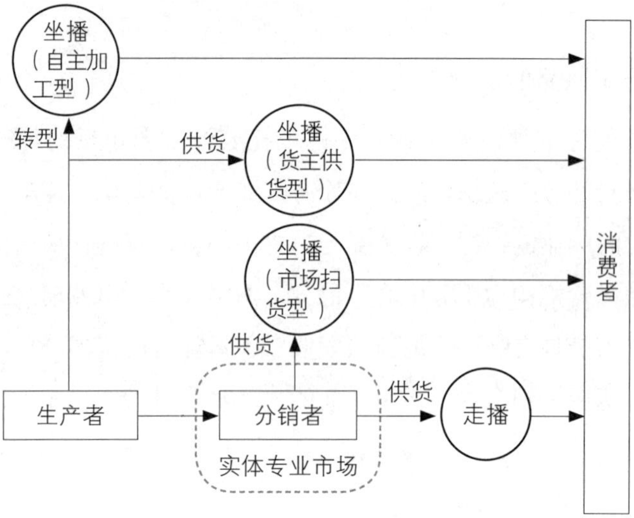

图 4-6　多元开放的主播职业选择

扫货模式是由主播在当地家庭作坊、玉雕厂采购成品玉器，跳过实体专业市场摆摊售卖的环节，直接通过直播销售的模式。这种模式不直接参与生产，适合对市场较为敏感且具备一定鉴赏能力的专业买手。自主加工模式在石佛寺镇最为常见，通常为工厂自营直播，主播购入玉石原料进行雕刻加工，通过直播完成交易。这种模式下，主播自主完成产品生产与销售的全过程，获得全流程的利润，适合有一定设备条件和工艺水平的从业者。货主供货模式是分工升级的模式，多见于技能成熟的职业主播和直播机构，货主负责供货，主播负责销售，分工明确、利润清晰。

所谓走播就是边走边直播，是实体专业市场中的一种较为特殊的直播形式（见图4–6）。走播活跃于实体专业市场中，一边手持三脚架和手机穿梭游走，一边挑选商品并实时解说，遇到顾客心仪的货品时，会稍作停留，代顾客与卖家进行讨价还价，交易完成后收取佣金。走播介于市场扫货模式和货主供货模式之间，是一种更加灵活、低风险的销售方式，依托石佛寺镇巨大的实体专业市场，能够有效地丰富直播内容，增强粉丝黏性。

直播电商销量的大幅增长带来了可观的经济效益，也刺激了更大的岗位需求。在开放的市场环境下，当地农民、工匠以及玉器经销商纷纷试水直播，甚至南阳本地电视台的节目主持人也加入主播行列。蓬勃的市场造就了大批网红主播“年入百万”的财富神话，优质主播成为品牌方和企业竞相争夺的对象。截至2018年，镇平县从事玉器直播的商家大约1000家，直播从业者超过3000人[①]。丰富多样的就业机遇为本地居民拓宽了收入渠道，并吸引邻近地区的大量年轻人来此创业，直接推动了就近、就地城镇化。

“95后”瑶瑶是土生土长的石佛寺镇人，利用直播电商卖货的“玉三代”。父辈在国际玉城有实体店铺，她高中毕业后恰好赶上直播电商大潮，于是决定创业。目前她在真玉天地设立工作室，是典型的自主加工型坐播。主要在淘宝、快手、YY直播、微拍堂等平台进行直播，自己做主播的同时还签约了3位主播。凭借着姣好的面容和专业化的讲解，瑶瑶收获了大量关注，目前快手粉丝已突破5万，月营业额超过10万元。由于家里开办玉雕加工厂，瑶瑶可以第一时间获得优质货源，产品价格上的优势非常明显。

与瑶瑶相似的年轻人叶芒，2011年雕塑专业大学毕业后，继承了父辈的玉雕生意。本地千篇一律的玉镯和挂件早已跟不上外面的潮流，而自己设计的新玩意却不被老客户接受，叶芒陷入了尴尬的两难境地。借助淘宝电商平台，叶芒创作的产品迅速打开销路，广受好评。随着直播热潮的到来，叶芒也开始利用直播销售，并在此基础上提供“私人定制”服务，根据顾客的需求进行现场雕刻。

璟灏美玉是石佛寺镇最年轻的电商直播团队，有12位主播，默默是其中之一。她承担了工作室90%以上的销售额，是本地带货能力最强的头部主播。通常她上架的每款单品数量为5至10件，单价不超过1000元，日均销售额能达到10万元。石佛寺镇多数主播按照“底薪（2000元~4000元）+提成（2%~4%）”计算工资。璟灏美玉工作室的一般主播工资在1万~2万元，默默每月收入超过10万元。资料显示，2019年南阳市人均可支配收入

① 数据源自镇平县电子商务协会。

为2万元，直到2019年5月镇平县还是贫困县，带货主播的收入已远远超过当地的平均收入水平。

石佛寺镇的玉石原料主要由原料供应商到外地采购后，通过天下玉源、琢玉苑等原料专业市场以及专业村销售给本地的加工商。大块的原石一般集中在罗营村等本地村落，原料专业市场则以小件毛料、籽料为主。随着玉雕产业的规模扩张，青海、新疆甚至俄罗斯、韩国、巴基斯坦等海内外的大量原料供应商开始在石佛寺镇扎根。有些原料供应商不只从事玉料的批发采买，也兼做解料，甚至精细加工。移动互联网时代的到来使得很多卖家开始通过网络直播呈现玉石解料、加工过程，吸引大量关注。

2019年底，在快手平台的“见宝争霸赛”中，主播“玉匠人”凭借5天上千万元的销售额拔得头筹。“玉匠人”本名徐方滔，是石佛寺镇的一名年轻的原料供应商。他一次偶然看到一位从自家工厂拿货的商户在快手上发布视频，便跟着下载软件学习。2017年，他将自己平时在戈壁滩捡石头、解料打磨玉石的短视频上传到快手平台，收获了一大批粉丝。粉丝达到6万以后，他尝试开通直播，呈现玉石雕刻的全过程，并接一些散单，通过微信进行交易。如今，他已经拥有120万粉丝，日销过万单，在快手玉器主播中名列前茅。快手上有着大量珠宝玉石加工的相关视频，包括玉石开采、原石购买、玉料切割、雕刻打磨等，这些视频一方面成为产品溯源、质量鉴定的重要渠道，另一方面也为普通消费者了解玉雕产业提供平台。

石佛寺镇实体专业市场背靠庞大成熟的玉雕产业集群，形成“前市后厂”的基本格局。本地的玉雕加工企业大多采取家族经营的模式，2—10人的小型作坊在镇域广泛分布（见图4-7）。农民基本退出传统的农业生产，以家庭为单位组织玉器产品的加工销售。家庭作坊的起步阶段，妻子一般负责在各大实体专业市场摆摊售卖，丈夫兼顾玉石原料的采买和玉雕加工。随着家庭作坊规模的扩大，分工出现产业链一体化和产品差异化趋势。产业链的纵向一体化是将传统的粗加工延伸为解料、剥皮、设计、粗雕、精雕和抛光等一系列细化的工序，家庭作坊从事其中的一道或几道工序。产品的横向差异化则形成各具特色的专业村落（见图4–8），如专做手镯、摆件的村庄等。这一阶段，手工加电脑雕刻成为主流加工方式，一定程度上提高了生产效率，降低了玉雕产业的进入门槛，但也使得本地大部分产品锁定在附加值低、档次低的低端市场，题材往往局限于佛、观音、花鸟等常见形象（见图4–9）。

图 4–7　石佛寺镇的家庭作坊、专业村

石佛寺镇玉器产品的加工依然沿用家庭作坊式

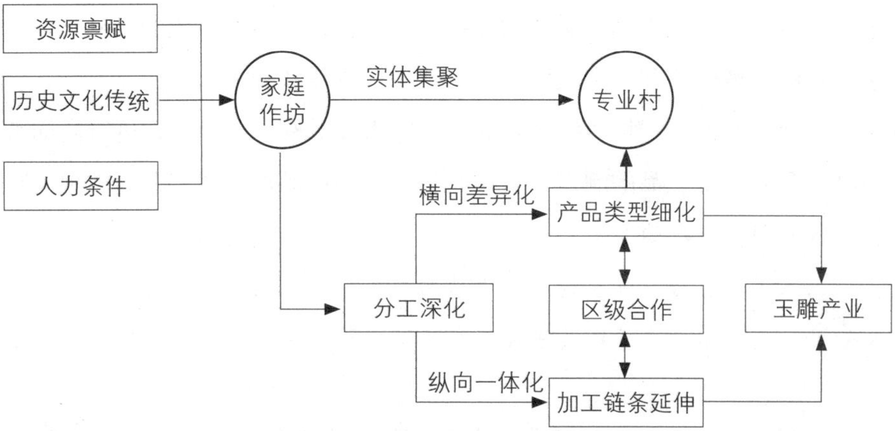

图 4–8　家庭作坊、专业村的形成机制

图 4-9 家庭作坊内的加工工序，左图为机雕，右图为打磨

的经营模式，虽然产品层次较低，但能够快速响应市场需求，生产组织调整极为灵活、高效。随着移动互联网时代的到来，这种兼具弹性和效率的生产模式大大地方便了产品的即时创新和结构调整，基于需求的柔性化生产模式开始凸显优势。过去玉器产品的加工制造通常基于工匠的个人构思与经验，缺乏群体智慧。往往市面上什么好卖，大小工坊就开始竞相加工生产，真正进行创作的寥寥无几。这种基于地理临近的信息传播方式容易造成产品生产的路径依赖，不利于知识溢出与创新。如今借助网络直播，卖家在线上通过与顾客的实时互动把握核心诉求，在线下则根据反馈信息进行定制化生产，以满足买家的独特需求，精细化、个性化的产品日益增多。新的发展模式和需求吸引了一大批本地青年和外来玉雕从业者到石佛寺镇发展。2020年1月，100多名苏工玉雕人才进驻国际玉城，进行高端玉器饰品和复杂工艺品的制作，支撑起高层次的产品加工生产，为本地玉雕工艺水平提升注入动力[①]。

沁鑫玉坊、熊猫珠宝是石佛寺镇两家主打古风的网店，极具辨识度和认可度。沁鑫玉坊主营雕花手镯。在传统的玉器产品评价体系中，雕花是

① 从苏州到镇平！苏工玉雕人才进驻石佛寺签约仪式隆重举办．中国玉网，2020-01-09.

为掩盖瑕疵而采用的加工方式，但对于年轻人却是富有个性化的设计。熊猫珠宝则是将绿松石、珍珠、南红等珠子拆开后，根据买家喜好进行重新搭配。大量年轻的从业者用个性化的审美和形式赋予玉器产品新的意义。

石佛寺镇玉器销售由传统互联网时代的图文电商模式，到移动互联网时代的直播电商模式，以电商平台为载体的网络交易数据迅速积累，使得数据驱动生产、辅助决策的特征日趋明显[①]。以往的线下销售模式存在着明显的销售时差——顾客对产品产生需求后，需要经过市场的层层传导反馈，生产者才能跟进设计加工。直播电商模式下，第三方服务机构能够将直播过程中的数据进行统计分析，如观看人数、活跃人数、有效优质观看比、产品点击量与成交量等，形成实时的可视化呈现，并基于消费购买行为、实时互动文本等数据建立起用户画像，将这些以往难以获取的信息以较低的成本提供给卖家。这些信息对于生产方和卖家精准掌握消费需求与行业趋势、及时适应并组织生产起到了非常重要的作用。

直播电商的蓬勃发展同时直接带动物流、培训、运营等生产服务功能的发展，推动整个产业集群升级。石佛寺镇在传统电商的发展过程中已经形成相对完善的物流设施基础。直播电商的爆发进一步加速物流配套体系的完善。2019年全镇已有42个快递网点、16家物流公司[②]，镇平县的菜鸟物流中心也布局在石佛寺镇。各大实体专业市场周边都有一个甚至数个快递网点，专业村内部也分布了多个村级集散点，为网商提供上门收发件服务。镇平县与阿里巴巴、苏宁易购、京东等电商平台合作形成了多个乡镇级、村级电商服务点，并借助村淘服务站保障农村物流配送的“最后一公里”。

技能培训是扩大从业人群数量、提升竞争力、规范行业秩序的重要抓手。石佛寺镇直播电商良好的经济效益在吸引大量本地人模仿的同时，也推动了职业技能培训服务的发展。直播团队、电商孵化机构最早关注主播

① 周静．电子商务推动的乡村空间重构——以南通三合口村为例．上海城市规划，2018（6）：69-75.

② 河南镇平县：电商助力乡村振兴．中国县域经济报，(2019-11-08).

培训，招聘与培训启事遍布各大实体专业市场和电商直播基地。通过提供培训服务获利是其次，最重要的是通过培训筛选有潜力的主播。各级地方政府也积极介入，与高职院校开展合作，采取论坛、会议、讲座等形式强化培养多类型、多层次的从业人才队伍。例如县政府不定期邀请南阳理工学院、中国地质大学等院校和龙头企业对有意向从事电商的人群展开一对一的业务指导。2018年全县培训电商人才1万余人次，带动3000余人就业创业①。专业化的电商培训不仅增强了参与者的实践水平和从业热情，也孵化了一批知名度高、影响力广的企业。

传统电商的发展使得石佛寺已经产生一批第三方服务机构，为网商提供商标广告设计、摄影美工、客服运营等基础配套服务。直播电商则拓展了配套服务的门类。随着业务量的增加和市场竞争的加剧，大量直播机构开始将部分职能外包，由此形成视觉包装、新媒体推广、数据分析等新型生产性服务业机构和岗位。生产性服务业的发育进一步完善了产业集群的社会化分工与协同，在为本地居民提供多元异质的工作岗位同时，也激发着他们的创新创业热情。

由于直播平台对直播时间长的卖家有流量倾斜，一些中大型的直播团队往往采取3—6班倒的方式24小时不间断运营。一场直播约4—6个小时，通常需要主播、助理、客服、场控等多名人员配合完成。随着直播专业化水平的不断提升，对于专业人员的需求迅速增长。直播电商的繁荣一方面促使传统服务业转型，如传统摄影机构纷纷将主营业务转移到玉器摄影和短视频代拍，另一方面也催生了大量新的服务机构。甚至因为玉石主播需要定期做手部护理，镇上的美甲店都多了好几家。

传统经营空间的重构

石佛寺镇区约5平方千米的建成区范围内，混杂着大大小小近20个实体专业市场。根据市场经营形态可分为四类（见图4-10）：

（1）露天摊位，如早早市、琢玉苑、天下玉源等。此类实体专业市

① 河南省镇平电商厚积薄发走进跨越发展新时代．澎湃新闻，2018-11-07.

露天摊位

室内摊位

商场柜台

独立店铺

图 4-10　实体专业市场经营形态

场并没有固定的形态，实际上是露天广场、街道的错时段利用。多由小型个体商户自发扎根集聚。

（2）室内摊位（大棚摊位），如玉博苑、万玉市场、玉之友商贸城、榆树庄市场等。2010年后形成的实体专业市场主要采用这种形式，摊位呈行列式布局。部分市场并没有实体的室内空间，多由简易的铁皮棚架就地搭建而成。

（3）商场柜台，类似传统商场，市场内部由围合的柜台组合而成，档次相对较高。最典型的就是真玉天地。

（4）独立店铺，多为商住混合体，由沿街的独立建筑采用“上居下店”的形式改造而成。国际玉城主要是这种模式。

无论何种经营形态，各大实体专业市场均以原石和成品玉器的销售为主，内部布局往往仅有实体交易空间和少量辅助性的加工店铺。土地利用相对低效，公共空间不足，总体环境品质不高。

直播电商的井喷式发展加速了实体专业市场的空间重构，逐渐由仅提供销售服务的专业交易场所转变为电商产业功能集聚的多元化空间（见图4-11）。在传统的线下交易模式中，实体专业市场是分工网络中信息流、物流、客流汇聚的中心节点。客流先行，随之带动商品、资金、信息的流动，实体专业市场因此需要大量的交易空间来承载“流”以促成交易。直播电商通过传导信息流带动产品流、资金流，进而重组客流、物流和信息流等多种要素。随着实际客流的减少，摊位、柜台的价值日益降低，以直播间、工作室为代表的“新经营空间”应运而生。直播工作室依托电商直播基地建立，面积10—100平方米不等，内部配有直播灯、高清摄像头等专业设备，也会分隔出一部分场地用作包装、运营、摄影、美工等用途。除了直播间、工作室，电商直播基地通常配有会议、展示以及接待洽谈空间，提供技术培训、经验分享、线上营销引流、网络及物流协调等全方位

小型的直播格子间

中大型的直播工作室

工作室内的包装区

美工、运营区

图 4-11　直播工作室及其内部构成

共享服务，极大地提升了交易效率。实体专业市场一定程度上已经由传统的交易大厅转变为流空间汇聚的商务中心。目前，淘宝、快手、抖音等平台的直播基地已经进驻部分实体专业市场，进一步紧密主播和平台的关系，推动直播电商高速健康发展。

真玉天地商场于2014年11月开业，2018年成为全国首个“珠宝行业淘宝直播基地”，拉开了石佛寺镇直播电商规模化、专业化发展的序幕。商城共有四层：一层保留部分玉器产品的展示与线下批发零售，产品以中高端为主；二层为电商创业孵化基地和本地大师作品展示馆；三层、四层规划建设涵盖美食、会议会展、住宿等多元复合功能。目前一层的传统玉器专柜门可罗雀，而二层的直播基地却异常热闹，有200多个直播团队入驻，年销售总额超过5亿元。璟灏美玉负责人张新昂是最早入驻真玉天地的主播之一，也是镇平县电商协会副会长。他的团队规模从最初的2人扩张至20多人，2018年“双11”当天成交量达1100件，2019年全年营业额超过2000万元。在直播基地的帮助下，主播们都不同程度地获得平台的流量倾斜，在快递、网络、质检等方面享受一站式服务。

直播电商的发展让传统的家庭作坊、实体店铺也衍生出新的功能，转变为集生产加工、日常生活、电商经营为一体的综合体（见图4-12）。二三层的独栋建筑是石佛寺镇家庭作坊和实体店铺的常见形态，首层通常为玉雕加工空间或实体经营空间，二层及以上为家庭的生活空间，形成“上居下厂”“上居下店”的垂直格局。直播电商的兴起使得这一空间单元出现了多样化、一体化趋势，物流、销售等电商经营功能植入其中，强化了生产、经营与生活的联系，形成新的、更有效率的组织单元。生产空间为直播

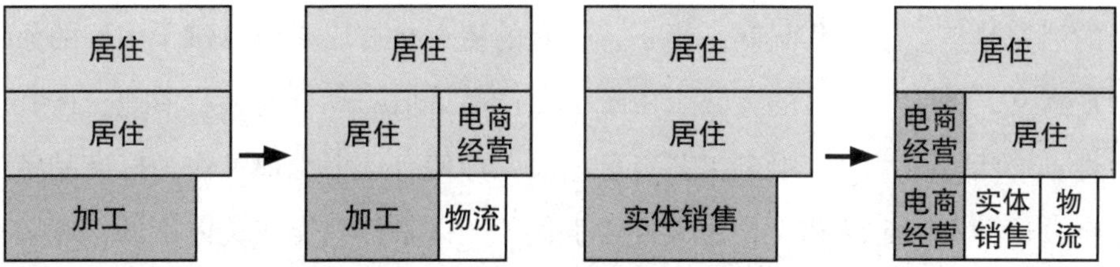

图 4–12 垂直空间重构示意图

电商提供充足的货源，实体店铺则主要满足电商产品展示的需求。

新实体专业市场的逻辑

石佛寺镇实体专业市场的转型的过程本质上是移动互联网技术与地方要素有效结合后的交易费用降低的过程。视频直播全息化的展示方式降低了信任成本，带动了玉器产品的销售；本地从业者与年轻人利用智能手机从事直播电商以及上下游相关行业，进一步扩大了市场范围；视觉营销激活线下实体专业市场，政府的主动干预进一步促进产业功能提升与实体空间整合（见图4-13）。

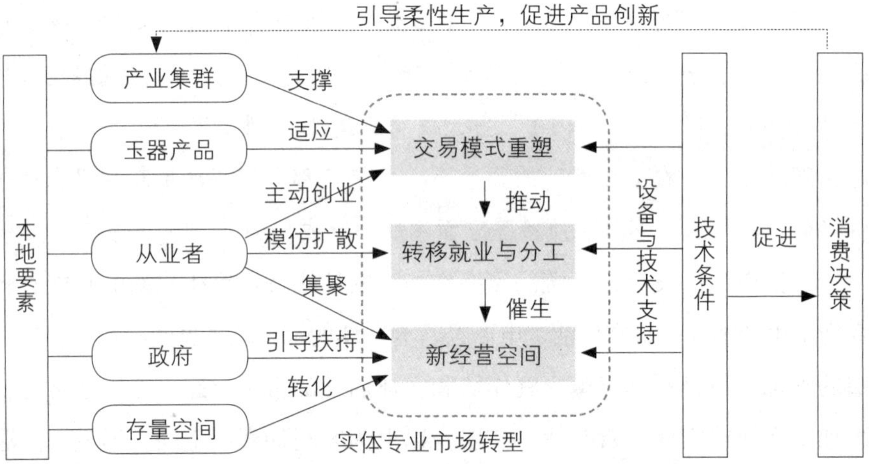

图 4-13 移动互联网时代实体专业市场转型机制

全息化虚拟展示带动非标准品销售

随着物质条件的进步和消费能力的提升，珠宝首饰正逐渐成为大众的消费热点。玉以其温润、高贵、稀有的特点自古以来都被赋予美好的象征意义，备受中国人的青睐。由于玉器产品价值的高低与玉石质地、稀有性、形状、品类以及雕刻工艺息息相关，即使有证书也很难作为标准品定价，这种不确定性和文化意义使得玉器长久以来都只能在实体市场、珠宝店铺进行面对面交易，即所谓三现交易。这种模式虽然相对保险，但也极大地限制了市场容量。同时，由于流通链过长，产品价格经过分销商的几次转手后不断抬升，常常出现数倍的高昂溢价，无形之中提高了玉器产品的消费门槛。

直播电商通过视频全息化地传递玉器产品的非搜索属性，大大提升了非标准产品的销售。通过高清视频影像，卖家可以借助游标卡尺、电子秤、手电筒等工具，将玉器产品的尺度、重量、颜色，甚至质地、纹理等属性动态化地展示出来。相比于传统电商和电视广告中机械化的图片展示，直播更加真实、细节地呈现玉器产品的温润之美和精妙的雕刻工艺，更能激发消费者的购买欲。同时，通过主播分享的玉石历史故事和辨别玉质的窍门等知识，消费者能够更加深入地了解玉器产品，降低信息的不对称性。主播往往“主动”承担鉴赏玉器品质、与实体专业市场卖家议价等职能，使得产品的价格与质量更加透明。网络直播为玉器这类非标准化、高附加值的产品打开了一条“营销—消费”的实时转化渠道，降低交易成本，扩大市场范围，使商品流通的整体效率显著提升。

移动互联网时代即时性、碎片化的媒介传输特征重塑了人们的消费偏好与行为习惯，增加了非计划性的市场需求。年轻一代消费群体的崛起促使玉器产品变为大众消费品，配饰功能大大增强，使得反复购买、日常消费成为可能。在传统电商时代，海量商品在线提供更多选择的同时，也挤占了消费者宝贵的时间和精力。在直播电商时代，主播凭借丰富的经验与独特的审美眼光，充当筛选信息、引导决策的意见领袖，有效地降低了消费者的搜索成本。传统线下市场赖以生存的信任关系，被主播转移复制到了线上平台。一方面，主播借助视频直播对玉器产品进行充分讲解并即时答疑反馈，极大地增强了消费者的临场感[①]，潜移默化之中影响了顾客的购物决策；另一方面，通过与顾客频繁的、拉家常式的交流互动，以及抽奖、送礼物等形式，主播自然地建立起可信任的形象，增强消费黏性与情

① 蔡凯莉．网络直播平台的生存现状与发展策略研究．南京：南京师范大学，2017.

感共鸣[①]，从而显著提高玉器产品的复购率。

主播可以将直播间的粉丝进行分级，粉丝可以通过增加观看时长、评论、点赞、分享来增加与主播的亲密度，亲密度达到一定程度就可以升级。以真玉天地官方直播间为例，粉丝分为普通粉、铁粉、钻石粉和挚爱粉，他们在代购费和快递费的优惠上均有差异。分级制度一定程度上增加了粉丝的黏性，提高了玉器产品的复购率。目前，真玉天地淘宝直播基地平均复购率38%，部分优质卖家复购率超过60%，官方直播间复购率甚至高达98%。与此同时，直播也在不断突破既定的市场规则，由传统线下交易的“买定离手，概不退换”转变为“七天无理由退货”，大大降低了买家的风险和顾虑，增强了消费意愿。

低成本硬件设施推动就业“转移”

大量从事玉雕行业的传统经营者和本地青年构成了镇平县电商创业的主力军。玉器产品的原材料选购、设计加工、产品销售对于从业人员的学习能力和信息检索能力要求不高，仅需基本的行业知识和简单的工具就能上手。本地成熟的玉雕产业和相对较低的准入门槛吸纳了大量中青年劳动力。他们一般依据个人喜好与市场需求从事成品经销、雕刻加工、物流运输等环节，构成实体专业市场中数量庞大的传统经营者。基于地理临近与关系临近，他们互相模仿学习，共担风险和成本，形成紧密的行业从业网络。尤其是当地年轻人，他们虽然没有系统地学习过玉雕加工或销售，但长期的文化浸润和家族传承，耳濡目染地获得了大量行业知识和技能，构成了转型的重要力量。

玉石的加工、销售是大部分石佛寺镇普通家庭的就业选择。由于玉雕从业知识基本依靠亲缘、血缘、地缘的信任关系扩散，玉雕工艺的传承因而延续了传统的父传子、师带徒制[②]。在浓厚的从业氛围的长期熏陶下，

① Li H, Biocca, D F. The Role of Virtual Experience in Consumer Learning, Journal of Consumer Psychology, 2003, 13 (4): 395-407.

② 李学鑫. 农区文化产业集群吸收能力与学习研究——以石佛寺玉雕产业集群为例. 人文地理, 2012, 27 (5): 115-119.

石佛寺镇大部分年轻人中学毕业后就会开始学习玉活，一段时间后便能自己单干。很多镇平人更是把生意做到全国，渗透到了全国玉雕产业链的各个环节。苏州相王弄市场的“苏州工艺”制作雕刻师一半以上都是镇平人；北京有超过3.6万的镇平籍玉雕从业者，占全市该行业从业者总数的65%；广东揭阳、四会，云南瑞丽，新疆乌鲁木齐等地都活跃着镇平人的身影。

移动互联网为传统经营者和本地青壮年劳动力提供了更多的从业渠道。一方面，价格优惠、功能完备的智能手机广泛普及，全覆盖、高网速的4G、5G网络为视频的制作与分享提供了基础设施保障。人们使用网络的时间与空间不再受到限制，成本明显降低。另一方面，自由、自发、平等的移动互联网拓展了信息传播的渠道，拉低了内容生产的门槛，赋予更多普通人表达的机会与空间[①]。移动互联网打破了一直以来大企业通过门户网站、电视广告等引导消费的渠道垄断。乡镇青年成为内容生产的主角，他们开始从被动的视觉接受者转向主动的视觉生产者与传播者[②]。

本地的社会关系网络在直播电商的迅速扩张中同样发挥着关键作用。直播起初是由石佛寺镇的年轻人在广东、云南等地观察学习后引入的，一开始并不被看好。传统卖家由于路径依赖，往往缺乏识别创业机会的能力，对陌生领域的抵触通常较大[③]，早期甚至会驱赶实体专业市场里的走播。当初创主播获得可观的经济效益后，社会网络的涟漪效应迅速带动具有一定玉器知识的本地青年加入，形成具有一定规模的直播团队。由于本地的生产、销售等环节紧密相连，庞大的社会网络有效地促进了从业者之间的交流与学习，进一步扩大直播电商的从业群体。地方政府、孵化培训

① 相比于淘宝直播，快手、抖音等短视频平台的运营门槛更低。卖家无须装修网店店铺，只要有手机就能开启直播，在展示的同时拍照就能上架商品，操作简单易上手，大大降低了新手的试错成本。目前快手、抖音是石佛寺镇普及度最高的直播平台，也是大部分主播的入门选择。

② 徐苇，杨传红. 短视频成为网红经济窗口的原因探析. 中国市场，2019(2)：195－196.

③ 李凌子，简子菡，丁志伟. 河南省特色农产品淘宝村的形成过程与集聚机理研究——以荥阳市刘沟村为例. 河南科学，2019，37(8)：1359－1367.

机构、媒体等外部力量的主动介入也加速了这一进程。镇平县政府每年举办的“国际玉雕节”系列活动，通过众多自媒体的播报，更加有效地拓展了地方的美誉度和影响力。

存量空间的功能提升与再整合

视觉营销的兴起同时激活了传统专业市场的实体空间。直播电商平台既是购物网站，也是社交媒介，联结了大量对玉器产品有爱好、有需求的顾客。在移动互联网出现以前，这种庞大的市场需求体现为线下实体专业市场密集的客流，如今则被线上热烈的互动讨论，持续增长的点击率、点赞数等信息流所取代，注意力资源成了竞相争抢的第一生产要素。由于注意力具有高流动性与易转移性，新奇“吸睛”的视觉影像成为获取关注与吸引消费的重要手段。实体专业市场凭借琳琅满目的玉器货源、数量繁多的实体摊位、走播与卖家讨价还价的真实场景等，往往对于大量普通消费者形成巨大的视觉冲击，甚至强烈的感官刺激。移动互联网将实体专业市场重构为一个虚实相生、虚实互促的新消费场景，既提供真实的商品，也提供包括知识传播、视听体验、情感陪伴等等在内的全方位服务，使虚拟空间与现实世界的距离感大大弱化。火爆的在线交易将实体专业市场内部闲置的实体空间腾挪转换为直播工作室等新型交易空间的过程，就是虚拟空间重构实体空间的过程。

地方政府的主动干预进一步促进了当地产业的功能提升及与实体空间的整合。镇平县玉雕局[①]是全国第一个专门的玉雕产业管理部门，负责产业规划、发展引导以及围绕玉雕产业发展的统筹协调。县政府着力加强科学引导与服务能力，提高公共产品供给水平，先后出台了《镇平县电子商务发展三年行动计划》《镇平县扶持电子商务产业发展支持办法》《关于加快电子商务发展的实施意见》等文件，安排电子商务专项资金，细化税收、财政、金融、人才等扶持政策。同时在石佛寺镇规划建设镇平县电商产业园、电商特色馆和电商服务中心、玉雕馆、菜鸟物流中心、真玉天地

① 现整体并入镇平县玉文化改革发展试验区管理委员会。

电商孵化基地等，为电商企业提供从信息汇聚、创业孵化到宣传营销、支付结算、仓储配送的全方位精细化服务，并积极对接阿里巴巴、快手、抖音、YY等电商平台争取流量扶持。政府依托实体专业市场打造电商直播基地，既推动实体专业市场的改造更新，也增强了本地直播电商的影响力。地方政府的一系列举措使得镇平县玉雕产业的发展方向更加清晰，直播电商的集聚效应与规模效应全面提升。

锦鲤跳出淘宝村

镇平县除了石佛寺镇密集分布的玉石淘宝村，另一特色淘宝村就是侯集镇向寨村的金鱼淘宝村。侯集镇向寨村被誉为“中国锦鲤第一村”，2018年更是凭借“锦鲤热”爆红网络，成功跻身“中国淘宝村”之列。然而就是这样一个以金鱼养殖闻名的村子，却并非水资源丰富的鱼米之乡，而是位于南阳盆地北缘背倚伏牛山的传统农耕区域。截至2018年，侯集镇金鱼产量占全国的60%，其中向寨村金鱼产量占全国的40%，养殖水面8000余亩，养殖户300余家，年产值8000余万元，国内主要销往沿海发达地区，并出口至日本、香港和东南亚的部分国家和地区（见图4–14）。

向寨村的金鱼养殖可以追溯到20世纪80年代初，当地迥异于江南水乡的气候条件使得向寨村在“从无到有”发展锦鲤养殖产业的过程中经历了诸多考验。南阳盆地并无水产养殖的传统。1983年，当南下经商的村民李

图 4–14 向寨村的金鱼养殖场

光治首次引进金鱼在邻近集市推广销售时并未受到大家的重视。1990年代中期，当村干部将金鱼养殖作为增收渠道在村民中进行推广时，收效依然相对有限。直到21世纪以后，金鱼养殖的经济收益开始日益显著时，村民们才陆续加入挖塘养鱼的行列。向寨村远离城镇，处于较为传统的农业地区，经济发展最大的优势就是挖塘进行金鱼养殖所需的土地成本较低。然而在线下实体经济时代，向寨村的观赏鱼养殖在很长一段时间内，主要以“走量”为主，靠低价批发至北京、上海、郑州、西安等地。

进入21世纪，地方政府开始主动规范金鱼产业，提升地方品牌。侯集镇政府牵头，一方面组织金鱼经销经纪人成立金鱼养殖协会，另一方面，筹措资金着手建设金鱼批发市场。在政府的有力扶持下，侯集镇陆续在全国大中城市设立近50个销售窗口，与全国十余处大型水产市场建立稳定的供销联系，通过统一价格标定、统一长途直销的方式[①]，不仅有效地规避了金鱼市场潜在的无序竞争，同时奠定了以“神游”品牌为代表的侯集金鱼在同产业市场中的优势。2003年，侯集镇被中国特产之乡组委会正式命名为“中国金鱼之乡”。2006年前后，向寨村村民开始探索养殖利润回报更高的锦鲤。同时伴随着村民外出子女的返乡交流，互联网销售开始进入向寨村村民的视野。

为了推进向寨村布局线上产业集群，2017年地方政府积极引入专业服务商开展淘宝村的建设工作。针对活鱼物流运输环节的难题——传统的手提袋灌水充氧，用皮筋、绳索扎口，无法解决气密性和安全性问题，专业服务商重新设计、定制高强度充氧鱼袋和全套封装设备，一举将锦鲤线上销售的存活率提高到90%以上（见图4-15）。农产品上行路径打通后，服务商积极培训村民进行网络销售，并协商引入七大物流公司进驻向寨村，推动了向寨村网络销售的爆发。2018年，向寨村成为当时全国第一个可能也是唯一一个进行活物电商贸易的淘宝村。

向寨村村民任亚飞是村内较早从事锦鲤网上销售的先行者之一，现今

① 杨文磊，李家峰. 河南镇平：小小金鱼壮大优势致富产业. 中国水产，2003（1）：35-36.

图 4–15　锦鲤充氧打包车间

他的淘宝店铺已经经营得红红火火。由于金鱼与玉石类似，都属于非标准产品，“颜值就是一切”，因此任亚飞积极通过淘宝直播、抖音、快手等新平台营销锦鲤。直播这一实时互动的形式能够向买家充分展现活物的特性，是传统的图片、短视频等展示方式根本无法比拟的。直播开通以后，销售业绩明显增长，营销的方式也更为多样。在任亚飞的直播间，就常常进行锦鲤拍卖，两元一条的锦鲤常常能够被网上的爱好者拍到百元以上。从论斤卖到论条买，再到拍卖，产品的附加值大大提升，养殖农户的收入也显著增加。

长彦观赏鱼养殖有限公司成立于1988年，是侯集镇最大的锦鲤养殖企业。公司目前集新品研发、鱼苗孵化、一龄鱼、二龄鱼、三龄鱼和特种鱼的养殖销售于一体，拥有养殖水面1000余亩，孵化专用池50亩，年产成品鱼千余吨、鱼苗6亿多尾。依托这一优质资源，镇平县政府发起成立润发观赏鱼农民专业合作社。合作社同时也是电商孵化基地和长彦锦鲤扶贫示范基地，由镇平县政府委托淘宝村培育服务商运营。通过服务商的培训，大量掌握电子商务技能的村民积极加入锦鲤网上销售过程以提高收入。村民与公司合作的模式主要有四种：第一种模式，村民自开淘宝店铺，从公司购买金鱼销售，利润自存；第二种模式，村民依托公司货源开设淘宝店铺，为公司代销，每销售一单按销售额获取5%~10%的收益；第三种模式，村民与公司长期合作，从公司购买原材料、金鱼等，通过网络营销赚取产品差价；第四种模式，村民在金鱼线上销售过程中务工（分装、发货等线下环节），公司支付报酬。四种模式有效地调动了有着不同风险承担能力的村民的积极参与，电商扶贫绩效显著（见图4–16）。

图 4–16　电商扶贫

五｜从电商发展到美丽乡村：下营村的传奇

观察全国淘宝村、镇的空间分布可以清晰地发现巨大的区域不均衡。东部六省的淘宝村总量始终占据全国总量的90%以上。这种比区域经济发展不平衡程度还要显著的空间分布差异表明，互联网、电子商务虽然能够在一定程度上消弭距离影响，提供接入广阔市场的机会，但淘宝村的产生和升级是由更为综合的要素促成的。中西部地区淘宝村的数量虽然非常有限，但其产生与发展的难度显然更大，学术研究和指导实践的意义或许也更大。学术方面，由于中西部地区淘宝村的产生很困难，因此其成功的机制更为严格和清晰，深入剖析能够更加准确地捕捉淘宝村的深层演化机制；实践方面，由于中西部地区发展条件相对落后，这些淘宝村成功的要素和机制对于中国更广大地区的乡村发展将更有指导意义。

十堰市郧西县涧池乡下营村是中西部地区最早出现的淘宝村之一，也是湖北省的第一个淘宝村。这一地处秦巴山区深处的鄂西北山村，整个行政村约300多户，共计1000余人。从2010年开始，村里的年轻人依靠在网上销售当地特殊资源——绿松石，迅速将线上销售额从2013年的1500万元做到2016年的7000多万元。电子商务对于市场拓展和财富积累的巨大示范效应迅速吸引了全村近一半村民从事电子商务活动。短短几年间，下营村实现了经济发展和村民生活水平的显著提高。2015年9月，在中美两国农业部主办的“中美农业创新战略对话”上，阿里研究院高级专家张瑞东亲自介绍了下营村借助电子商务实现经济发展的故事，让下营村登上了国际舞台[①]。

作为中西部地区的“资深”淘宝村，下营村更有价值和意义的地方在

① 湖北郧西淘宝村网络致富故事走上中美农业部论坛. 荆楚网，2015-09-26.

于它主动从“发展电商”升级到“建设美丽乡村”的过程（见图5-1）。随着电子商务和相关产业的快速发展，乡村人居环境的恶化日益成为众多淘宝村面临的严峻挑战。如何将淘宝村转变为美丽乡村，这一东部地区都还在探索的命题，大山深处的下营村已经初见成效。下营村这一过程充分验证了淘宝村形成与发展的钻石模型，即四大要素组合，“蓝海产品+草根创业+平台赋能+政府扶持”与现代乡村治理结合后的强大动力。

图 5-1　下营村风光

特殊的蓝海产品

绿松石是下营村电商产业的主营产品。绿松石又称“松石”，因其“形似松球，色近松绿”而得名（见图5-2），是深受古今中外人士喜爱

图 5-2　下营村销售的绿松石产品

的传统玉石，用于佩戴和使用已有几千年的历史。洛阳的夏都二里头遗址就发现大量精美的绿松石制品以及大型绿松石作坊。十堰市的郧阳区、郧西县和竹山县一带是全球著名的优质绿松石产地，而下营村就是郧西县著名的姚家坡绿松石矿所在地，资源丰富、品质优良。20世纪80年代国家就在此建设国营绿松石矿场，鼎盛时曾有五六百名矿工聚居于此。下营村村民很早就参与国营矿山的开采工作。由于长期接触该行业，下营村村民具有丰富的矿石开采和分拣知识，熟悉绿松石的选料和加工过程。因此在改革开放之初就有村民肩挑背驮着自己的绿松石产品到北京、西藏以及广东沿海地区销售，电子商务发展之前全村有超过两百人在全国各地销售绿松石，具有精明的商业头脑和市场经验。2010年村里的年轻人开始在淘宝网上销售绿松石，并迅速打开市场，迎来产业的爆发式增长。

草根的创业基因

乡村草根创业者是乡村电子商务发展的引擎。乡村特殊的熟人社会结构决定了自发的乡村发展需要依靠本地能人的示范和带动。具备电子商务职业技能的乡村精英，是乡村电子商务推广、提升的关键。大量淘宝村的发展历程显示，主动接受先进知识技术后返乡的外出务工或求学人才，是电子商务与乡村结合的主要媒介和关键因素。

1980年代下营村村民在交通极为不便的情况下辗转全国各地销售绿松石，父辈们攻坚克难的创业历程无形地影响着村里的年轻人。在长辈的影响和安排下，众多80后、90后都是自幼接触绿松石行业。很多人在从事电商产业前就已经具有丰富的鉴定、加工和销售绿松石产品的经验。王韬是下营村公认的电子商务第一人，他在武汉上大学时学习的便是电子商务专业。大学毕业后曾在十堰市区短暂工作，不久就到父亲在西藏开的绿松石专卖店帮忙。经过一段时间的观察和思考，王韬敏锐地意识到，通过网络主动寻找潜在客户比开设实体店更为有效。由于没有电脑，王韬最初在网吧里尝试进行绿松石销售，一度还被父亲怀疑去网吧打游戏。王韬电商尝试的成功影响了堂弟王杰。2010年王杰果断回到下营村开设网店，并迅速致富。王家兄弟电商致富的事迹在村里立即引起轰动，年轻人纷纷前去取经效仿，并通过自学和相互切磋的方式，尝试开展电子商务活动。下营村电商协会会长蒋家明自小家境贫寒，2013年回到村里开办网店，并主动帮助村里的其他年轻人，自家客厅常常成为村里年轻小伙伴们研讨电商技术与经验的会议室。退伍军人庹涛是下营村的女婿，原本在十堰市区经营一间生意不错的汽配店，村里电商红红火火的发展势头让他果断放弃了十堰的生意，2014年来到下营村开设淘宝店。他不仅电商生意做得非常成功，在乡村建设方面也已成为村里的骨干。

年轻人的回流和创业快速地推动着产业规模的扩大和品质升级。自2014年成为淘宝村后，下营村的电商产业发展迅速，村里外出务工、经商的年轻人开始大量回流，甚至很多嫁到陕西、江苏等地的本村姑娘也回到下营村从事电商。现在村里年轻夫妇无一人外出，村里没有一名留守儿童。由于绿松石的精细加工需要极高的技艺，下营村的绿松石产业已经开始主动地进行产业链的延展和地域分工。下营村主要负责产业链附加值最高的两端，即选料和销售（网店管理和客户沟通）两大部分，玉料的精细加工会根据其质地的等级分别处理。顶级玉料通常会通过顺丰保价包邮的方式送到北京、苏州等工艺高超的企业或工艺师处加工。普通玉料则由本地的雕刻工作室处理，这些雕刻工作室基本由来自临近的河南省镇平县的工艺师开办。由于从事电子商务的基本都是本村的年轻人，他们不是亲戚就是一起长大的伙伴，所以经常聚集在一起讨论交流，了解彼此对于展示产品、提高网店搜索率的方式方法。下营村于2014年自发成立电子商务协会，为广大网商提供信息共享、政策咨询、质量监督、技术培训等方面的服务。

强大的平台赋能

下营淘宝村的发展又一次鲜活地展示了电商平台赋能的强大作用。电商平台所营造的链接全球的海量虚拟市场，不仅满足了中国持续升级的巨大消费需求，而且使得众多个性化、小众型产品完成就地产业化。在没有接触电子商务之前，下营村人主要的经营地点在拉萨、北京以及广东一些对绿松石饰品具有较大需求的旅游目的地，经营规模有限，而且物流交通成本较高。通过电商平台，下营村人充分利用互联网的长尾效应，将原本在线下属于小众商品、实体店铺难以经营的绿松石产品做成了一个具有高附加值的、就地集聚的产业，其扩大就业、促进扶贫、推动经济社会发展的综合效应非常显著。从平台类型来看，下营村人最早依赖的阿里巴巴平台是目前全球最大的电子商务平台，2016年在中国电子商务零售市场中份额占比超过一半，同时中国最大社交平台——腾讯所支持的微商也快速发展，两大平台为网商带来了丰厚的流量红利。随着直播电商的兴起，下营村的网商们积极转战淘宝直播、抖音、快手等平台，再一次抓住电商产业升级的红利。正是平台赋能成就了下营村这样一个地处大山深处封闭乡村的财富传奇。

政府的有力扶持

下营村电商的快速发展离不开政府的引导和支持，基层政府和组织的作用尤为重要。作为连接政府与村民的纽带，村书记刘廷洲在下营村电商发展过程中扮演了关键角色。早在20世纪80年代初，他就尝试将家乡出产的绿松石拿到北京出售，后来又辗转西藏、广东等地。2010年前后，刘廷洲回到下营村，全力投身下营村的发展建设。作为下营村最早一批外出经商者之一，刘廷洲谙熟宝石行业的特殊性，深知除了需要具备吃苦耐劳精神外，能在互联网的陌生环境中赢得客户的信任至关重要，诚信经营与沟通能力尤其不可或缺。因此在下营村的电商发展过程中，他始终向年轻人强调“勤奋、诚信、沟通”的理念，使下营村网商能够不断积累、扩大稳定的客户群体，产业规模也不断扩大（见图5-3）。

在村书记的积极协调沟通下，各级政府部门均对下营村予以扶持，针

图 5-3　村广场的“勤奋、诚信、沟通”口号

对电商发展过程中的仓储物流、通信网络、电力供应、道路交通等方面的需求给予不同程度的解决（见图5-4）。绿松石的产品价格较高，对于运输的安全性有很高要求，但在2012年以前，下营村仅有一家邮政办理点，不仅速度慢，安全性也不高，很多网商要往返几十公里到县城发货。在县、乡两级政府的支持下，EMS、顺丰、申通等物流企业纷纷在涧池乡开设服务站，到下营村上门取货。最初村里网络环境较差，村民只有两兆带宽，与客户交流时经常断线。2013年县政府派专人协调此事，经过持续设施升级，2020年村里已经率先实现5G信号全覆盖，村民家中已经接入千兆光纤。政府还出资拓宽进村公路，村里的变压器也由原来的一台增加到六台，保证了电力供应。2015年2月，针对绿松石销售资金流量较大、银行跨行转账的手续费高和网银转账限额对绿松石交易形成制约的问题，涧池乡召开了“金融助力电商”下营淘宝村银企对接座谈会，为发展农村电商提供政策和资金支持。县、乡、村三级还定期举办免费的电子商务专题培训，为网商提供各方面资讯和经营策略方面的帮助。除了电商发展所需的配套设施外，政府还协调教育部门，在下营村新建幼儿园等教育设施。

由于下营村电商发展的示范效应，2014年郧西县跻身“国家电子商务进农村综合示范县”，每年获得国家商务部2000万元的扶持资金，并享受一系列优惠政策。2015年11月，郧西县召开电子商务进农村工作会议，启用了电子商务公共服务中心，并建立了县、乡、村三级电商服务体系，促进产品的双向流动。2016年，郧西县商务局出台了《郧西县电子商务进农村专项资金管理暂行办法》，在网络环境、仓储物流、电商培训等方面对电子商务进农村项目建设提供大量资金支持。2017年，郧西县还组织了电商平台资金申请申报工作，为农村电商发展提供资金扶持。

图 5-4　下营村淘宝一条街

美丽乡村营建

随着电商产业的快速扩张，传统乡村的空间格局与设施往往难以满足产业发展的需求，为促进产业发展而进行的空间改造不可避免。然而大量淘宝村的空间改造仅局限于生产空间，生活空间则仍然停留在原有的状态，甚至更加恶化，教育、医疗等公共服务设施依然缺乏，市政设施、生态环境长期被忽视。于是，我们在大量的淘宝村观察到的现象是，村民通过从事电商产业迅速致富后，便到城市中购买住房，将家人安排到城市中生活，淘宝村一定程度上变成了纯粹的生产空间。不仅如此，农村电商的发展过程也在无形地推动村民的阶层分化。当思维活跃、对新技术应用能力较强的乡村互联网精英所需要的更好生活环境和更大发展平台无法在乡村空间得到满足后，他们会逐渐离开乡村。显然，这些精英离去的乡村，它们的未来是令人担忧的，而这已经成为当前大多数淘宝村面临的最大困境。

大山深处的下营村正在探索一条可持续的发展道路。立足于电商产业的快速发展，下营村进一步发掘生态和文化要素，着力打造集电子商务、文化旅游、乡村体验于一体的美丽乡村，尝试实现乡村经济的内生发展与人居环境的持续优化。自2014年起，下营村便启动美丽乡村建设行动，在建设过程中就势造景，就地取材。该村村口原建有7户人家的一排猪圈，经过精心设计后建成了休闲广场，并在广场上放置了刻有“淘宝村”的景观石（见图5-1），成为村民休闲的好去处。2016年，郧西县政府整合多方面资金，启动了下营村美丽乡村升级版建设，全面提升下营村村容村貌，对穿境而过的涧马路实行拓宽改造，全面升级通讯设施。

然而，对于村民视角下的美丽乡村建设，刘廷洲书记并不满意。在他的领导下，下营村特地邀请以“郝堂村”乡建而著名的中国乡建院团队，进驻下营村进行首期三年的美丽乡村建设。围绕下营村的绿松石矿山、周家寨生态村落、特色绿松石资源以及电商经济业态，规划设计团队系统地描绘了一幅集吃、住、行、游、娱、购为一体的秦巴山区特色乡村图卷（见图5-5）。如今村头200亩荷花盛开正艳，村中的荷塘驿站、文化广场、电商扶贫中心已经建成，周家寨精品乡宿区已经启动，绿松石博物馆、野外露营基地正在积极筹划中，原来枯竭的绿松石开采矿区也将建设成为特色地质公园。在推动物质环境建设的同时，下营村积极尝试拓展农产品电商和文化建设，专程邀请台湾乌龙茶制作专家驻村指导茶叶种植和研制，尝试将茶文化与珠宝产业嫁接，构成下营村特有的乡村文化。目前下营村自主打造的“七夕美人茶”已经小有名气。按照规划，下营村未来将成为集珠宝交易、电商培训、乡村体验于一体的美丽乡村，综合的规划

图 5-5　下营村的美丽乡村建设

设计不仅要丰富下营村的经济发展模式，更要超越众多淘宝村单纯重视产业发展的狭隘路径，进入了“生产、生活、生态” 三生协调的美丽乡村发展新阶段。

现代乡村治理

发展的最终目的是更好的生活，淘宝村发展的最终目的也一定是更好的乡村生活。随着产业的快速发展，淘宝村的关注重点必将从最初的经济增长、农民增收逐渐转向人居环境的优化和乡村社会现代化程度的提升。事实上，近几年随着淘宝村的“异军突起”，各级政府对于淘宝村建设的关注日益增强，不断给予建设资金和扶持政策，人才、资本和技术陆续进入乡村，淘宝村的发展已经形成一个多元的参与主体群，乡村建设具有非常好的基础和机遇。然而，要实现合力共治，将淘宝村真正转变为具有可持续发展能力的现代乡村，就必然要推动乡村治理的发展，推动治理主体的多元化和治理能力的现代化。毫不讳言，淘宝村的治理问题是决定其能否可持续发展的本质问题。

下营淘宝村的发展过程不仅是乡村经济的增长过程，一定程度上也是现代乡村治理体系的建构过程。村书记刘廷洲作为村里最早外出的成功商人，丰富的人生经历和对乡村发展的执着与热爱使他在村里具有很高的威望和号召力。从最初正确引导绿松石电商产业发展，到争取政府各方面支持，再到对美丽乡村的营建和产业转型升级的构想，以村书记为核心的村两委成为乡村治理过程的重要参与者、决策者和实施者。与此同时，以蒋家明、庹涛为代表的年轻电商能人逐步进入乡村治理体系，参与众多乡村事务，大大加强了乡村治理主体的活力与能力。由蒋家明担任会长的电商协会，一方面发挥产业经济组织作用，另一方面也成为广大村民参与乡村治理的重要途径。通过电商致富的村民捐款修路、加固河堤、美化环境，并在征地拆迁等方面自觉配合村两委和施工单位，完全没有大量乡村中普遍存在的公共事务消极漠视态度。村两委的积极有为，必然带动各级政府的积极投入，从而获得乡村外部纵向治理力量的有效供给。

外部市场与社会力量的参与也在不同程度上推动乡村治理的现代化转型过程。负责下营村美丽乡村设计和营建的中国乡建院设计团队专门下派驻村规划师，在下营村进行为期两年的驻村指导工作。乡村规划师与村两委以及施工人员长达两年的“同吃同住同劳动”，不仅可以保证建设项目的高标准实施，同时也将较为科学、先进的经营与管理理念注入下营村。借助淘宝村的美名，大量领导、专家学者对下营村的调研考察以及相关媒体的报道，在将下营村介绍给外界的同时也将更加开放的世界带给了乡村，推动着乡村治理的进步。如今的下营村，由各级政府、地方精英、外部力量和本地村民协同治理的新格局已现雏形，这不仅实现了基层社会对于乡村治理的参与自觉和国家治理体系对乡村社会的回归，也增加了外部市场与社会力量对淘宝村社会治理的黏性嵌入。

如果说乡村电子商务产业发展初期，村民依托宅基地上的自建房和庭院，混合居住、办公、加工、仓储等多种功能从事电商活动是淘宝村的1.0模式，产业空间的规模化建设与配套设施的综合化扩张是淘宝村的2.0模式，那么依托电商产业发展，进行人居环境的全面优化和乡村治理体系的现代化转型则是淘宝村的3.0模式。这也是乡村发展的最终目的和对城乡关系的深刻诠释。在“互联网+”的新时代，生产要素的高速流动使得包括乡村地区在内的各种聚落都能够融入更大范围的生产和消费体系，乡村与电子商务的相互结合开始逐步超越单纯的经济增长过程，进入生产设施与生活设施同步完善，经济发展与社会治理相互促进的新阶段。

互联网重塑的经济、社会与时空特征为乡村的发展带来了新的机遇，中国的乡村发展应该可以找到真正正确的道路。下营村刘廷洲书记对于下营美丽乡村建设的构想，“生态、人文、新经济；绿水、青山、真农村”，这既是淘宝村的未来，更应该是广大中国乡村的未来。全身心投入乡村建设与治理的刘书记2021年获评“全国脱贫攻坚先进个人”，那一天他与全国1900多位先进个人一同在北京接受国家表彰[①]。

第一次到下营村调研的那天晚上，我住在村委会的宿舍里。夜幕下漫步在下营村的街道上，村庄里的广场舞已经开始（见图5-6）。月光与灯光下扭动腰身的人们，也许并不知道一场新的“静悄悄的革命”[②]正在他们的身边开始，但他们的幸福和平静让我看到了乡村发展的未来。

图 5-6　下营村的广场舞

① 脱贫致富的领路人，“60后”村支书获评“全国脱贫攻坚先进个人”．中国日报网，2021-02-26.

② 沈关宝．一场静悄悄的革命［M］．上海：上海大学出版社，2007.

六 | 城乡中国的数字肃宁模式

位于华北平原腹地的肃宁县是冀东南板块的典型县域。全县总面积515.11平方千米，辖6镇3乡，254个行政村。肃宁县地处北京市、天津市和石家庄市构成的“金三角”区域的地理中心。以公路交通耗时计算，肃宁县位于首都“1.5小时经济圈”内。优越的区位条件是肃宁融入京津冀区域发展的天然基础，随着2011年大广高速的通车，肃宁县逐渐形成“黄金双十字”的交通格局。大广、保沧、曲港三条高速公路，京九、朔黄两条铁路分别在肃宁交叉过境，基本形成北上京津、南通港粤、西连煤田、东出渤海的交通大格局。2017年雄安新区的选址建设使得肃宁县的区位优势进一步凸显。肃宁县位于雄安新区正南70千米，县域北部边界距雄安新区南部边界仅20千米。在雄安新区周边100千米范围内，肃宁县是地理位置最临近、服务能级最高的交通运输节点，是雄安新区南向发展的重要门户。

依托良好的交通区位和产业基础，肃宁县域经济稳步发展，以农业和轻工业为主导，产业体系丰富，特色凸显，业已形成裘皮服装、针纺服装、民族乐器、出版印刷、电力装备、鱼竿渔具、铁路经济、现代农业等八大传统特色产业与军民融合、科教文旅、现代物流三大新兴产业共同构成的“8+3”特色产业格局，产业结构“特优兼备”。传统农业一直是肃宁县的优势产业，农产品产量、质量在沧州市名列前茅，已经培育出 “肃宁贡梨”“肃宁圆茄”等多个地域农产品品牌。农业产业化经营模式成熟，全县农业产业化率达到79.8%，居沧州市首位。以裘皮服装、针纺服装、民族乐器、鱼竿渔具等为特色的轻工业发展势头强劲，国内市场占有率均达60%及以上。2017年肃宁县被评为“中国轻工业特色区域和产业集群创新升级示范区”。

肃宁县面积和人口数量较小，经济发展总量与沧州其他县市相比并不突出，但近年来经济发展质量和速度始终位于沧州县市的前列。肃宁县抢抓移动互联网时代的重大机遇，积极拥抱新经济，有效发挥本地特色产业适合电商发展的优势，将电子商务与传统产业有机融合，开辟出一条全新的县域数字升级之路，业已成为河北省、沧州市电商产业发展的领跑者（见图6-1）。2015年肃宁县的韩村、河北村、官厅村开始在淘宝平台上销售鱼竿渔具、针织服装等本地特色产品，销售规模迅速达到淘宝村标

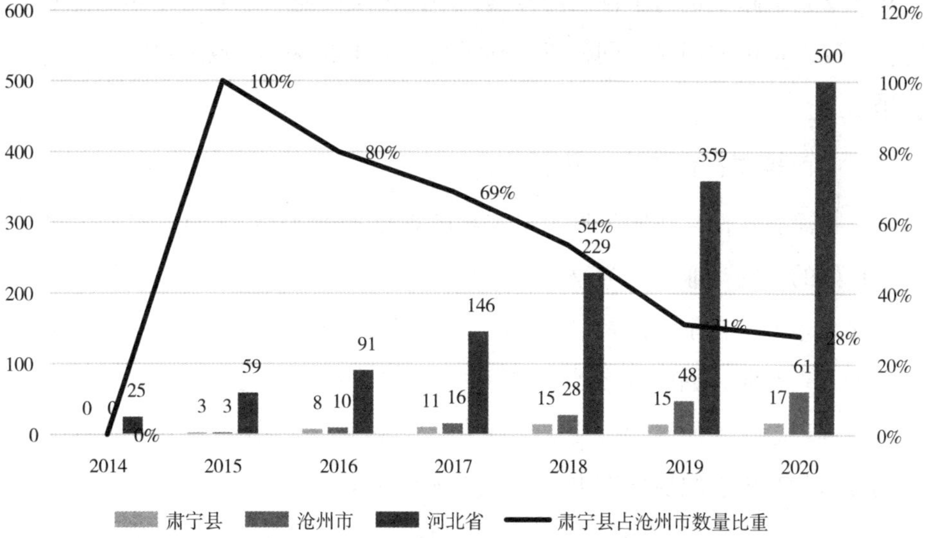

图 6-1　2014—2020 年肃宁县、沧州市、河北省淘宝村发展情况

准，成为沧州市第一批淘宝村。肃宁县随后持续推动本地产业“触网”，电子商务不断释放内生经济活力，在沧州市形成良好的示范效应。2015年之后，以肃宁县为原点，沧州市的淘宝村、淘宝镇开始由西向东持续扩散。2016年，距离肃宁县仅50千米的泊头市富镇镇诞生了2个淘宝村；2017年，海兴县、沧县产生了新的淘宝村；2018年，临近肃宁县、泊头市的任丘市、东光县、献县陆续出现淘宝村；2019年，沧州市中近70%的县市都产生了淘宝村；2020年，沧州市淘宝村、淘宝镇数量再上新高峰。其中肃宁县拥有9个淘宝镇，实现“全域淘宝镇”，同时拥有17个淘宝村，数量、销售额均位居省、市前列。2020年9月肃宁县成功举办第八届中国淘宝村高峰论坛，成为京津冀地区首个举办全国大型电子商务峰会的县。

线下线上宽谱系融合

良好的产业基础是电子商务产业发展的重要支撑，尤其是与日常消费密切相关的传统轻工业。但有产业基础并不意味着一定能够走好电商化、数字化升级之路。所谓转型升级一定程度上就是改变传统产业的产品属性，打破营销模式的路径依赖，用互联网思维重塑发展路径的过程。肃宁县在这条道路上进行了深入的探索，不同传统产业所形成的差异化转型路径，反映特色的同时共同构成了县域经济整体电商化、数字化转型的华彩乐章。

电商推动：传统产业转型升级

京津冀一体化协同发展为肃宁县产业转型升级提供了良好机遇。肃宁县良好的传统产业基础为返乡人才利用电子商务创业奠定了坚实的基础。这些人才大多在京津以及沿海经济发达地区学习专业技能，或从事电子商务等新兴产业，返回肃宁县不仅带回了资金和技术，还带回了先进的经营和管理理念，实质性地打通了区域生产要素流通的渠道。与人才返乡同步的是肃宁县地方政府看准电子商务产业的巨大前景，准确地搭上发展“快车”，推动传统产业的互联网化、电商化。通过政策扶持、设施改善、服务深化、人才培训等多种方式积极推进产业“触网”，实现“互联网+”肃宁传统特色产业全覆盖。

肃宁县传统产业电商化转型升级的过程大致可以分为三个阶段。第一个阶段（2009—2013年），为起步萌芽期。早在2009年肃宁县一些熟悉电脑技术的年轻人就已开始尝试在网上销售本地生产的鱼竿渔具、民族乐器等，同时不少生产针织服装的厂家也在这一时期开始尝试线上供货。因为是起步萌芽期，许多网商由于缺乏经验、管理不当而被市场淘汰，但坚持探索尝试并最终获得出乎意料成功的草根创业者，将电子商务在农村熟人社会内广泛传播，吸引越来越多的创业者加入电商致富行列。肃宁县电商产业在这一阶段获得了良好的用户与经验积累，为之后的快速发展夯实了的基础。

第二个阶段（2014—2017年），为高速发展期。这一阶段是全国电商的快速发展期，也是肃宁县电商的蓬勃发展期。2014年阿里巴巴集团提出“农村淘宝”战略，计划在三至五年内投资100亿元，建立起1000个县级服务中心和10万个村级服务站。这一战略加速了肃宁县传统产业与电子商务的融合发展。阿里研究院公布的《2014年度中国县域电商发展指数》显示，肃宁县综合指数排名全省第20名，网商指数排名全省第15名、沧州市第1名。

2015年5月，肃宁县与阿里巴巴集团签订农村淘宝合作框架协议，成为阿里巴巴进驻沧州的第一个县。同年10月，肃宁县被确定为“河北省电子商务进农村综合示范县”，并建设了县级农村电子商务服务中心和配送服务中心。在全县254个行政村统一形象标识和机构名称，大力推进农村电商全覆盖。2016年1月，肃宁县在召开县、乡、村三级干部参加的农村淘宝启动大会后，开始招募“农村淘宝”合伙人。村民热烈响应，报名人数达到2200人。3月14日，首批43个村级服务站正式开业，开业当日成交102万元、4816单，创下2016年农村淘宝京津冀地区村日均收入、村均GMV（Gross Merchandise Volume，商品交易总额）、支付笔单价、村日均订单四个第一。电商产业的蓬勃发展使得肃宁县在“2016年中国大众电商创业最活跃的50个县”排名中位列全国第32名，并作为河北首家优秀县域电商代表参加第三届中国县域电子商务峰会。2017年1月，肃宁县成为全国首批、河北首家由阿里巴巴总部授牌的农村淘宝创业孵化中心。

第三个阶段（2018年起至今），传统产业的电商化转型升级进入稳定发展期。由于传统产业大部分为轻工业，制成品的商品属性与电子商务契合度较高，从而为肃宁本地居民以及返乡创业人群提供了丰富的、物美价廉的产品来源，并在网上形成竞争优势。通过实施“互联网+传统产业”战略，肃宁县形成特色产业与电商携手发展的良好局面。伴随电子商务的不断渗透，肃宁县触网产业门类不断增加，针纺服装、民族乐器、鱼竿渔具、农特产品等几大产业板块线上线下协同并进，快递物流等相关配套产业快速聚集。2018年10月，肃宁县被阿里研究院评为“电子商务促进乡村振兴十佳案例”。2019年肃宁县在沧州市邮管局备案的快递企业共有16家（不包括11个邮政乡镇局所），快递品牌14个。2020年，经阿里研究院大数据平台认定，肃宁县有17个村被评为 “中国淘宝村”，有9个乡镇被评为“中国淘宝镇”，全县传统产业电商转型氛围浓厚（见表6-1）。截至2019年底，全县电商年销售额达30多亿元，在1688、淘宝网、天猫商城等电商平台注册商户10000多家，年发单量达4500多万单，从业人数达2万多人，带动就业5万多人。

表6-1　肃宁县淘宝村一览（2020年）

镇 / 街道	淘宝村	电商主营产业类目
肃宁镇	西大街村	电力器材、安全器具等
	南甘河村	裘皮制品、鱼竿渔具等
窝北镇	窝北村	以鱼竿渔具为主
	新村	
	冯家村	
	雪村	以鱼竿渔具为主
	大王庄村	
	大张家庄村	
万里镇	官厅村	以针纺服装为主
	西辛庄村	
	龙堂村	
河北留善寺镇	留善寺村	以鱼竿渔具为主
	西堑里村	
	西乾泊村	
	韩村二分村	
	南曹庄村	
	龙泉村	

依托坚实的产业基础、丰富的产业门类以及鲜明的产业特色，肃宁电

子商务与传统产业紧密结合，形成了线上线下融合发展的“肃宁模式”：依托传统产业基础，发挥区位优势，在政府的积极引导下，实现上下互促、整体协同、多层次梯度触网的县域电商发展模式。

传统产业催生电商，电商赋能传统产业。肃宁模式本质上就是紧密结合本地实际情况，探索适合自身发展条件的“互联网+传统产业”发展模式。这一模式既体现了产业数字化转型的共性，即互联网与传统产业整体协同发展、相互支撑、相互促进，又体现了肃宁产业转型发展的特性，即各个传统产业因为产品性质与市场需求的不同而呈现出差异化的触网阶段，以及不同程度的线上与线下融合。

谱系渐变：多元互联网化路径

根据产业触网的阶段、程度和模式的差异，肃宁县的“互联网+传统产业”可以分为完全互联网化、主体互联网化、部分互联网化与积极互联网化四种类型（见图6–2）。

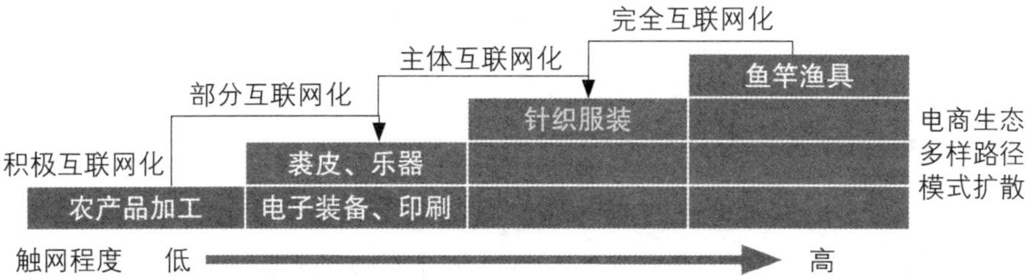

图 6–2　肃宁县的宽谱系电商产业发展路径

（1）完全互联网化：鱼竿渔具产业

肃宁县的鱼竿渔具产业完全是因为互联网而兴起的一个产业，也是肃宁数字新经济的代表。近十年来借助互联网飞速发展，如今已拥有各类鱼竿渔具及周边产品加工摊点近1000家，全年销售额超10亿元，主要产品涉及溪流竿、台钓竿、海竿、矶竿、路亚竿等五大品系100多个规格品种，国内市场占有率达60%。全县已有11个淘宝村专门从事鱼竿渔具网络销售，鱼竿渔具销售网店约有5500多家，或直接或间接地带动就业一万余人。淘宝村的蓬勃发展也使得河北乡、窝北镇成为“淘宝镇”。鱼竿渔具产业属于轻工业消费品，非常符合互联网的销售特性，产品的电商销售率目前已高达80%，销售渠道基本转移到了线上。随着移动互联网时代的到来，不少商家积极利用淘宝、抖音、快手等直播平台进行产品营销，产品与销售方式不断迭代升级（见图6-3）。

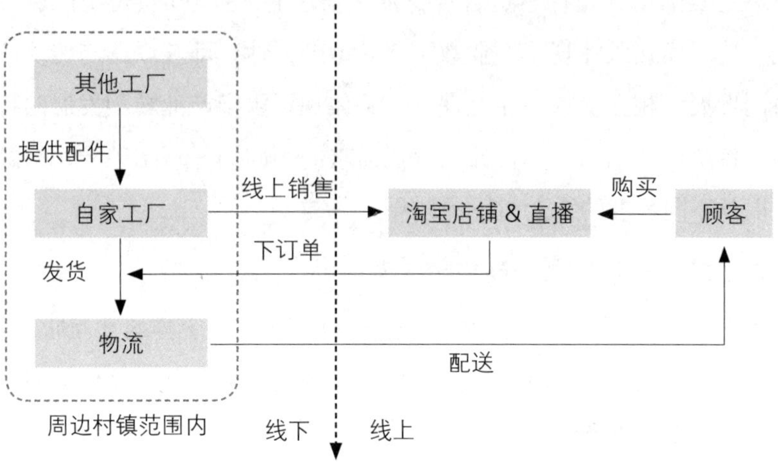

图 6-3　鱼竿渔具产业互联网化模式

案例1：李勇，水猎人渔具

2010年底，李勇在亲友近邻的影响下开始接触电商。当时他主要从周边厂家拿货，在淘宝上经销鱼竿渔具。2013—2016年，苦于较低的产品质量与纷争不断的售后矛盾，李勇关停了淘宝店铺，自己在河北乡韩二村内开设工厂，成为淘宝网店的供货商，做起了鱼竿渔具产品的批发。2017年，他再次触网，与朋友合伙经营网店，但与第一次做网商最大的区别是，他销售的产品大部分都来自自己的工厂。

总结十年的网商经验，李勇摸索出了一套适合自己的经营方法。他坚持店铺以产品质量为先，同时保障好后续服务。由于手中掌握着一条完整的本地供应链，他的销售在疫情期间基本不受影响，生产与发货均保持正常。作为韩二村电商的带头人，李勇乐于助人、慷慨施教，大家都亲切地称他“勇哥”。村民受他影响，纷纷投身电商行业。韩二村及周边乡村地区如今已经形成鱼竿渔具产业完整的生态系统。生产配套环节，包括纸箱、纸筒、渔具小配件、快递等，基本都可以在本地解决。

（2）主体互联网化：针纺服装产业

肃宁县针纺服装产业基础雄厚，有“中国针纺服装名城”之称，电商化、数字化转型较早，目前已经形成线上线下融合互促的格局。全县针纺行业拥有生产企业1000余家，从业人员近3万人，针纺服装行业年产值达40亿元，年产各种针织服装3亿件，文化衫、保暖内衣国内市场占有率分别达到70%和40%，各类针织服装产品网店4500多家，针织服装产品电商销售率达50%。作为针纺行业的产地型市场之一，已形成“一中心、三园区”的产业格局：针织服装展销中心，针纺高新区、产销一体化示范区、创新实验区。线下的专业市场为经销商提供商品展示、洽谈等服务，厂商主要在线上接单。线上线下的市场渠道分工明确，协同发展，形成了肃宁县针纺服装行业独特的发展模式（见图6-4）。

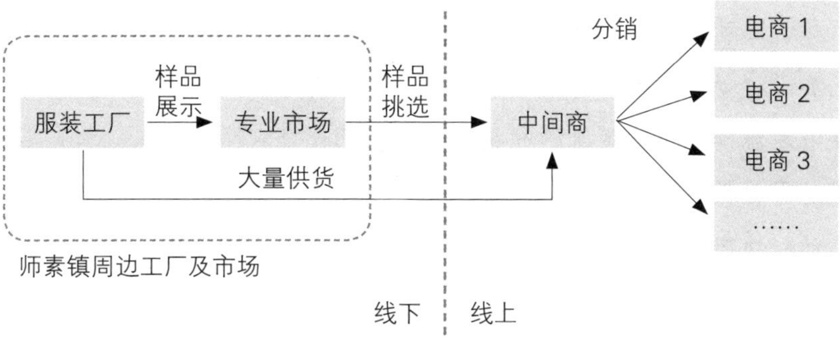

图 6-4　针纺服装产业互联网化模式

案例2：郭双路，棉一彩制衣厂

1999年，郭双路从太原回到肃宁，利用肃宁在针纺服装产业上的优势办起加工厂，以生产中低端文化衫为主，大部分产品通过批发市场销售。2008年起，服装厂开始尝试线上供货，直接供应产品给销售商，逐渐摆脱传统的线下分级经销的繁琐程序。随着北京服装批发产业的外流，肃宁针纺产业与电商的融合发展获得了长足的进步，郭双路的产品销售范围也进一步扩大，质量和产能进一步提升。目前郭双路的服装厂年产T恤约两百万件，具备为众多一线品牌代工的能力。肃宁类似这样规模的服装厂还有十几家，而且随着电商的蓬勃发展又出现了一批新工厂。这些新工厂设备更先进，产能更大，预计一年可以生产四五百万件文化衫（见图6-5）。

图6-5　产品展厅与生产车间

当前肃宁大部分服装厂的销售形式是网络批发商来肃宁的专业市场挑选产品，确定样品之后线上下单。网络批发商获得产品后会进行第二轮的印花加工、分装发货，销售给规模较小的网络零售商。肃宁针纺产业当前主要依靠规模生产所带来的利润。通过生产规模来降低成本，加上华北地区棉纺原材料方面的优势与创新，企业足以获得较强的价格竞争优势。为了推动针纺产业的转型升级，肃宁县专门成立商会，郭双路担任会长，定期组织会员出门考察参展。商会也协同政府成功举办了两届针纺服装文化节，对肃宁县针纺服装产业的发展具有显著的推动作用。

案例3：李子卿，源发针纺产业园

位于肃宁县师素镇的源发针纺产业园一期占地约70亩，从2018年9月开始营业至今，已经形成集针纺产品展示销售与电商孵化两大功能为一体的大型产地型专业市场。针纺产业园由在专业市场行业摸爬滚打三十多年的肃宁人李子卿投资建设。李子卿早年在北京、石家庄、济南等城市从事专业市场的开发经营，一方面被肃宁政府邀请其回乡投资兴业的诚意和全方位配套服务所打动，另一方面也敏锐地看到肃宁针纺行业电商化、数字化的巨大前景，毅然决定将业务的重心转移到肃宁。

园区开张招商时，李子卿动用多年经商所积累的人脉与资源，与全国的相关行业商会、协会与市场对接，邀请众多专业经销商加盟，使得肃宁针纺产业园的知名度迅速提高。近几年政府频繁地带领商家外出参展，“肃宁针织”的名头越做越响亮，客商需求越来越多。高市场需求与本土产业集群的优势使得肃宁针纺服装厂家快速增长，基本以每年新开几十家的速度发展。如今，针纺产业园内的200多户商铺和80多间电商孵化基地办公室全部满员入驻。电商孵化基地除了为网商提供独立办公空间，还配备了可以承办品牌发布、模特走秀、产品展示、直播等活动的大型会议室，以及小会议室、接待室、健身房等配套服务设施（见图6-6、6-7）。

图6-6 源发针纺产业园的商铺

图6-7 源发针纺产业园电商孵化基地

面对不断增长的需求，李子卿规划进一步提高二期市场200多亩土地的开发密度和容积率，使其成为具备加工、展示、仓储、物流等复合功能的专业市场，同时邀请设计工作室进驻，全面推动肃宁产品的品牌建设，提高产品附加值。二期市场的多元、高品质不仅体现在生产服务设施的配套上，还体现在配备更多的生活服务设施上，例如公共食堂、星级宾馆、餐饮娱乐等。按照李子卿的构想，二期市场建成后，产业功能更加强大，入驻品牌商更加高端，产地型市场的优势将愈发凸显。

（3）部分互联网化：裘皮服装、民族乐器与电器电料产业

裘皮服装、民族乐器和电器电料产业是肃宁县最具代表性的传统支柱产业，具有较长的发展历史、雄厚的产业基础和完备的销售渠道，近年来，积极面对数字经济的大潮，不断探索电商化、数字化路径。

● **裘皮服装产业**

肃宁县拥有全国最大的原皮交易市场，年交易皮张1.8亿张，占全国交易量的70%。现有裘皮服装加工、购销企业1730家，从业人员8万人，年产服装500余万件，营业收入达200亿元，先后被中国毛皮协会、中国轻工业联合会命名为“中国裘皮之都”。以华斯集团为代表的肃宁裘皮服装产业，依据产业特点积极探索多元化数字升级之路，直播电商、跨境电商等正蓬勃兴起（见图6-8）。

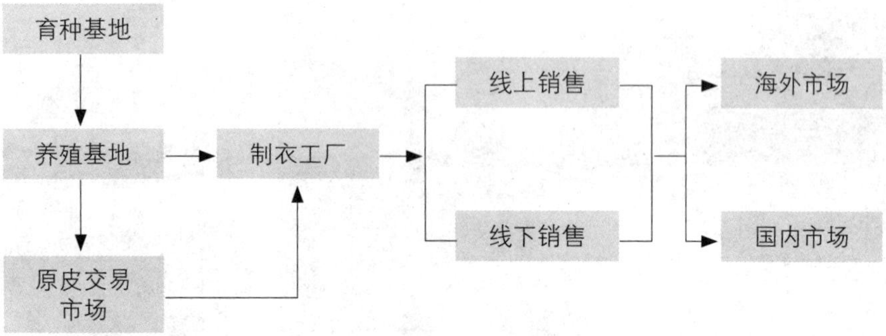

图 6-8　裘皮服装产业互联网化模式

案例4：华斯集团，裘皮服装企业

华斯集团成立于2000年，以裘皮时尚产业发展为核心，目前已打通裘皮全产业链，即“育种基地—养殖基地—皮料—成衣—销售”。2010年11月2日在深圳证券交易所上市，成为“中国裘皮第一股”。华斯集团目前主要从三大方面搭建行业服务平台，引领行业发展。一是建立国外水貂良种繁育平台，带动源头养殖业的发展；二是建立国内最大的毛皮原料交易平台，带动中间环节原材料交易的发展；三是建设产业创新发展载体——华斯裘皮小镇。总体规划投资300亿元，占地5000亩，建筑面积500万平方米，包

括华斯国际裘皮城、华斯风尚中心、品牌总部基地、拍卖行、温泉酒店以及裘皮博物馆等。

早年华斯集团以外贸为主，产品将近八成销往国外。近年来随着国内市场消费能力的升级、消费习惯的改变，公司开始将营销重心逐步向国内市场转移。尤其随着电子商务的迅猛发展，大量潜在消费需求被开发，不少南方城市的消费者也开始购买裘皮服装，目前公司国内与国外的销量已经持平。近两年华斯集团积极拓展线上销售渠道，开通天猫旗舰店并为网商代加工产品，目前线上销售额占全部销售额的比例已经达到10%以上，而且线上销售的产品大部分属于中高端产品，单价在一二万到十几万不等，利润较高。面对严峻的国际贸易形势，公司开始重视内需，尤其重视网上销售的特点，强化产品款式设计的时尚感，为消费者提供更多选择。

● **民族乐器产业**

民族乐器产业是肃宁县的特色产业之一。全县乐器生产企业、摊点达100多家，从业人员8000余人，年产各类民族乐器70余万件，已经形成乐器生产的完整产业链条。行业代表乐海乐器公司已成为我国北方民族乐器制造行业的龙头企业，成功入选“国家文化产业示范基地”，生产的扬琴、琵琶产销量居全国首位，扬琴国内市场占有率60%以上。肃宁县民族乐器产业已经进行了十年多的电商化探索，形成了独具特色的电商化路径（图6–9）。如今肃宁县拥有各类民族乐器网店300多家。

案例5：乐海乐器，乐器制造企业

乐海乐器有限公司创建于1985年，是中国民族乐器制造行业生产规模最大、技术力量和综合实力最强的企业之一，专业生产各种民族乐器（见图6-10），旗下拥有“乐海”“星海”两大品牌。2010年，乐海被评为中国乐器50强企业。

乐海进入电商行业已有十年，淘宝、京东、拼多多上都开设了旗舰店。根据乐器产品的特点和人们的消费习惯，乐海推出了琴行新零售的模式：首先通过与淘宝天猫平台合作，进行民族乐器精准引流；同时自主开发APP拓展销售渠道，并通过APP与客户进行绑定，以提供专门售后服务，

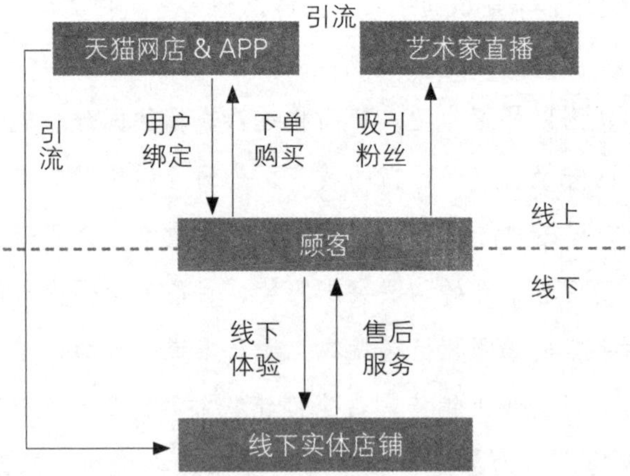

图 6-9 民族乐器产业互联网化模式

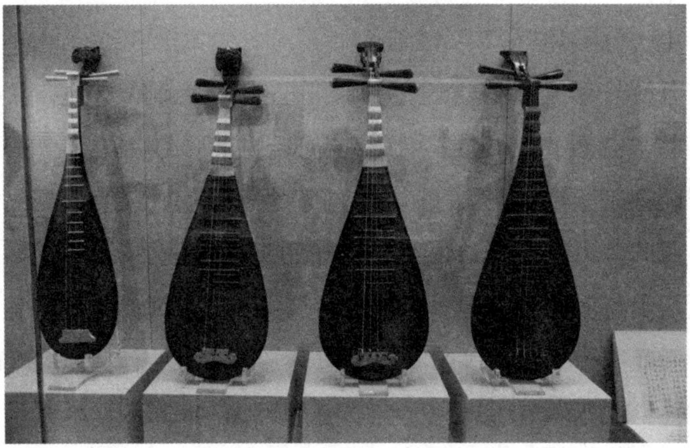

图 6-10 乐海乐器生产的民族乐器

精准对应每一台售出乐器的维修、保养。乐海希望通过这种线上的方式，提升购买体验、改善产品售后服务，进而保证稳定的客户流量，最终实现每年网上销售三十万件产品的目标。

乐器作为一种表演器材，对于演奏效果的影响很大，音色是最关键的品质。相对于日常消费品，乐器的客户常常是专业人员，对于音色和音质都有着不同的要求。尤其是顶级的艺术家，他们都有自己独特的定制需求，必须经由线下直观体验来决定生产流程和制作工艺。因此，乐海很重视线下体验，在其新零售模式中积极引导线上流量到线下实地去体验，为他们提供专业的调试、挑选和介绍服务，最终实现线上线下融合互促。公司进一步计划通过新媒体平台，签约专业艺术家，打造其专属知名品牌并合作代言，并通过日常的直播，吸引自己的粉丝群体。最终乐海乐器将建成面向客户的线上线下联动的销售格局。

● **电器电料产业**

电器电料产业也是肃宁县的传统支柱产业之一。邵庄乡被评为河北省电器电料名乡。全县共有电器电料企业74家，纳税百万以上企业8家，年产电力金具1000余万件，安全器具300多万件，非标金具10万吨，绝缘板5000吨，箱变5000余套，产品占据国内32%的市场份额。随着年轻一代的成长，肃宁县电器电料产业开始插上电商化、数字化的翅膀（见图6–11），其中最具代表性的就是张蕾、赵亚猛“夫妻”创办的乾德电力设备制造公司。

案例6：90后电商模范

2015年之前，张蕾在父亲的电力设备制造公司工作了将近十年。从基层开始摸爬滚打的她，在销售、财务和生产等业务方面都积累了不少经验。2015年，生完二胎后，张蕾与赵亚猛决定创办自己的电器电料公司，并同步开展电商业务。张蕾负责网上销售，赵亚猛负责工厂运营，产品销售线上线下并进。线上负责产品展示、品牌推广和用户反馈收集，并接受网购订单，为外贸企业代工。线下对口的一般是省级或者国家企事业单位，通过投标的方式获得订单。

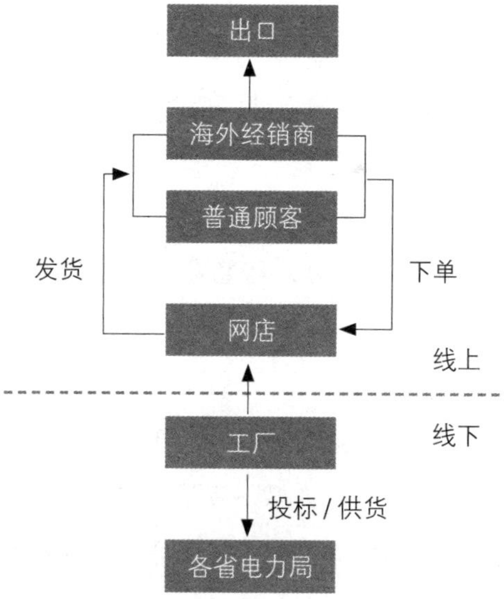

图 6–11　电器电料产业互联网化模式

从2016年下半年开始，公司产品销量明显提高，2018年线上销售业绩达到1500万元，占到了总销售额的一半。借助互联网、电子商务的巨大优势，五年时间张蕾夫妇就将一个只能生产单一产品、初期还需依靠父亲的企业供货的小公司，发展为业内前端企业，同时也是肃宁电器电料产业电商化、数字化转型的标杆企业。

（4）积极互联网化：农产品加工业

肃宁县是国家级商品粮基地，河北省核心区产粮大县之一，农产品种植与养殖优势显著。全县蔬菜园区达到131个，园区总面积1.72万亩，已建成国家级蔬菜标准园2个，市级现代农业园区4个。梨花小镇万亩梨园示范园区被评为"河北省观光采摘园" "河北美丽田园"。全县规模养殖场达56家，已建成省级标准化养殖场6家，省级现代农业园区1个，市级现代农业园区2个，尤其肉鸭产业已形成完整的产业链，正在建设全国烤炙型肉鸭供应基地。随着肃宁全民电商意识的不断增强，以及新冠疫情对于食品、餐饮行业的巨大影响，不少农户和农产品企业开始积极探索电商化、数字化路径，希望借助电商平台来扩大销售渠道，增强发展韧性。

案例7：北京烤鸭的源头，东风养殖厂

河北东风养殖有限公司始建于1991年，从最初的一个小饲料厂，经过二十多年来的努力，已经发展成为集种鸭养殖孵化、肉鸭放养回收、屠宰加工、鸭坯生产、熟食加工、冷链物流于一体的河北省农业产业化重点龙头企业。

公司的迅猛发展，离不开独具特色的"公司+农户"运作模式。公司与农户在平等、自愿、互利的基础上签订合同，农户养殖，公司加工销售，以契约方式结成利益共同体。随着养殖模式的不断升级，还推出生态农场项目，将原来"公司+农户"模式转变为"公司+农场"模式（见图6-12）。

面对不断扩大的市场需求和消费重心下沉趋势，尤其新冠疫情以来的挑战，公司开始在B2B（Business-to-Business，企业对企业）的基础上积极开拓B2C市场。探索开发 "将烤鸭带回家"的新零售模式，即把冷冻生

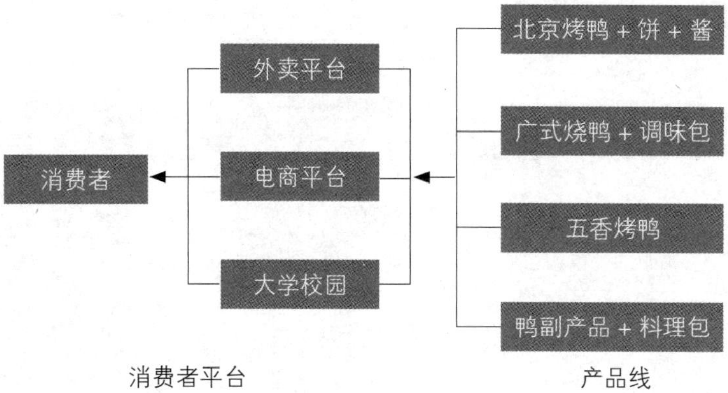

图6-12　线下线上结合的自制鸭料理销售模式

鸭、面饼、酱料等烤鸭料理直接配送到消费者家中，让消费者利用自家烤箱在家做烤鸭。

案例8：河北鸭梨主产区，尹庄村梨园

肃宁县万里镇尹庄村是河北鸭梨的原产地和主产区。细沙土质使得这里所产的梨肉脆多汁，酸甜可口，历史上曾列为皇家贡品。尹庄村的梨树栽植已有1000多年的历史，梨园规模达到2600多亩，产业优势显著。在绵延数十里的老唐河故道梨林里，拥有百岁以上古梨树万株以上，与近数十年新种植的梨树相互辉映，形成五世同园的独特梨园生态，被河北省林业厅评为“河北省观光采摘园”。

尹庄村的村民平均每户分有四到五亩梨树林，每亩大约有55—60棵梨树，村民以合作社的形式销售鸭梨，平均每亩每年可以赚6000—7000元。为了方便村民一年四季都可以销售鸭梨，村中已建成多座冷库。随着肃宁县电子商务的蓬勃发展，农产品网上销售也已起步。每年二三月的梨花节（见图6-13），九月鸭梨成熟收获季，都是尹庄村最热闹的时间。不仅采摘下来的新鲜水果会上网销售，众多流量主播的现场直播和带货（见图6-14），更是热闹非凡，加速着尹庄村的淘宝村和网红村升级之路。

图 6-13　尹庄梨园

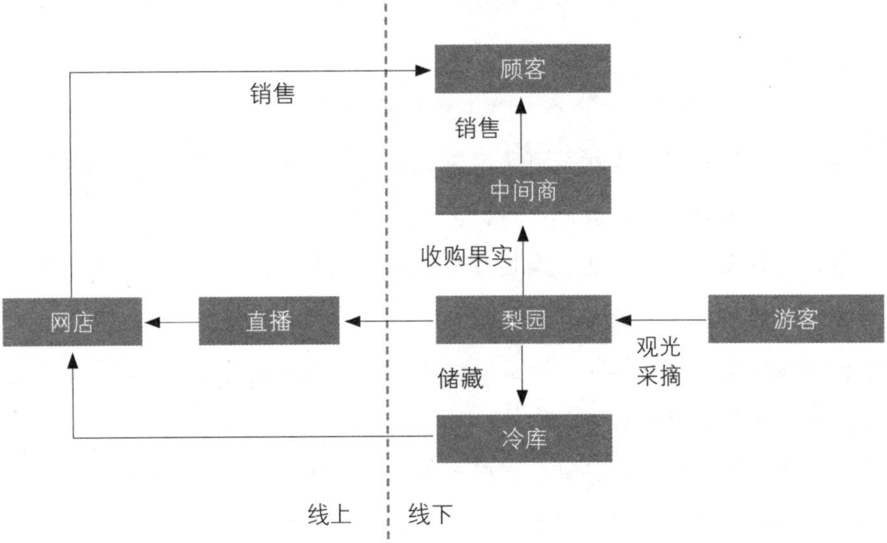

图 6-14　尹庄村梨园的互联网化模式

多元化空间载体

乡村电子商务的发展进程同时也是空间城镇化的过程，产业与空间从来都是相辅相成。对于肃宁县而言，电商产业大部分属于加工制造业+互联网的成果，无论在起步萌芽期，还是高速发展期，对加工、仓储与流通空间都有较大的需求。肃宁县是如何配合电商产业发展进程向创业者们提供合适的空间载体的？在土地资源日益趋紧的当下，如何实现空间资源的高效利用？只有全面破解这些问题，才能够深入地理解肃宁县电商快速发展的机制，以及持续发展的动力（见表6–2）。

表6–2　肃宁县产业电商化路径一览

产业	产业发展特征	产业发展规模	互联网化程度
鱼竿渔具产业	实现从零散经营向产业集群的升级，发展出完整的产业链系统	年销售额超10亿元，国内市场占有率达60%	完全互联网化，产品的电商销售率目前已高达80%
针纺服装产业	电商化、数字化转型较早，目前已经形成线上线下融合互促的格局	年产值40亿元，文化衫、保暖内衣国内市场占有率分别达到70%和40%	主体互联网化，针织服装产品电商销售率达50%
裘皮服装产业	不断向产业上下游延伸，与科教文旅产业实现融合	拥有全国最大的原皮交易市场。年产服装500余万件，营业收入达200亿元	部分互联网化，依据产业特点积极发展直播电商、跨境电商等
民族乐器产业	肃宁县的特色产业之一，已经形成乐器生产的完整产业链条	年产各类民族乐器70余万件，扬琴、琵琶产销量居全国首位，扬琴国内市场占有率60%以上	部分互联网化，在进行了十年多探索后已形成了独具特色的电商化路径
电器电料产业	在稳定的线下销售渠道的基础上，开始走向电商化、数字化	全县共有电器电料企业74家，产品占据国内32%的市场份额	部分互联网化，产品销售线上线下并进
农产品加工业	网上销售开始起步，相关的配套设施建设逐渐完善	国家级商品粮基地，河北省核心区产粮大县之一。全县蔬菜园区达到131个，肉鸭产业已形成完整的产业链	积极互联网化，希望借助电商化、数字化路径来扩大销售渠道，增强发展韧性

淘宝村、镇的空间分布

根据阿里研究院发布的淘宝村、镇名单，肃宁全县9个镇2020年全部成为淘宝镇，在全国率先成为实现“全域淘宝镇”的县级行政区。2020年肃宁县有17个村成为淘宝村，集中分布在县域东南部的窝北镇、万里镇和河北乡，构成了肃宁最具特色的淘宝村集群（见图6–15）。作为东部地区

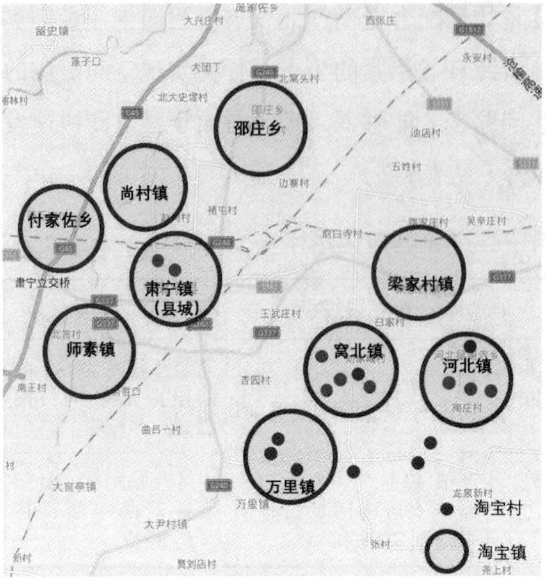

图 6-15　肃宁县淘宝村、镇空间分布示意图

的县域，肃宁县淘宝镇的增速明显快于淘宝村，与中西部地区的发展特征非常接近，一定程度上也反映了小城镇是类似肃宁这样的相对欠发达县域更为重要的电商发展载体。

分析淘宝村、镇主导电商的产品类目，可以看到比较清晰的区域分布特征。距肃宁县城较远的远郊淘宝村、镇专业化、集群化程度更高，存在明显的主导性电商类目，产业自下而上发育的特征非常明显，如窝北镇、河北乡的鱼竿渔具，万里镇的针织服装产业。而县政府驻地镇（县城）——肃宁镇的淘宝村经营类目较多，基本涉及县域全部优势电商产业。县城的两个淘宝村——西大街村和南甘河村基本属于更新改造的城中村，相对于远郊乡村具有更为显著的营商环境和配套公共服务优势，一定程度上兼具县城的高配套和乡村的低成本两大优势。对于县域具有一定实力的乡村电商创业者，改造过的城中村显著地提升了他们的生活与营商环境；对于从大城市返乡的创业者，改造后的城中村环境品质甚至优于县城的一般空间，同时空间灵活，成本较低，能够满足初创时期的需求。因此，县城的淘宝村往往不是“原生”的淘宝村，而是县域电商人才重新集聚后形成的“次生”淘宝村。

淘宝村、镇的空间利用

在国土资源约束不断趋紧的当下，乡村土地利用的管控日益严格。关于电商产业萌芽期的空间需求如何在乡村得到满足，肃宁县的淘宝村提供了契合各自产业特色和乡村治理特征的土地与空间利用解决方案。

（1）韩二村——宅基地高效利用

大部分乡村电子商务产业的初期发展都与乡村存量空间高度兼容，农民充分依托宅基地上的自建房和庭院，混合居住、办公、加工、仓储等多种功能从事电商活动，极大地提升了空间的使用效率，降低了产业的发展门槛。乡村居民这种自发提高土地使用效率、混合建筑功能的做法往往富有创意。肃宁县河北乡韩二村优秀电商代表李勇，就是依托农村宅基地，自发改扩建了一座四层的“多功能乡村电商综合体”，堪称淘宝村建筑的典范。建筑一层为架空层，作为车辆停放、货物装卸和杂物堆放空间；二三层为鱼竿渔具生产加工、打包发货以及仓储空间，功能分区明确，作业流线合理；四层为电商运营、客服办公、产品展示与网络直播空间。这一垂直分布、立体组合的空间简明清晰、井井有条，既符合产业组织流线，又契合空间价值，是当前淘宝村中十分经典的一体化复合空间（见图6–16）。在韩二村，类似的乡村电商综合体还很多，规模和形态可能存在

一层架空层停车

二层打包发货

三层生产车间

四层办公室与直播间

图 6–16　多功能乡村电商综合体

一定差异，但功能组织基本相同，为乡村电商产业的发展提供了充足的低成本空间。

（2）西乾泊村——村集体建设用地活化

同属河北乡的西乾泊村同样是主营鱼竿渔具的淘宝村，在村书记陈雷的带动下，不仅将鱼竿渔具电商产业做大做强，还尝试探索贡梨的线上销售路径。面对鱼竿渔具产业快速发展的格局，陈雷主动利用自家宅基地建设村级电商服务中心，向全村商户开放，用于鱼竿渔具商品的展示和网络直播。电商中心紧邻河北乡的南北向主干路，便于货物运送和人员往来，建成后将大大改善西乾泊村电子商务的发展条件。西乾泊村盛产贡梨，农村电子商务的蓬勃发展激发了村委尝试发展农产品电商、更大惠及广大村民的想法。做农产品电商就要有相应的基础设施。河北贡梨的收获季节在7至9月，无论线上还是线下销售，均需要考虑贡梨摘下后的保存问题。冷库是最为重要的一项基础设施。于是村集体决定利用村委会办公楼前的空地建设贡梨冷库。在可用的集体建设用地非常稀缺的情况下，村委极力争取此块用地的建设指标，并在财政补助资金的支持下顺利开工建设。集体建设用地是乡村经济、社会发展的重要资源，有序盘活、充分释放应有的价值，将为乡村的产业兴旺和生态宜居提供重要支撑。

（3）王佐村、边寨村——农地流转规模化经营

除了集体建设用地的高效利用，农地的有序流转与规模化经营同样能够为乡村产业的发展提供巨大助力。邵庄乡位于肃宁县城以北10千米，现已形成以所辖边寨村、王佐村为中心，辐射带动朱庄、军庄、付高口等村的韭菜规模化种植格局，全乡韭菜种植面积达到了12000多亩。以王佐村为例，目前该村韭菜面积占全村耕地总面积的85%以上，年获利近2000万元，有效促进了农民增收。邵庄乡组织农民进行韭菜种植的成功经验主要有两点。

一是土地高效流转，支持农业规模化经营。乡政府以王佐、边寨为主产区，积极推进土地流转工作，至2016年就已成功流转近10个村2000余亩土地，全部用于韭菜种植，极大地促进了小拱棚韭菜规模化生产。

二是发展完善农村经济合作组织。以自愿为基础，以互利为纽带，组建了国家级合作示范社——“丰安蔬菜种植专业合作社”，建设无公害韭菜种植基地，带领广大韭菜种植户统一购买化肥农药等，并在王佐村北建设占地15亩的韭菜交易市场。经多次沟通洽谈，与北京新发地等大型蔬菜批发市场建立常年供应关系，运营以来日均交易25吨以上。

在乡村土地空间高效利用、促进产业发展的案例中，农村“三块地”——宅基地、村集体建设用地、农地的盘活利用都离不开肃宁县及乡镇各级政府的支持和引导。相关部门充分理解并灵活运用当下的农村土地政策，在法律法规范围内实行相对宽松的治理，有效地促进了各类产业在乡村空间的发展壮大。

（4）城中村更新改造

肃宁县的电商产业不仅在国内消费市场蓬勃发展，还积极参与跨境电商业务。相较于淘宝村从业者，跨境电商从业者通常具有以下特点：有较好的外语能力，受过一定程度的高等教育，具有大城市工作经验。以上特点决定了此类创业人群对创业空间的要求相对较高，通常希望办公空间位于城区，从而保障较好的生产、生活配套服务，同时整体环境整洁，交通便利。肃宁镇城中村的更新改造就为这种跨境电商企业孵化提供了合适的空间，其中南甘河村就是代表。

南甘河村位于肃宁县城西北部，状元大道东侧，现已成为肃宁新城区的一部分。截至2016年8月，南甘河村共有165户，489人，耕地面积354亩。2010年，南甘河村被县委县政府列为城中村改造试点村。同年9月，肃宁镇拆迁安置工作组正式进驻南甘河村开展工作，拆除房屋近40万平方米。2012年12月，南甘河村村民全部完成回迁，建筑面积64276.2平方米，节约用地约101.6亩。回迁村民被安置到高层单元楼和二层联排住房居住。部分村民选择将联排住房出租以获取租金收入（见图6-17）。统一规划建设的联排住房因其便利的交通位置、整洁的空间环境和相对低廉的租金（每年3万元/栋），成为县城电商从业者的理想创业空间。

进驻南甘河村的跨境电商创业者张艳就是非常成功的返乡创业代表。

图 6-17　南甘河村改造后的联排式安置房

张艳大学学习国际贸易专业，在北京工作多年，由于家庭原因返回肃宁创业。公司目前已经成为肃宁具有一定规模的跨境电商企业。公司员工十余人，均是本地或北京返乡的大学生，综合素质较高（见图6-18）。租赁的南甘河村的两套联排住宅主要用作运营和仓储空间，主营四季帽子。秋冬帽即裘皮帽，主要由肃宁本地生产，销往俄罗斯、美国、加拿大以及北欧市场；春秋帽则需要从南方市场进货，主要销往美国。随着科技的进步和运营商服务的完善，语言问题已经不是跨境电商最主要的障碍，像阿里旗下的全球速卖通等就内置有翻译软件。当前最为缺乏的依然是电商运营人才，即使在肃宁县城甚至沧州市都难以招聘到合适的专业人才。跨境电商对人才相对较高的要求，也决定了其对生产、生活有较高的要求，这也使得类似南甘河村这类改造好的城中村具有更大的竞争优势。

图 6-18　跨境电商工作室办公空间

城中村是快速城

镇化进程中农村向城市转变的过渡性产物。城乡二元体制的制约和传统农村运营方式与理念的冲突使得城中村一直是我国城镇化建设中的难点。以南甘河村为代表的城中村改造实践，平衡了政府、开发商、村集体和村民等主体的利益，并为电子商务等新产业的发展提供了有效空间载体，是新型城镇化进程中城中村改造的有益探索（见图6-19）。

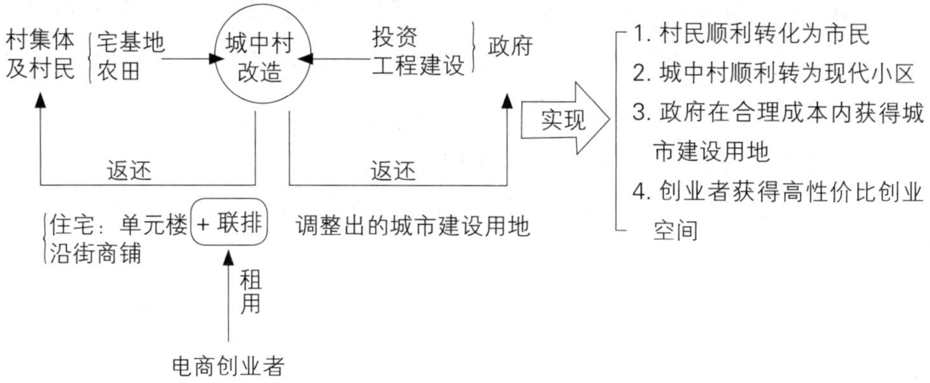

图 6-19　南甘河村城中村改造模式示意图

淘宝村、镇与新型园区的互动

新型专业市场和电商产业园区是最为重要的县域电商承载空间。随着电子商务的普及，基于线下交易的实体商业已经受到巨大的冲击，大众所熟悉的传统销地型专业市场（如各类小商品市场、电子设备市场、家具建材市场等）出现萎缩，而产地型专业市场却蓬勃发展，即使进入后疫情时代，仍表现出强大的生命力。肃宁县万里镇的源发针纺产业园就是典型代表。产地型实体专业市场在淘宝村、镇的形成与发展过程中扮演着极为重要的角色，两者之间存在着紧密的互动发展关系。一方面，淘宝村、镇产业的不断发展升级将孕育一批产地型实体专业市场；另一方面，既有的产地型实体专业市场也会催生淘宝村、镇。

位于肃宁县城南12千米的万里镇，下辖多个针纺专业村，村民从事相关行业已有30多年的历史，形成了织布、制衣、包装为一体的纺织产业链条，产业基础较好。接触电子商务后，万里镇的针织产业线上发展势头极好，很快形成多个淘宝村（小闫庄村、官厅村、龙堂村、西辛庄村、马庄村等）。随着村庄内电商大户产业规模的持续扩大、技术的不断升级与分工细化，原有村庄能级的空间支持和配套服务日益无法满足产业升级的要求，建设一个具备产品实体展示、网络直播、加工生产、仓储物流以及公共服务等多种功能于一体的专业市场成为迫在眉睫的现实需求。

肃宁县委县政府高度关注这一问题，主要领导亲自带队去往北京招商引资，重点引入实力雄厚、经验丰富、专业度高的园区开发商。源发针纺园区负责人李子卿，收到肃宁县政府的真诚邀请后回乡投资兴业。源发针纺产业园总体规划占地1500亩，一期工程占地70亩，建筑面积4.6万平方米。总投资额1.28亿元的针纺展销中心已于2018年开始试营业，目前所有店铺均已全部入驻。园区就选址在针纺服装之乡万里镇，紧邻240国道，交通便捷。园区周边就是针纺专业淘宝村，电商经营者可十分便捷地来往于园区与村庄，兼顾生产与生活。

园区一期已建成空间由独立的展销店面楼与电商孵化楼两大部分构成（见图6–20）。展销店面楼大部分为3层的“4×4开间”的独栋建筑，通常可分割为4个三层的“2×2开间”的店铺，每个店铺售价60万元（40年使用权）。空间需求大的客户可以购买两个相邻店铺然后打通空间。店铺

图6–20 源发针纺产业园

的典型空间使用模式：底层为沿街门面用于商品展示，二层为仓库并可兼做加工车间（如T恤衫印花），三层为办公空间。此类店面基本能够满足发展期电商商户的升级需求，且价格相对低廉，42栋展销店面楼业已全部售出。

电商孵化楼为一栋独立的5层大楼，主体部分为20平方米左右的单间，可满足小微企业和个体创业者的基本空间需求：办公电脑桌+仓库+拍照（直播）区，目前亦全部驻满。入驻电商孵化楼的创业者不用支付租金，仅需缴纳水电费。电商孵化楼2层为服务配套区，包括会议室、洽谈室、T台秀场和健身休闲区等。园区未来还将建设工厂店（6层）、物流中心、直播中心及公共食堂、酒店餐饮等生活配套设施。

源发针纺园区的建设经验主要包括：

（1）真实且迫切的市场需求。大量原来在万里镇各淘宝村中发展的家庭作坊式电商，逐渐转向现代企业，迫切需要专业园区满足其空间与配套需求。这一旺盛的需求使得源发针纺园区在开发初期便可以较快地回收资金，非常有利于园区的持续开发建设。

（2）政府的强力支持。园区运营商实力雄厚，并有十分丰富的市场运营和品牌管理经验。县委县政府一方面数次北上，促成该大型集团回乡建设，另一方面预留土地指标，三期共拨地1500亩，分阶段推进园区建设。政府还出资补贴电商孵化楼的会议桌椅、健身器材、办公设施等的采购。

（3）功能优先、高效务实的园区空间结构。源发针纺产业园的空间建设模式体现了运营商的组织能力。独立展销店面楼与电商孵化大楼都以功能为先，空间上紧凑集约，既满足电商作业实际需求，工程建设成本也相对较低，契合电商创业者的支付能力。

县域电商的空间供给经验

肃宁县域电商的空间供给具有时序性与灵活性。在时序上，从初期的乡村创业空间，到中期的新型实体专业市场，再到新型综合产业园区以及电商园区地标“超级碗”（肃宁科创中心），不同时间段提供契合电商发展升级需求的空间载体。在灵活度上，从远郊乡村的“三块地”的流转和利用，到城中村改造盘整出跨境电商等的创业空间，再到新型电商产业园为各类主体提供不同规模的空间模块等，都体现出肃宁淘宝村、镇在空间供给上的智慧。

（1）农村土地的灵活与集约利用

对于乡村土地利用和空间建设问题，肃宁县的整体管理方针是适度宽松、“放水养鱼”，在不违反相关土地政策法规的前提下，鼓励农民高效利用宅基地、集体建设用地营建厂房、冷库等生产性空间，鼓励农用地灵活流转以支持规模化种植和养殖。在这种相对宽松的政策环境下，农民依托自建房和庭院，有效地降低了地租成本，迈出电商发展的第一步。

（2）专业市场空间战略规划先行

随着淘宝村电商创业者群体的快速发展壮大，以及越来越多返乡创业者的加入，乡村有限的空间资源和薄弱的公共服务能力必然难以满足不断增长的发展需求，产地型专业市场与新型综合电商产业园日益成为转型升级的重要载体。肃宁县政府提前对产业园进行战略规划，或争取或预留相应的土地指标，并根据产业发展的实际情况选址建设。同时在园区开发上坚持引入市场主体，以市场的敏锐和专业回应电商商户的多样发展需求，从一开始就奠定了园区良性发展的基础。

（3）城乡建设与电商产业协同发展

电商产业已经成为肃宁县产业转型升级的重要支撑和百姓脱贫增收的重要途径。为了进一步推动电商产业的可持续发展，肃宁县政府积极调动各方力量，以城市能级的资源倾斜，推进城乡空间建设和电商发展的协调同步。一方面，抢抓城市发展重大机遇，充分利用“雄安新区产业·肃宁协同区”的建设推进肃宁经济开发区、尚村镇的传统皮毛产业升级转型和空间重组。另一方面，充分利用“淘宝村峰会”这样的城市大事件，打造城市地标建筑“超级碗”、文化休闲旗舰项目“状元湖”以及多座服装产业园，整体提升县域电商发展的能级与质量。从淘宝村、淘宝镇到电商产业园、城市科创中心，肃宁县的电商产业空间不断扩大，全域电商化、数字化道路越来越宽。

数字协同治理

乡村电子商务的产生或许更多地源于草根创业者的奋斗，但乡村电子商务的升级与转型乃至县域电商生态系统的形成与可持续发展必然是草根创业者、地方政府和服务商等多元主体协同治理的结果。肃宁县蝶变为今日的沧州电商第一县、淘宝村峰会河北首办地，上下互动的协同治理体系扮演着最为重要的角色。

数字协同治理的主体

肃宁县电商产业的欣欣向荣与草根创业者的艰苦创业密不可分，草根创业者是发展的核心。肃宁县历史悠久、人才辈出，良好的传统习俗与灿烂的文化遗产孕育着一代代勤恳踏实的肃宁人。多年的产业发展和积淀为肃宁县培育了一批敢于创新、勇于实践的农民企业家，并营造出肃宁浓郁的创业氛围和经商传统，也使肃宁有别于传统的农业县。进入互联网新时代，传统文化与时代精神的碰撞又孕育出一批有见识、有技术、有闯劲的年轻人。他们从大城市里带回互联网思维与技术，或者大胆革新传统产业，或者将互联网与本地优势资源结合，开辟了“互联网+传统产业”的新局面。不论是老一代的传统产业创业者，还是互联网时代的草根电商创业者，他们身上的开拓创新、诚信勤恳的品质都是县域经济可持续发展最宝贵的基因。

肃宁县电商产业由最初的带头人点燃星星之火，发展到今日全域多点开花的态势，本地服务商做出了重要的贡献。首先，本地的服务商团队能够十分精准地判断肃宁县电商发展的阶段，认识到在特定阶段电商最迫切的发展诉求，从而针对性地提供精准的服务。其次，肃宁县的服务商团队明确与政府的职能分工，政府搭建电商生态框架，服务商完善细节，发挥政府和创业者之间的缓冲和衔接作用，尤其在电商发育最重要的孵化阶段，服务商优质资源的对接和引入为肃宁县电商产业培育了大量的专业人才。最后，肃宁县的服务商有情怀，有担当。相当一部分服务商受到政府和本地产业发展诉求的感召，放弃在大城市的机会回乡兴业。越来越多的年轻服务商团队愿意回到工作、生活条件远不如大城市的小县城创业，一定程度上体现了他们对家乡的热爱以及对肃宁经济、社会发展的信心和责任感。

肃宁县域电商能有今天的成就与肃宁县委县政府以及基层政府十多年来的推动密不可分。众多事实已经证明，思路清晰、方向明确、踏实有为的地方政府是电商产业发展壮大的关键。在电商发展十多年的历程中，肃宁县始终本着“干中学”的务实发展思路。在县域电商发展初期，政府坚定不移地做大优势产业，持续在乡村和基层民生工程、基础设施上投入大量资源，为第一批淘宝村的诞生打下坚实的基础。在县域电商高速发展期，政府全面承担起服务型政府的职能，制定优厚的电商发展政策和人才培养计划，积极引进有经验、有资源的服务商，为电商的飞速发展保驾护航。在电商稳定发展期，依靠电商产业自身的力量难以进行产业结构的优化升级，政府此时主动转变成企业型政府，利用自身敏锐的判断力、强大的领导力与执行力，整合优势，争取外部资源，借助外力实现电商产业与县域经济的跨越式发展。

电商起步阶段的数字协同治理

2009—2013年是肃宁县域电商的起步阶段。这一时期，肃宁县创业者依托传统产业自下而上率先“触网”，推动传统产业开辟电商发展渠道。2009年前后，一批富有创业精神的年轻人带着互联网知识从大城市返回家乡，抱着在大城市漂泊不如返乡创业的想法，迈出了肃宁县域电商的第一步。经过近十年的新农村建设，此时的乡村基本能够满足这批返乡年轻人的物质生活条件和基本公共服务需求，而乡村的低创业成本和本地的传统产业优势却是他们在大城市无法获得的。鱼竿渔具、民族乐器等率先成为这批年轻人选中的产品。传统行业与互联网结合的道路一经走通立即给沉寂已久的乡村带来巨大变革，淘宝村成为肃宁县域电商的“起点”。短短五年时间内，肃宁县就形成了遍及全域的电商产业发展格局，鱼竿渔具、纺织服装、民族乐器、裘皮服饰、特色农产品等纷纷触网，形成欣欣向荣的局面。

在县域电商的起步阶段，肃宁县政府“有所为，有所不为”，积极改善基础设施，创造包容环境，主要体现在以下三个方面：（1）不断深耕传统产业，扩大电商经济的增长空间；（2）大力投资乡村与民生建设，为人才返乡打下基础；（3）对于电商产业“有所不为”，给予充分的发展自由。肃宁县政府对电商产业的发展思路是抓大放小。在传统产业上“有所为”，以龙头企业为抓手，积极倡导园区化发展，做大县域总体经济，做强市场竞争力。对于还未成规模的电商产业“有所不为”，在没有能够很好地认识到新生事物的发展规律和前景之前，给予充足的自由发展空间，同时巩固发展基础，如创造良好营商氛围以及优质的人居环境，制定优惠的营商政策等。政府的“有所为，有所不为”与草根创业者自下而上的顽强拼搏形成了微妙的协同关系。两者的目标存在差异，但共同促进了县域电商产业格局和淘宝村的快速发展。

高速发展阶段的数字协同治理

2014—2017年是肃宁县电商的高速发展阶段。这一时期政府、创业者以及服务商三大治理主体分工明确，各司其职。创业者在积极推动产业发展多样化的同时，主动开始自下而上的治理行动，形成了良好的绩效。最为典型的就是淘宝村带头人和村两委开始在电商发展中扮演重要的角色。西乾泊村党支部书记陈雷，不仅积极帮扶村民从事电商，还主动筹划乡村公共服务设施的建设，如新的电商服务中心和贡梨冷库等项目。2016年，肃宁县成立农村电子商务协会，整个电商行业开始走向了一体化协同、规范化引领的阶段。协会在服务政府、服务会员、服务行业、服务企业的理念指导下，将电子商务从业人员的发展需求及时反映到政府相关部门，宣传相关政策法规，制定行业规范，加强行业监管，为县政府推动电子商务产业发展提供了巨大帮助，搭建了政府与行业、行业与企业及企业与企业间的沟通平台。目前，协会登记在册的会员单位有529个，个人会员2061

人。协会成立以来，共举办各种电子商务专业知识培训活动49场，参训人数6000余人次。

服务商在电商高速发展阶段扮演着重要的角色。一方面，电商平台企业为地方构建全方位的合作框架，促进产业升级壮大。例如阿里集团与肃宁县签订的战略合作框架协议，主要服务内容包括：实施“农村淘宝”项目，打通乡村与外界资源的流通渠道，打造大宗农村产品全产业链的供应链服务体系；派遣核心运营管理团队，负责管理、运营、推广、售后、培训、洽谈、仓储等工作，指导运营体系的搭建；提供系统化的培训，加速培养农村居民网购、农产品电商化和农村金融意识；搭建县、村本地物流配送网络和业务支撑系统，通过菜鸟物流承载配送、分拣、入库、出库；发展以县运营服务中心为核心，融物流、仓储、保鲜、冷藏、检测为一体的农村电商生态体系；开展市场化的线下宣传推广和业务拓展；成立相关基金，提供必要的资金支持等。另一方面，众多中小服务商与政府合作建立电商培训教育体系，不仅为本地电商从业人员服务，还能辐射周边地区；既包含从零基础起步的培训，也包含大数据分析、网站规划、消费者行为分析、网络营销、供应链管理、ERP（企业资源计划）、客户关系管理等进阶课程。

肃宁县政府在这一阶段的工作集中在以下四个方面：

（1）搭建电商生态框架。2014年底出台《肃宁县电子商务发展规划（2015—2020）》（见表6–3），规划提出将肃宁县建设成小而美的全域电子商务创业集聚区，探索形成“以创业园建设为核心、两大线上平台推动、四大线下基地支撑、百村电子商务互动、多种电子商务类型并举”的布局思路。科学制定了“组织准备—试点进行—全面实施—深化探索”的行动方案，规划建设一批提供创业、培训、基础服务的空间载体，并出台具体产业的细化扶持政策。这一规划与后续出台的一系列措施和办法搭建了肃宁县电子商务的生态框架，使肃宁县电商走上了高速、有序发展的快车道。

表6-3　肃宁县电商相关扶持文件与文件重点内容

年份	政策文件	扶持内容
2015	《肃宁县电子商务发展规划（2015—2020）》	生态、目标、战略、项目
	《肃宁县“农村淘宝”项目实施方案》	资金、淘宝村服务框架搭建
	《肃宁县人民政府关于支持电子商务发展十条措施》	资金、园区载体、氛围、人才
	《肃宁县电子商务进农村实施方案》	搭建农村电商格局
2016	《肃宁县电子商务发展意见》	电商平台、园区、资金、组织保障
2017	《2017 年电商工作考核奖励办法》	培育电商氛围、资金、人才培养、建立电商竞争考核机制
2018	《肃宁县加快电子商务发展行动计划 2018—2020 年》	电子商务应用工程、园区升级、电商支撑产业扶持、人才引进，宣传组织保障
	《肃宁县电子商务进农村综合示范县实施方案》	淘宝村转型提升

（2）推动电商产业集群化发展。一直以来紧抓的“两区两园”建设在电商高速发展阶段发挥了重要作用。新型电商产业园区等空间载体的建设，进一步助力“互联网+传统产业”的园区化、集群化的发展。园区组建管委会，负责基础设施建设、招商引资、引导市场和培育电商等工作，同时制定发展目标，配套信贷帮扶、政务简化、大学生帮扶、费用减免等一系列园区电商政策，极大地推动了园区内部电商群体的发展壮大。

（3）加大乡村空间建设扶持力度。进一步推进乡村生产生活环境以及数字基础设施建设，全面提升乡村生活质量。在产业方面，政府给予淘宝村、镇大量政策支持。对于产业基础较为薄弱的村庄，不断加大农业的扶持力度，推动农业相关基础设施建设，打造出国家级万亩现代设施蔬菜示范区，推动乡村产业振兴。在社会保障方面，继续提升乡村低保标准，推动更大范围内的乡村保障性住房建设，在乡村医疗、教育、就业方面投入大量的人力、物力和资金。在乡村的物质空间建设方面，实施以村容村貌整治为重点的“十个一”工程，覆盖全县218个村，基本达到“六无、四化、四有”标准。在乡村数字基础设施方面，打造“三级中心、三项服务、服务三农”的“三个三”新模式。

（4）制定差异化电商人才培养模式。对于县域电商头部商家、企业给予政策支持和优惠，成立专项资金作为淘宝村以及商户的专项扶持基金，并进行三年的持续性供给帮扶。针对裘皮服装、鱼竿渔具、针纺服装、民族乐器、电料电器等传统特色产业以及特色农产品成立行业电子商务服务平台，加快相关的电子园区建设，为其提供最优厚的配套服务和政策环境。对于有意向从事电商创业的广大群体，提供相应的信贷扶持，免费的基础培训服务，同时通过营造良好的电商意识、政策氛围和孵育生态来吸引人才投身电商相关行业。积极鼓励大学毕业生返乡从事电商创业工作，同时吸纳农村创业青年、城镇待业青年进行电商再就业。

稳定发展阶段的数字协同治理

2018年以来肃宁县政府将发展数字经济提升到一个全新的高度，从更高视角、更广范围和更重要地位来重新定位肃宁的数字经济，全面深化协同治理。为应对电商产业发展的各种挑战，与创业者、服务商协同努力，采取一系列措施，推动产业高质量发展。

（1）做到“走出去”与“引进来”相结合。首先，走出去学习宝贵经验并引入本地治理措施。肃宁县政府积极参加近几年的淘宝村峰会及与农村电商相关的重大活动，努力学习、借鉴先发地区的宝贵经验，并结合肃宁本地电商发展现状，不断完善电商生态框架，逐步塑造优质的营商环境，营造浓郁的创业氛围，建设便捷的服务平台，推动县域电商由增量扩展向高质量创新发展转型。其次，紧抓时代机遇引进来一批具有重大战略意义的项目。县政府清晰地认识到雄安新区产业外迁的总体趋势，规划建设雄安—肃宁协同产业园区主动承接产业转移。认识到农村电商向中西部和县域发展的趋势，结合自身发展定位，积极承办第八届中国淘宝村峰会，通过办会吸引关注、招商引资、扩大影响。

（2）以培训基地为载体全面铺开电商人才培训工作。积极对接阿里巴巴“农村淘宝创业孵化中心”，大力开展电子商务人才培训工作，并以县电子商务公共服务中心及人社部门的孵化基地为依托，成功申报市级众创空间。众创空间目前已经成功孵化9个电商企业，能够为全县大学生、待业青年提供创业初期培训、团队融合以及工商注册、财务、法律、媒体推介等一系列服务。据统计，2019年以来全县新增从事电商及相关行业的返乡大学生300余人，退伍军人160余人。电商产业已辐射带动3万余人或直接或间接从事电商工作，人均年收入达到5.4万元。这一时期政府继续大力开展电商人才知识培训，组织大规模电商培训2110余次，举办百万英才线下培训班，组织电商创业人员参加阿里巴巴“千县万村百万英才”的考试和认证，共有1000余人通过。为增强淘宝村、镇创建工作的针对性，相关负责部门联合各乡镇深入到重点村（小闫庄等17个村）开展针对1688平台的商家运营培训活动150余场。

（3）实现城乡的精细化、数字化治理。肃宁县在完善原有县乡村便民服务中心硬件的基础上，运用互联网技术，把三级便民服务中心串联起来，并与沧州市政务服务中心对接，在原本三级网上审批便民服务中心的基础上，拓展服务领域，实现城乡联动，逐步打造出四级网上审批便民服务系统，用一根网线实现了市、县、乡、村实时信息传递和群众服务的全程网上审批、网上监督、网上公开。规划构建更为精细化、数字化的城乡治理体系，将每一个基层服务平台都变成多方治理的协同平台，实现自下而上与自上而下的高效结合，推动治理体系和治理能力的现代化。

（4）积极引导并开创电商发展新模式。互联网时代的营销模式迅速迭代，近两年直播带货以更真实直观的商品感知度和更丰富的互动体验成为电商发展的主流，肃宁县积极引导直播电商的发展，率先开启县长直播带货新模式。2020年4月9日，县委县政府主要领导就在钉钉直播平台为肃宁本地的电子商务产业代言，同时宣介肃宁推进数字治理的一系列政策措施以及第八届淘宝村高峰论坛的筹备情况。视频直播和县长带货模式，不仅有效拉动肃宁县电商产品的销量，更让广大网民深入了解肃宁县的特色产业和风土人情，取得了良好的宣传效果。

随着肃宁县电商产业规模的不断扩大、类型的不断丰富，综合多元的精细化服务、定制化服务需求不断增长，服务商群体同步转型升级。这一时期肃宁县开始出现能够将大量专业化服务职能集于一身，形成相对独立生态的大型服务商，从而大大简化电商从业者寻求专业化服务的流程。而且服务商能够与专业化园区进行资源整合，将电商孵育生态切实落实在园区空间。以源发针纺产业园为例，园区为入驻商户配套全系列服务，同时也采用高入驻门槛标准和末位淘汰制度。针对直播电商的快速发展趋势，园区专门开辟电商孵化室，创业者自主申请，符合条件即可免费使用，目前孵化室已供不应求。大型服务商与园区一体化的电商孵育模式能够很好地针对个体创业者进行精细化培育，同时能够整合市场资源，形成规模效应，从而更好地推进产业结构的内部优化提升。

这一时期随着新营销模式的快速兴起，草根创业者开始主动谋求转型升级，转向高质量发展。移动互联网时代直播带货模式的兴起，对于生产和销售均提出新的需求。传统互联网时期主要以图片和小视频的形式来吸引客户，依靠摄影和后期就能产生较好的营销效果。在移动互联网时代，视频直播对于产品的质量、直播空间的品质以及主播的能力都提出更高的要求。通过视频人们可以更为直观地感受产品的细节，有特色的直播环境、形象口才俱佳的主播、高标准的生产车间、独特的生产环节都是吸引客户的重要元素。这些元素远超出传统电商的能力范围，要求电商企业和从业者进行结构性的升级和品质化改造，涉及实体空间和虚拟空间、生产环节和研发环节、设计人才和营销人才等方方面面。

城乡中国的数字升级之路

县一级是承上启下的关键环节，是城乡融合发展的关键纽带。2019年底中国城市化率（常住人口口径）已经突破60%，中国社会基本完成“乡土中国”向“城乡中国”的巨大转变，进入城镇化下半场。广布全国的县城作为向下对接农村地区、向上对接大中城市及城市群的过渡区域，数量众多，体量巨大，城镇化成本相对较低，是实现就地城镇化、破解区域不均衡的重要空间。截至2019年底，县和县级市数量分别为1494和387个，二者合计1881个，约占全国县及县级行政区划数量的60%。从人口规模上看，县城和县级市城区常住人口分别约为1.55亿和0.9亿，共计约2.4亿，占全国城镇常住人口的近30%。从经济总量上看，2019年县及县级市GDP总量约为38万亿元，占全国GDP的近40%。县域体量庞大，在经济社会发展中占据着非常重要的地位。淘宝村10年的发展经验显示，数字经济是县域经济转型升级的必由之路，而肃宁县的发展模式为城乡中国数字转型提供了鲜活的样本。

数字经济是县域经济转型升级的必由之路

近年来数字经济在全世界范围内飞速发展，已经成为全球经济增长的重要动力。联合国2019年数字经济报告指出，成指数级增长的信息数据和日益壮大的数字平台成为推动数字经济发展的最大动力。中国近年来数字经济发展异常迅速，主要体现在以下几个方面：一是数字消费持续增长，2019年网络消费已经突破10万亿元大关，连续七年位居世界第一；二是数字贸易不断升级，跨境政策与模式创新不断推动跨境电商发展，助力外贸转型升级；三是数字平台企业领跑全球，互联网平台经济为产业升级带来新动力。

广大县域数字经济发展相对落后，但拥有的资源、成本、产业基础等优势使得县域数字经济拥有巨大发展潜力。近十年来，互联网持续向县域、农村地域渗透，农村地区互联网普及率持续提高，城乡之间互联网普及率差距快速缩小。近两年中西部地区均发现大量淘宝镇，尤其2020年淘宝镇呈现高速增长态势，充分反映了数字经济在县域层面的成长。随着移动互联网应用人群的进一步下沉，直播、短视频等新营销模式的不断普及，中西部地区、欠发达地区县域完全可以利用数字经济释放更大发展潜能，实现经济转型升级。肃宁县通过“传统产业+互联网”的发展路径，就成功地走出了一条多行业、宽谱系、重融合、广协同的县域数字经济发展路径。

空间载体是县域多元产业发展的重要支撑

县域产业的发展离不开空间的支撑，产业链的扩张与升级离不开空间的拓展和改造。多元化产业空间、低成本创业空间、强互动集群空间在肃宁县数字经济发展过程中发挥着不可或缺的作用。

肃宁县的电商产业空间是多元化的。在淘宝村中，产业空间以村民自建房和宅基地上建设起来的多层厂房为主。北方农村农民自建房一般带有院子，面积通常较大，在电商发展初期作为加工、仓储、运营的空间。随着电商规模的扩大，电商创业者们通常选择在宅基地上建设三到五层厂房，容积率明显提高。位于县城的电商经营者，大多会选择租用更新改造的城中村，或者位于城乡接合部的空置房屋作为经营地点。对成规模的电商产业集群，实体专业市场是网商经营的主要空间。随着电商产业规模的不断扩大，在政府的规划指引下功能更加综合的新型产业园区将满足更为多元化的空间需求。多元化的产业空间为不同阶段、不同实力的创业者提供了多元的选择，与肃宁县宽谱系的产业发展路径相辅相成。

肃宁县多元化的产业空间同时也是低成本的创业空间。创业者在电商创业起步阶段难以承受常规实体产业空间的高昂租金，同样发轫于淘宝村的肃宁县电商产业也遵循低成本的规律。淘宝村里的自建房、宅基地或村集体建设用地上建设起来的高密度厂房、传统交易市场里的摊位空间、城乡接合部的居住空间，这些被广大创业者挖掘出来并加以高效利用的空间都是从居住、交易、闲置等空间转化而来。创业者的改造与建设，往往使一座平淡无奇的建筑转变为功能高度复合的多功能综合体。同时肃宁县城这样的小城市，有着远低于京津的低成本空间，这为互联网时代从大城市返乡创业的年轻人提供了一定的竞争优势，大大降低了创业成本和风险。

淘宝村、镇的连片涌现必然孕育协同互动的集群空间。电商萌芽于淘宝村，淘宝村产业的壮大必然形成集群化趋势，而集群化将进一步推动综合服务能力的升级，加快经验知识的转播，从而进一步孵化淘宝村，壮大数字经济规模。肃宁县淘宝村与新型实体专业市场之间的协同互动关系清晰地呈现了这一过程。针纺产业园的建设和运营、鱼竿渔具产业园的规划与建设等，都是电商产业集群化的结果，同样也将进一步推动更大的集群化。如果说淘宝村的浮现为地方建立了一个完善的电商生态，那么围绕新型实体专业市场的电商产业集群则为地方完成了电商产业的正规化升级。因此培育淘宝村，必须重视淘宝村和新型实体专业市场之间相辅相成、协同发展的关系。

多元化产业空间、低成本创业空间、强互动集群空间是肃宁县电商空间发展的重要特征和优势，也是以肃宁为代表的县域电商产业空间相较于大中城市的比较优势。肃宁县的空间不是预先规划设计的，这样的空间是产业发展自然塑造的，是市场进行资源配置的必然结果。当然，随着产业的进一步发展，空间本身也需要提质升级，针对产业发展需求和趋势进行规划设计的必要性将日益凸显。

数字治理是提升县域竞争实力的关键一环

治理能力是建设服务型政府、优化县域营商环境、提升县域竞争力的重要发力点。肃宁县域电商快速发展的十年，就是肃宁县政府治理从宽松粗放到精准科学的飞跃过程。在电子商务发展初期，政府往往是“善意”地默许小微网商的生产经营活动，管制和治理的缺位给予网商发展的空间，电商创业者得以如雨后春笋般出现。随着电子商务集群的不断发展，地方政府及时关注到这一新经济地理现象，为了更进一步促进县域电商经济的发展，政府开始引导电商产业向规模化、集群化方向发展：引导建立电子商务协会，加快行业内部协同发展；出台各类扶持政策鼓励网商发展；积极招商引资，通过大项目落地来扩大产业集群；积极配套、整理和优化电商空间利用，进一步降低电商的创业成本，营造良好的电商营商环境，并在全县塑造浓厚的电商创业氛围。肃宁县的数字经济就是在政府主导的自上而下推力和自下而上动力双重作用下，实现跨越式发展的。

肃宁县是城乡中国数字化转型的重要样本

近十年来，农村电子商务的发展涌现出一批成功的路径模式，具有代表性的如沙集模式、沭阳模式、义乌模式、菏泽模式、遂昌模式等（见表6-4）。这些地区的政府、创业者和服务商在长期的实践探索过程中，率先实现了县域经济的数字化和结构转型，形成了可供复制的经验模板。梳理这些模式的空间分布，可以看到一条明显的由南向北、由经济发达地区向欠发达地区扩散的路径。

表6-4　农村电商发展多模式比较

模式	义乌模式	遂昌模式	沙集模式	沭阳模式	菏泽模式	肃宁模式
城市	浙江金华	浙江丽水	江苏徐州	江苏宿迁	山东菏泽	河北沧州
电商产业类型	小商品	特色农产品	简易家具	花卉苗木	表演服饰、家具家纺、人发制品	裘皮、针纺、鱼竿渔具、民族乐器
发展基础	商贸发达、产业基础雄厚	政策资源	优势区位、物流发达	产业基础、物流发达	政策资源、产业基础	传统产业与新兴产业
治理主体	创业者	政府＋服务商	政府＋创业者	政府＋创业者	政府＋创业者	政府＋服务商＋创业者
发展路径	自下而上	自上而下	自下而上	自下而上	自上而下与自下而上	自上而下与自下而上

从发展路径看，义乌模式依托非常强大的国内国际贸易网络和发达的制造业基础自下而上地发展起来，一大批以家庭为单位、充满活力的中小企业和浓郁的商业氛围，为电商创业者提供了近乎完美的条件；沙集模式是依靠创业者“无中生有”发展电商的典范，触网时间最早、产业门槛较低，政府的积极扶持使得“互联网+”模式快速扩散，形成规模化、集群化发展；沭阳模式是“政府+三农”的样本，在原有的花木产业基础上，政府秉持“到位不缺位，补位不越位”的原则与本地网商形成合力，最终打造成农产品电商推动乡村振兴的优秀案例；菏泽模式是相对欠发达地区网商崛起的典范，依靠村民自身的开拓与政府的推动，短时间内实现了电商产业的井喷式发展，是农户自下而上与政府自上而下推动电商产业“弯道超车”的优秀样本；遂昌模式属于政府与网商协会合力推动电商发育的

样板，政府负责建立完善的公共服务体系，协会和服务商负责对接政府，满足网商、企业和合作社的需求。

肃宁模式显然是学习先发地区成功经验后的一次集成和整合。在肃宁县可以看到自下而上的“互联网+”创业典型，也可以看到基于传统产业基础进行“+互联网”的示范；既有草根创业者的“无中生有”，也有各层次服务商的精准服务；不仅有裘皮、T恤等轻工业产品，还有民族乐器、鱼竿渔具等特色产品，同时农产品中既有养殖也有种植。肃宁县的电商发展可以看到很多模式的影子，这其实就是淘宝村、农村电子商务十年知识和经验积累的成果。

作为欠发达地区的典型县域，肃宁县所走出的这条契合时代特征与自身特点的数字化转型路径，对于城乡中国的数字化转型具有重要价值。肃宁县政府充分利用欠发达地区能够获取的一切资源，充分调动政府、创业者和服务商“三大主体”的积极性，最终成为淘宝村十年数字县域经济的集大成者。肃宁模式成功的不普通之处就在于肃宁本身太过普通。肃宁没有东部沿海先发地区的区位、产业基础、能源资源、政策优惠等多方面的优势，就是通过“三大主体”激发活力，集聚资源，释放潜力。这一成功路径对于中西部乃至全国“普通”的县域来说意义非凡。

肃宁模式同时是一条渐进的市场化道路。从单个淘宝村走向全域淘宝镇，从电商单元的独立发展到县域电商生态的系统搭建，从互不联系的分散产业链到交叉融合的数字经济体。肃宁县域电商产业的发展始终坚持市场的有效资源配置，政府、草根创业者、服务商三大主体始终是在市场化的框架内进行协同，边界明晰、职能明确的治理体系值得每一个普通而不平凡的地区借鉴。

七｜视觉景观生产与网红村的产生

消费社会与信息社会的同时到来催生出一个全新的时代——视觉消费时代。符号价值成为使用价值的代用品①，商品越来越有赖于视觉因素。消费过程的构成已经不仅仅取决于商品能否满足功能需求，还取决于在视觉上能否激起消费者的消费欲望或者满足消费者的审美愉悦。文化和美学价值已经成为促成消费的关键，“经济与审美的合谋成了消费社会商品生产的核心与秘密，也使当代审美文化成了无所不在的时尚”②。移动互联网的迅速发展则使得人们无时无刻不处于“在线”状态，整个社会对信息媒介所塑造的经验世界日益依赖③，数字影像成为当前最直接有效、最具影响力的感知形式，越来越多的视觉产品日益成为新经济语境中的热门商品，越来越多视觉社交平台成为新经济中的热门企业，比如微博、微信、抖音、快手等。于是，商品的交换价值开始在很大程度上取决于其可见的程度和频率，“专注取代了美元成为硬通货”④。在视觉化占领社会生活的每个角落里，对商品的消费日益被视觉影像所牵引⑤，为了吸引大众关注并激发消费欲望，争夺“眼球”成为商品努力的方向。

在视觉消费时代，既是消费场所又是消费对象的城乡空间必然会加剧视觉化。其实，视觉吸引本来就是很多城市与区域，尤其是旅游目的地的重要促销策略，如拉斯维加斯、迪拜等。而作为视觉载体的景观（spectacle）的生产也早已是城市消费空间开发的重要内容⑥。随着信息社

① 费瑟斯通．消费文化与后现代主义［M］．南京：译林出版社，2000.

② Berger, J. Ways of Seeing［M］.New York：Penguin，1972.

③ 方玲玲．媒介之城——媒介地理学视野下的空间想象力与城市景观 [D]. 浙江大学，2007.

④ Goldhaber, M H. Attention shoppers［J］. Wired，1997，5（12）：1.

⑤ 刘扬．德波景观空间文化理论述略［J］．城市问题，2011（11）：89-94.

⑥ 刘润，杨永春，王梅梅等．转型期中国城市更新背景下旅游地视觉景观生产研究——以成都宽窄巷为例［J］．人文地理，2016，31（3）：136-144.

会尤其是社交媒体的快速发展，城乡空间视觉化的程度迅速加深，范围不断扩大，最典型就是因抖音而走红的古都西安[①]。一方面，通过社交媒体，视觉信息的传播大大加速，影响的范围不断扩大；另一方面，不仅是城市空间，更为广阔的乡村空间都被纳入了视觉化的范围。乡村旅游的蓬勃兴起以及越来越多的乡村主动的景观生产都可以视为这一进程不断加深的体现。“网红村”就是空间视觉化进程不断加深的必然产物，它集中体现了新时代、新经济所推动的这一进程的特征和趋势。

作为视觉消费时代的产物，“网红村”目前并没有严格的界定，也缺乏相应的研究。可以搜索到的“网红村”表述最早出现在2015年，进一步对“突然走红”“爆红”“刷爆朋友圈”等词语进行搜索可以看到，近年来全国各地出现了大量的网红村，且走红的原因基本都与视觉景观相关。参考“网红”的定义，结合当前“网红村”的总体特征，可以将其界定为互联网时代依靠视觉景观被网民大量关注而走红的乡村空间。显然，这些频繁而鲜活地发生在全国各地乡村的现象并不是偶然现象，其对于“乡村振兴”战略的价值值得深入研究与探讨。网红村产生的机制和发展的趋势是什么？网红村能否给空间、经济和社会上皆已边缘化的乡村发展带来可持续的新动力？基于在网红村长达两年的驻村观察和深入调研，我们尝试从视觉景观生产的角度回答上述问题。首先，从物质空间、认知空间和关系空间三个维度解构网红村的产生与演化机制，进而从可持续发展角度指出其发展困境和实施“乡村振兴”战略的可行路径。

视觉景观生产与网红村形成机制

景观（spectacle）是居伊·德波（Guy Debord）新社会批判理论的关键词[②]，原意为一种被展现出来的可视的客观景色或景象，也指一种主体

① 刊载于2018年6月7日《南方周末》上的文章《“抖音之城”西安》，呈现了这一视觉平台对西安这一古都的巨大影响。

② 居伊·德波.景观社会[M].王昭风译.南京：南京大学出版社，2006.

性的、有意识的表演和作秀①。德波在《景观社会》一书中深刻地阐述了消费社会中视觉的作用力，认为现代工业社会的基础已经不再是传统社会中物质生产与消费的真实关系，而是“景观”②。他借用“景观社会”揭示人们因迷恋景观而丧失本真的生存状态，以及景观的制造者如何通过生成、变化、控制景观来渗透和操纵大众社会生活。这一具有很强批判性的思想背后的逻辑支撑是意识形态批判和对消费社会的持续否定，这也成为鲍德里亚的符号政治经济学分析的重要逻辑线索③。为了与landscape概念区分，我们将spectacle概念译为“视觉景观”。如果跳出批判的立场，视觉景观概念也为理解视觉消费提供了一个工具。一方面，视觉消费不仅仅是物质性的消耗，更是一种对视觉景观的占有与使用④；另一方面，视觉消费是由视觉影像来统治经济的秩序，具有极强的视觉规训性⑤。空间生产理论认为空间是社会实践的产物⑥，因此当社会生产受到景观左右时，空间自然会有所表征。而视觉技术的进步使人的空间活动、生活方式与视觉的体验更为密切，因而社会学对景观的探讨直接影响到空间领域的研究，呈现出“视觉转向”（visual turn）的态势⑦。有研究者指出，《景观社会》中原本就有关于景观的空间问题的严密逻辑⑧。从某种意义上讲，spectacle概念包含空间和地理学研究中的landscape概念，同时旅游景观制

① 张一兵．颠倒再颠倒的景观世界——德波《景观社会》的文本学解读[J]．南京大学学报(哲学·人文科学·社会科学),2006,43（1）：5-17.

② 刘扬．视觉景观的形而上学批判——居伊·德波景观社会文化理论述评[J]．社会科学家,2009（2）：21-25.

③ 同①。

④ 梁菁．将“美”进行到底——视觉消费的社会学解读[J]．湖北经济学院学报(人文社会科学版),2012,9（12）：22-23.

⑤ 同②。

⑥ Lefebvre, H. The Production of Space [M]. Hoboken: Wiley-Blackwell, 1992.

⑦ 王敏,江荣灏,朱竑．人文地理学的“视觉”研究进展与启示[J]．人文地理,2017（3）：10-19.

⑧ 刘扬．德波景观空间文化理论述略[J]．城市问题,2011（11）：89-94.

造实践也是德波所言的社会景观现象[1]。

视觉景观有以下两点特征：一是权力关系性[2]。“景观不是影像的聚积，而是以影像为中介的人们之间的社会关系”[3]。视觉景观建构着一种“观看之道”[4]，是一种世界观和视觉规训，并且可以利用“大众传媒”（如新闻、广告等）作为技术装备施加影响。二是商品性。当前大众自身普遍具有以“观看”作为休闲娱乐的客观需要，消费者价值追求已经超出了使用价值，而愿意为社会文化的或精神层面的抽象价值支付成本，从而使得“景观即商品”[5]，可以被消费。消费的内容是视觉景观带来的感官快感、审美体验或符号意指。基于这一认知，可以建构网红村这一乡村视觉消费空间形成机制的分析框架（见图7-1）。具体而言，网红村是借由视觉景观生产实现视觉消费的空间。在当前的乡村发展现实背景下，不同的行动主体，出于各自的行为动机，参与乡村的视觉景观生产，以物质景观和互联网影像系统支撑下的媒介景观（media spectacle）[6]为两种形式，在三个空间维度重构乡村：在物质空间层面，将乡村空间“景观化”，成为视觉消费的对象；在认知空间层面，借由媒体建构一种“看的方式”，刺激大众消费欲望；在社会空间层面，借助视觉景观的传播建构社会关系，加速地方消费量的提升。最终，借助视觉景观，乡村成为网红村，成为真实空间和媒介空间中的一种地理奇观，亦成为消费的热点空间。

---

① 赵红梅，李庆雷．旅游情境下的景观“制造”与地方认同［J］．广西民族大学学报（哲学社会科学版），2011（3）：14-20.

② 这里的权力不是传统权力观中具有统一中心的宏观统治性的权力，而是后现代微观权力。它不是可以由谁控制的实体概念，而是力量关系，并通过主体而运作。微观层面上视觉景观权力是主体通过“看”与“被看”的形式建立的力量关系，是多元的、局部的、弥散的支配社会主体实践的权势力量，而任何施加影响的一方对另一方的作用都构成一种权力的支配。宏观层面上，主体之间的相互作用又可以构成一种多形态、多重力的关系型网络，形成一种结构性的权力关系场域。

③ 居伊·德波．景观社会［M］．王昭风译．南京：南京大学出版社，2006.

④ Berger, J. Ways of Seeing［M］.New York：Penguin，1972.

⑤ 同③。

⑥ 道格拉斯·凯尔纳．媒体奇观［M］．史安斌译．北京：清华大学出版社，2003.

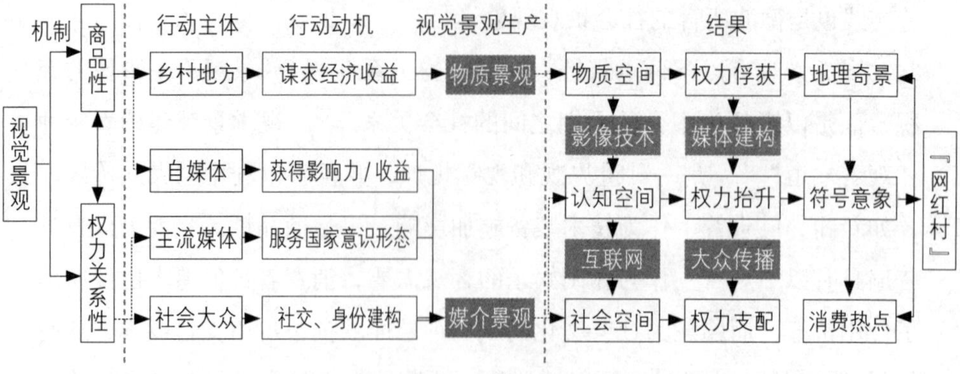

图 7-1 “网红村”形成机制解读

网红村通过视觉景观生产实现的空间重构，本质上是信息景观时代主体对地方权力关系的重构。物质空间视觉化是地方俘获视觉景观权力的过程，认知空间意象化是地方抬升视觉景观权力的过程，而社会空间的区域化与消费化则是视觉景观权力支配实现的过程。网红村是以视觉景观进行“一种视觉传播化的统治”[①]，通过信息景观时代遍布的视觉景观权力关系网络引导大众到原本处于地理边缘区位的地方开展消费活动。需要强调的是，作为一种人类聚落，乡村有别于旅游景区或纯粹的消费空间，有着更为复杂的社会意义和文化意义。深入研究网红村这类新乡村的地方效应与现实问题，可以成为振兴乡村、发展乡村的一个出发点。

从名不见经传的小山村到网红村，王家岭村无疑是借助视觉景观生产推动地方空间消费化的典型案例。王家岭村位于宁波市奉化区尚田镇，距离宁波市中心区约1小时车程，距离奉化城区则更近。2016年以前，王家岭村是一个平凡无奇的小山村，总计246户，人口约680人。村里的土地资源相当有限，1.6平方千米的村域范围内三分之二是山林，耕地大部分为山坡地。改革开放以来，随着农业生产水平的不断提高，王家岭村精耕细作的山村农业难以为继，乡村传统经济逐渐解体。临近发达城市地区的区位条件，使得村民外出成本低、就业机会多，于是村里的青壮年劳动力不断

① 王梅芳，刘华鱼．景观社会：一种视觉传播化的统治［J］．当代传播（汉文版），2017（3）：30-32.

流失。目前的王家岭村是一个老龄化严重的村庄，200多留守人口里，50岁以下的基本没有。村庄本身并不具备消费服务功能，除了村委会建筑，其余都是民宅，要么住着留守老人，要么空置。2016年初，一穷二白的村庄因一个偶然的机会争取到一个政府扶持项目，在热爱家乡的奉化电视台资深记者和年轻的村书记的推动下，奉化本地著名画家利用创意壁画的形式装点全村的建筑外墙。于是，绿水青山环绕下的小山村在壁画彩绘的装点下形成了独特的视觉景观。2016年国庆期间，中央电视台对祖国大地景观的播报让特色鲜明的王家岭村迅速走红，村子随即迎来大量游客，一时间热闹非凡，并随即被《宁波日报》评选为“2016年度宁波市十大乡村网红事件”之一[①]。

物质空间：创意壁画营造的视觉景观

区别于一些原本就因自然风光或者建筑风貌而“好看”或“有看点”的乡村，网红村往往由于自身特色不足，存在颇为显著的物质景观生产过程。网红村的这一选择，既是偶然，也具有内在的必然性，其动力主要来自当前乡村以及基层政府迫切的发展诉求。一方面，随着国家发展理念的转变，上级政府对于生态环境和乡村发展的重视，使得地方基层政府尤其是乡镇政府希望在生态建设与乡村振兴方面有所作为。另一方面，乡村传统产业解体后，集体经济的衰落导致村庄设施和环境每况愈下，乡村居民尤其是村两委迫切希望找到带领村民致富、建设美丽家园的可行途径。而视觉景观的生产或许是乡村能够实施的最简单易行的措施。王家岭村的集体经济基础非常薄弱，村庄大部分可建设用地为民房自用，调整、置换的空间极为有限，遑论开发建设。村庄分散低效的小农经济亦早已难以为继，加之青壮劳动力纷纷离村进城，村里的耕地基本以最简单的方式全部流转给花卉苗木公司。发展的核心是“人、地、钱”，城乡概不例外，当

① 何峰，朱军备．2016年度宁波市十大乡村“网红”事件出炉．浙江在线，2017-02-15.

一个村庄在“人、地、钱”三个方面都没有优势的时候，就只有无中生有一条路可走了。因此，当上级政府规划壁画项目的时候，王家岭村两委毫不犹豫地争取到这一机会。在村两委的考量中，有路总比没路好，而且不花自己的钱试试又何妨，况且村子“好看”就会有游客来看，兴许就有挣钱的机会。

乡村视觉景观的生产于是在乡镇政府和村两委的共同推动下展开了。乡镇政府提供项目经费，邀请艺术家入村创作壁画，村两委负责说服、劝导村民接受这一发展路径，并开放其房屋的墙壁给艺术家作画。王家岭村的视觉景观生产主要在村庄既有建成环境中开展，具体采用三种方式：一是流行景观的移植拼贴，将当前广受欢迎的视觉影像转移至乡村空间中，如结合民居建筑外墙富有创意地绘制一些当下广受欢迎的卡通形象或影视形象；二是乡土意象的视觉呈现，典型如展现一些被普遍认同的乡村符号，如印花布、解放鞋、老母鸡以及猪牛羊等；三是制造视觉冲击，如通过一些视觉上的小手段、小创意制造透视的错觉，将真实世界的物品或场景与壁画结合，运用高饱和度的颜色和繁复的线条绘制涂鸦作品，将石头、地面等都喷涂上五彩斑斓的颜色，将整个村庄环境全面整理美化、种植鲜花（见图7–2）。三种方式通

形象移植

乡土意象

视觉冲击

图 7–2　分布在王家岭村的视觉景观

过增加乡村建成空间中的视觉信息量和新奇性，使得原本普通的村庄“忽然”变得迥然不同起来，成为一幅五彩斑斓、异质、新奇同时极具视觉冲击力的景观，从而具备了成为空间消费品的物质条件。

认知空间：多元媒体建构的“童画村”意象

多元媒体对于乡村空间的建构是网红村视觉景观生产的关键环节。在“乡村振兴”的时代背景下，主流媒体一直对乡村发展保持着高度关注，巧合的是，促成王家岭村壁画项目的中介人就是奉化电视台的一位资深记者，王家岭村因此在宣传上获得了更高等级的媒体资源。在记者朋友的帮助下，王家岭村的景观录像首先出现在奉化电视台，进而获得中央电视台2016年国庆节期间的播报。在互联网时代，除了主流媒体之外，众多自媒体自发地参与报道构成了新的景观权力，因为关注度意味着对大众的影响力和引导力。这种权力越大，自媒体平台的商业价值亦越高，因此自媒体为了提升自己的景观权力，往往主动捕捉并针对性地报道、推送吸引眼球的新闻。奉化电视台和央视新闻报道之后，王家岭村的宣传主要就是靠自媒体平台。虽然它们并没有获得王家岭村的授权或推广费用，但因为王家岭村的景观足够新奇，它们仍自发地进行报道（见图7–3、表7–1）。

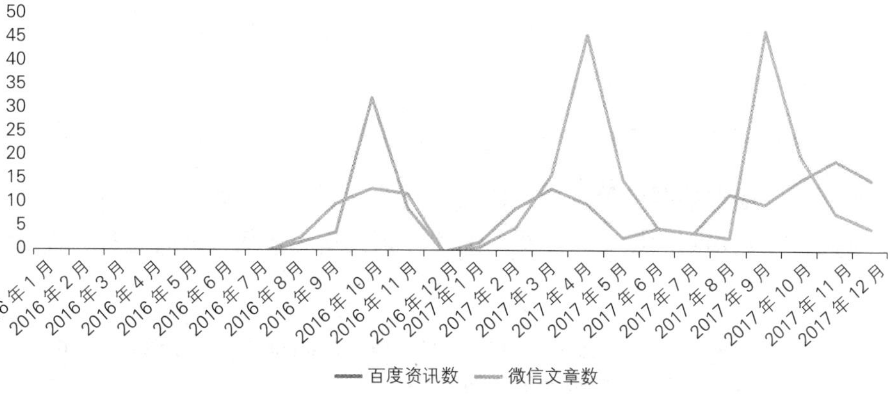

图7–3　2016—2017年每月发布的王家岭村相关新闻资讯数

表7-1 报道转载的媒体

主流媒体	电视台类	奉化电视台、中央电视台
	新闻网	搜狐文化、新浪宁波、腾讯大浙……
自媒体	主要微博大V	西门町吃在宁波（知名本地博主）、宁波同城会、宁波发布、宁波旅游局、宁波头条……
	主要公众号	奉化头条、奉化公众信息、奉化发布、浙江旅行、浙里宁波、宁波旅游、宁波乡村旅游、宁波发布……

王家岭村在媒体推广中所依靠的图像和相配的文字介绍，其实都并非中立，而是“呈现的东西都是好的，好的东西才呈现出来”[①]。媒体世界并非客观世界的镜像，而是一种表征空间、认知空间。任何地理图景在进入媒体空间时的“编码”（encoding）过程、表现过程都将受到信息生产者的主观认知作用。即便是摄影，按照批评家科尔曼（A. D. Coleman）的观点，也不是抄写过程而是一种描写过程，拍摄者在任何场景中抽取他们所需要的元素进行拍摄以表达真实背后他们的观点和认知，既通过“造型”对所选择的视觉元素进行空间安排，又通过“赋能”对隐藏于空间安排中的事实赋予意义[②]。加之摄影镜头、拍摄工具、图片编辑等各种技术的运用，亦能因此呈现人的肉眼和通常视角下所不能察觉的视觉信息。尽管照片给人的感觉是实在的，其所呈现的世界也并不是“真实”而是一种“超真实”（hyper-reality）的幻觉。因而，媒介景观并非客观世界的镜像，而是“一种改变并影响我们对什么才值得看和有权力去看什么的观念，是一种观看的语法和伦理学”[③]。

从整理的20余个阅读量超过500的关于王家岭村的微信文章中的照片来看，媒体呈现的都是有意选择甚至修饰过的视觉景观，内容或是特别的壁画，或是热闹的场面。好看的图片被频繁复制转载，画面色彩随着时间

① 居伊·德波．景观社会［M］．王昭风译．南京：南京大学出版社，2006.

② 戴光全，陈欣．广州上下九的视觉表征分析——以互联网营销图片为例［J］．人文地理，2010（5）：148-153.

③ 桑塔格．论摄影［M］．黄灿然译．上海：上海译文出版社，2012.

的推移亦越来越缤纷明艳（见图7-4）。配合图片的文字表述，更是进一步确立图像的“理解方式”和“想象方向”，删除了某些意义而引导观者趋向另一些意义，限定和引导图像的意涵①。在介绍王家岭村的资讯中，文案大多渲染着浪漫的、“童话般的”氛围，频繁用“童画村”这一词语来代称并强调“上过央视”，建构一种浪漫而有力的叙事。于是，原本立体的、多维经验的乡村在媒体的建构下变得单向化、平面化，成为一个五彩斑斓的“童画村”的符号意象。弗里德伯格（Friedberg）曾言：“商场橱窗是视觉陶醉的前台，是勾引消费者欲望的场所”②。在各种媒体的帮助下，电视、电脑或手机的屏幕成了王家岭村的“橱窗”，展示着美好景观，建构着符号形象，也刺激着受众消费欲的不断攀升。

图 7-4　媒体呈现的王家岭村影像

社会空间：“刷爆朋友圈”的网红话题

视觉景观作为一种社会关系，日益成为人们建构身份、展现认同的方式之一。桑塔格（Sontag）曾指出，当代公民患上了影像瘾，情欲感觉都

① 潘知常，林玮，曾艳艳．结构主义—符号学的阐释：传媒作为文本世界——西方传媒批判理论研究札记[J]．东南大学学报（哲学社会科学版），2004，6（3）：71-76.

② Friedberg, A. Cinema and the postmodern condition in Linda Wiliams. Viewing Positions, 1995: 64.

在我们从照片获得的快感中得到确认，把经验本身变成一种观看方式[①]。当下消费方式也转变为视觉见证式[②]，人们通过对视觉景观的占有和呈现，建构自身的社会文化身份，展现自己的消费实力或审美旨趣，形成一种“景观社交”。进入互联网时代，随着社交平台以及手机、数码相机等便携式摄影设备的快速发展，视觉景观的这种社会关系作用力更是不断强化。这一特征从当下的消费趋势上可以明显地观察到，消费者们越来越乐于将自己的消费行为拍照记录下来，并在社交网络上进行展现，即所谓“网红打卡”，亦会分享吸引自己或引发自己消费欲望的消费品来展现消费意愿。于是，社交网络将个体的能动性全面激活，时间、知识与经验等闲置在个人身上的各类微资源也被全面调动，极大地助推了网红村的大众消费与社交网络传播。在王家岭村，由于媒体渲染下的景观形象足够吸引眼球，诱发了许多潜在消费者在消费前就转发传播，使其2016年在奉化电视台和奉化日报官方微信公众号上首次亮相便收获了超过2.4万的阅读量。而陆续造访王家岭村的游客，被视觉景观吸引而来，在场的消费实践也以对视觉景观的欣赏为主，“观看”和“拍照”成为旅游的重心。相较于传统旅游旨在通过游历学习、了解地方文化或收获个人体悟，当下游客更注重的或许是如何能拍出好看的照片，并且在社交媒体上进行展现。王家岭村的视觉景观因其视觉上的小创意和视错觉设计能营造一种真实世界和虚拟世界交织的感觉，非常适合拍照，因此更能吸引造访的游客在网络上积极“晒图”（见图7–5），而这在一定程度上又进一步加剧视觉景观的传播，从而带来新的空间消费。

移动互联网时代，人们无时无刻不在接收信息，以网络信息为载体的视觉景观因此获得了最广泛、最有效的社会关系链接能力。随着各种社交平台的蓬勃发展，让“人人都是自媒体”已经成为现实，信息生产变得更加开放化、自由化、即时化、共享化。信息传播从原来的单一线性传播模

① 桑塔格．论摄影［M］．黄灿然译．上海：上海译文出版社，2012.
② 周宪．视觉文化的消费社会学解析［J］．社会学研究，2004（5）：58–66.

图 7-5 大众在微博上的转发和“晒图”分享

式走向了双向交互传播和网状交叉传播①。如果说视觉景观是一种社会关系，那视觉景观的传播亦是社会关系建构的过程。王家岭村就是一个在媒体和大众的合力作用下，在大众社交网络中突然涌现的热点话题。“刷爆朋友圈”的过程短时间激发大量观众的消费兴趣，从而迅速建构起大量视觉消费的需求“势能”，进而转化为地方空间消费的“火爆”。而随着地方空间消费行为的完成，一次借由景观实现的地方社会关系确认、社会认同强化的过程也得以完成。

互联网时代，要素流动不断加速，竞争环境不断升级，相对静止的乡村空间在经济、社会剧烈重构的过程中日益陷入被边缘化的境地。寻求乡村振兴之路，就是寻找乡村重新动态融入城乡经济、社会，参与要素流

① 包东喜，党东耀．网络传播的“乘数效应”与控制应对[J]．中国记者，2009(4)：85-86.

动、承担劳动分工的路径。全国范围内出现的网红村现象，显然不是偶然现象，它突出地反映了中国当下的乡村试图通过视觉消费空间的生产推动城乡要素流动、承担城乡职能分工的努力。由于互联网提供了一个更加便捷、广泛分布和扁平化地运作视觉景观权力关系的平台，视觉景观的运作就已不仅仅是德波时代看到的少数表演者向大众单向输出的过程。随着信息景观时代视觉景观权力生产的便捷化，景观权力快速下沉至个人，大众开始成为选择和主动“赋权”的能动者。如果说过去的“造星”过程需要大量、持续的商业包装和宣传，如今“网红”的打造则是通过准确地把握大众的心理和喜好，刺激大众的感官快感，借用广大“观众”巨大的能动赋权力量迅速形成影响力。在所谓的“流量时代”，视觉景观已经成为权力转换和个体超越的有力方式，不仅对活跃在互联网上的人如此，对地方空间亦是如此。网红村现象一定程度上反映了视觉景观作为一种权力关系在乡村的运用，它帮助乡村短时间内迅速走向了景观权力关系的中心，实现了对自身边缘化地理和社会关系的反抗和重构。同时由于乡村空间的小尺度，使得景观权力关系运用给地方所带来的转变和冲击，比在城市空间来得更为激烈。

视觉景观生产的地方效应

通过视觉景观生产，王家岭村成为可消费的对象，并在社会关系层面跨越地域层级被纳入宁波大都市范围的大众消费体系之中，短期内实现了从默默无名的小山村变身旅游目的地和“传媒奇观”的跃迁，地方效应非常明显。2016年国庆期间，村里突然迎来了大量游客，村民直言“车都沿路停到了隔壁村”“活了八九十岁，从来没在村里见过这么多人”。新商业活动开始在乡村出现。从2016年国庆节开始，有头脑的村民就开始在街边摆摊出售自产自制的农特产品。2016年底，村里的第一家农家乐开张营业，一户原本在宁波市区从事餐饮业的村民成了第一个回乡做农家乐的“吃螃蟹”者。王家岭村在镇村政府层面也有所收益。旅游的突然“火爆”所引发的轰动效应，使得原本在全镇表现并不突出的王家岭村，开始频频出现在尚田镇的相关发展规划和扶持名单中，乡村建设在镇政府甚至奉化区政府层面得到了重点关注。

网红村带来的积极效应并未从根本上解决乡村发展的诸多现实困难。一方面，视觉消费并不能直接转化为现金流。中国的绝大部分乡村，作为一种相对自然的景观存在，本身是很难收费的。即使部分乡村拥有很好的景观资源，甚至是网红村，但试图通过封闭收取门票的方式获得收益的尝试也大多会失败。在这种情况下，缺乏商业配套设施，尤其缺乏能够迎合旅游人群需求的商业配套设施，使得乡村视觉消费基本无法转化为乡村现金收益。2017年国庆期间，王家岭村村两委在尚田镇政府的支持下与一家公司合作，共同搭建“童创集市”，试图通过长假期间农特产品的零售以及儿童参与项目获得旅游收益。然而游客基本侧重视觉游览，零售产品的低端和体验项目的简单导致收益甚微。与此同时，村里为了维护节假日大量游客到来后的乡村公共环境与秩序，却支付了大量人力、物力成本，根本无法实现收支平衡，如同拍了一场没有票房的电影。另一方面，乡村经济收益存在不可持续性。尽管视觉景观在一段时间内可以为乡村带来大量游客，但由于游客在王家岭村的所有体验都是视觉的，除了“观看”，王家岭村并无用于延长体验时间的元素，所有体验都是直观的、感性的、当下的、无历史深度的。浅表的视觉消费让人与地方的关系是一种走马观花的过程，变得如商业电影或展览一般“看完拉倒”，曲终人散。

同时由于王家岭的视觉景观是借助外力一次完成而非村民持续、自发创造的，因此很难得到较好的维护和持续创造。游客第一次造访是因为媒体烘托下的新鲜感，但看完之后这一地方便完成了消费和祛魅，再次来访的可能性大大降低。2017年国庆期间，王家岭的村民就反映“今年的游客比去年少很多”。然而既有的可以变现的消费活动如零售、餐饮消费等，都是建立在视觉景观能够大量吸引游客的基础之上。随着吸引力的持续下降，想要进一步撬动乡村功能自发向民宿、餐饮等服务消费转型则更难。所以，某种程度上网红村的旅游消费是一种短暂的视觉消费狂欢，走红期间的传播效应和节假日的消费高峰让村里繁荣一时，但当媒体的焦点转移，消费者的新鲜感不再，村里便又归于冷清。网红村这一特点既无法如当地政府和村民一开始所期望的那样，可以带来长久、稳定的经济收益，也无法带来稳定的就业机会和人口回流，乡村发展的既有困境依然没有得到解决。

网红村可持续发展路径与乡村振兴

网红村的发展方式本身亦存在着许多矛盾和问题。第一，乡村空间景观需求的矛盾。正如德波在探讨城市景观时指出的，“汽车景观要求摧毁老城区以完善交通网络，而城市景观自身又要求保留老城区变为博物馆”，网红村亦面临类似问题。乡村要想吸引消费，就需要不断生产以保持视觉景观的吸引力，需要为了刺激消费而在空间面向上无限制地布展各种视觉景观[①]，否则就会随着消费的完成而被快速抛弃。但乡村作为一个人居生活场所，需要乡村视觉景观是日常的、生活性的，从而为居民营造稳定的场所感和集体记忆，而非走上快产快消的、被景观“异化”的道路。

第二，乡村文化表象化问题。乡村原本承载着丰富的文化内涵，但大众传媒对乡村的片面呈现和解读影响了受众对乡村的判断力。旅游活动基本停留在“浅度介入型”观赏而非“深度介入型”欣赏，游客原本通过旅游可以收获的对乡村的理性主义体悟和理解，往往被感性主义的即时享受和快乐取代[②]。乡村在传媒的建构下成为一个单薄的表象，漂亮的视觉景观和一时火热的旅游所呈现的表面繁荣之下，乡村文化的厚度渐渐丧失，在都市大众的浪漫“凝视”（gaze）[③]之下，乡村发展的真实问题也常常被掩盖了。

---

① 刘扬 . 德波景观空间文化理论述略[J]. 城市问题，2011（11）：89-94.

② 赵刘，周武忠 . 旅游景观的嬗变与视觉范式的转向[J]. 旅游学刊，2011，26（8）：32-37.

③ Urry，J. 游客凝视[M]. 杨慧等译 . 桂林：广西师范大学出版社，2009：1-5.

第三，想要成为“爆款”，即意味者乡村景观需要迎合大众消费品位，“谁拥有景观并决定其外观形态”①的问题逐渐凸显。在王家岭村的案例中，就存在着关于视觉景观权力的冲突。画家在依据都市大众的流行喜好装点村庄时，就曾遭到部分村民反对。村民拒绝画家在自家墙上画现代风格的涂鸦，而是要求画家画自己更喜好的牡丹花（见图7-6）。村民和都市消费者的“品位”之别客观存在，然而为了迎合都市消费偏好，日日夜夜在乡村生活的居民定义自己生活空间景观的权力反倒被剥夺。

图 7-6　在村民要求下画上的牡丹花

可持续发展无疑是网红村面临的巨大挑战，也是乡村振兴战略面临的巨大挑战。比较研究东亚其他地区通过艺术或视觉景观发展乡村的案例②，结合在王家岭村的观察与研究，网红村的下一步发展应关注以下命题：

第一，改变乡村景观的生产方式。让视觉景观由当前政府“父爱”式的、迎合都市人消费喜好的向乡村空间投放，转变为基于追求美好工作生

① Walker，P，Fortmann L. Whose landscape? A political ecology of the ‘exurban’ Sierra［J］. Cultural Geographies，2003，10（4）：469–491.

② 陈锐，钱慧，王红扬 . 治理结构视角的艺术介入型乡村复兴机制 —— 基于日本濑户内海艺术祭的实证观察［J］. 规划师，2016，32（8）：35–39.

活环境共识的，凝聚地方居民以及艺术家、专业从业者等社会人士的共同力量的集体行动。从而让乡村视觉景观不再仅仅是牟利的消费品，更是地方居民的精神文化的现实投射，亦得以在地方层面获得内生的、长久的创造和维护力量。

第二，丰富乡村空间的使用功能和文化产品，让网红村由浅表的视觉景观消费空间，转为同时具有文化服务职能和生产职能的空间。一方面，让乡村的消费从一次性消费，转变成为具有文化深度和服务体验的消费，让游客对乡村的审美从视觉景观带来的本雅明所言的“震惊”式欣赏，回归到对文化“灵韵”的欣赏①。另一方面，通过更多就业岗位的创造，吸引更多居民回流。

第三，对地方的日常生活保持理性关怀，通过制度创新重建地方生活。如通过地方福利制度的设计，让乡村地方经济的发展同时能回馈于乡村当地的教育、医疗等基本公共服务质量的提升；通过合理的产权制度的设计，释放乡村的闲置空间资源，创造更多就业岗位，从而吸引更多当地就业、生活的人才；通过治理制度的设计，重拾乡村地方的自治力量，重建以人为本、互帮互助的优良乡风和社区精神。

当今中国，乡村视觉景观生产的动力和网红村不断涌现的客观现象，是当代乡村发展的客观约束、迫切诉求与信息时代的技术条件、消费社会的文化环境共同作用的产物。网红村的出现不是偶然的，它更像是乡村空间舞台上上映的一场视觉盛宴。网红村以其视觉景观所带来的新鲜感官体验，驱动社会力量借助信息媒介快速完成视觉景观的集体运作和生产，吸引都市消费者到乡村完成一次集体观展和视觉消费行为。网红村呈现了信息时代视觉景观对空间的强大作用力，“眼球经济”可以将一切客观存在视觉化、表象化。不仅乡村，更多的空间单元为了在信息化景观社会统一的“屏幕舞台”上占据一席之地，吸引观众欣赏，进而实现大众消费，将更加依赖视觉景观的包装。

① 肖明华，陶水平．本雅明的传统艺术与现代艺术比较研究[J]．重庆邮电大学学报：社会科学版，2005，17（1）：122-126.

我们依然乐于看见乡村通过视觉景观创造，通过文化生产和艺术创造变得更加“漂亮”，进而获得经济收益，甚至实现产业兴旺。但我们依然要追问，乡村究竟是什么？乡村振兴又是什么？乡村不应当是一个拥有独特景观风貌、被都市居民消费的主题公园，乡村的本质应当是一种人居聚落，它承载着一群人的生活和福祉。乡村如果不能提供高质量的就业机会和公共服务，让居民安居乐业，则视觉景观只是生产了一个好看的、被消费的空壳。因此，以视觉景观生产带来的旅游消费经济，只能是乡村发展的“导火线”或者“锦上花”，而不能是生产生活的全部。乡村振兴的指向终将是乡村社会的全面现代化，从物质空间设计到邻里关系组织，重塑乡村特有的生活意趣和守望相助的社区精神。实现振兴的路径可能多种多样，但深入的制度设计、全面的治理重构将是最为核心和无法绕过的关键。

八｜去流乡村思考规划的未来

逆城市化是人口从大城市和主要的大都市区向小的都市区、小城镇甚至非城市区迁移的分散化过程。其思想渊源可以追溯到100多年前英国规划师霍华德提出的“田园城市”理论。根据西方发达国家的经验，当一个国家的城市化率达到70%左右就会出现逆城市化现象。欧美发达国家的逆城市化发生在20世纪70年代。人与自然关系的进一步紧张以及人们对于美好田园生活的向往促使人口向着城郊和乡村流动，“阶梯瀑布”（见图8-1）的存在最终引发了乡村的社区化与中产化[①]。我国第七次人口普查（2020年）城镇化率已达到63.89%，比第六次人口普查（2010年）的49.68%大幅提高14.21%，据测算到2035年将会达到70%以上[②]。中国有可能出现逆城市化现象吗？答案可能并不简单。新中国成立以来的城乡二元体制、计划生育政策以及市场化改革塑造了中国独特的城市化进程。随着互联网时代的到来以及乡村振兴战略、新型城镇化战略的实施，中国城镇化的下半程绝对不会是西方发达国家城镇化道路的简单复制。

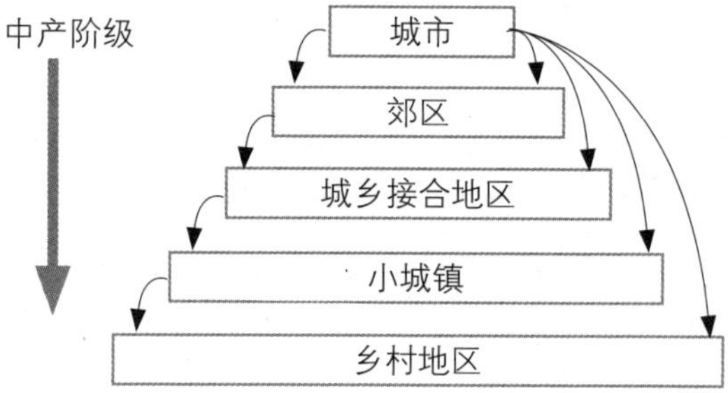

图 8-1　“阶梯瀑布”图示

党的十九大正式提出乡村振兴战略，全国各地

① Nick Gallent, Meri Juntti, Sue Kidd, Dave Shaw. 乡村规划导论［M］. 闫琳译 . 北京：中国建筑工业出版社，2015.

② 王凯，林辰辉，吴乘月 . 中国城镇化率 60% 后的趋势与规划选择［J］. 城市规划，2020（12）：9–17.

积极探索乡村振兴的实施路径，尤其关注乡村土地制度的改革。土地制度改革涉及乡村最重要的三块地，即农用地、农村集体经营性建设用地和宅基地的改革。改革内容主要包括最大范围的摸底排查、最小尺度的确权登记和最大限度的还权赋能等，在保障农民和村集体权益的基础上，探索乡村土地流转的方式，降低土地流转的成本，提高土地的增值效益[①]。土地制度改革在一定程度上就是要将农民从土地上解放出来，打开城乡之间人口、资本、信息交流的重要渠道，为人口在城乡之间自由流动扫除制度性障碍[②]，打好制度基础。当阻隔城乡的制度藩篱打开了缺口，人口不再是单向地由乡村流向城市，在城乡之间往返的也将不再是单一的农民工群体。一方面，乡村基础设施和公共服务的不断发展完善，将吸引大批有志青年和有识之人返乡创业；另一方面，来自城市的资本家、中产阶层或出于对田园生活的向往，或出于逃离都市喧嚣的渴望，或出于经济发展的动因，纷纷加入往返城乡的流动人潮之中。乡村空间已经迎来了一批新“居民”，他们给乡村带来了全新的生活方式和发展理念，使乡村由原来的“熟人社会”开始向半现代化的社区转变。

互联网时代的到来让中国城镇化的下半程拥有更多可能。尤其随着高快速交通和移动信息通讯等基础设施的不断改进，人口在大中小城市与乡村之间的流动更为高频，城市的都市区化、区域化与乡村的城镇化同步发生。电子商务等互联网新经济的蓬勃发展则进一步加速这一同步的进程。今日中国东南沿海地区的城乡空间一定程度上已经形成紧密连接的网络，包括乡村地区在内的各种聚落都有机会融入更大区域范围的生产和消费体系。以淘宝村、网红村为代表的流乡村不断涌现，田园城市有可能突破“规模悖论”成为现实。良好的生态环境、闲适的生活方式与充分的就业机会可以在流乡村内形成“鱼和熊掌得兼”的局面，浙江的安吉、德清就

① 董新辉. 新中国 70 年宅基地使用权流转：制度变迁、现实困境、改革方向[J]. 中国农村经济，2019（6）：2-27.

② 叶裕民. 中国城市化的制度障碍与制度创新[J]. 中国人民大学学报，2001（05）：32-38.

是良好的示范。逆城市化还是更加城镇化，我们需要深入地在场观察，去浙江思考中国乡村的未来无疑更有启发和收获。

安吉模式与莫干乡宿

浙江省是全面展示中国特色社会主义制度优势的“重要窗口”，国家支持建设的共同富裕示范区[①]。安吉是“两山”理论的诞生地，对于全国乡村发展有着重要的引领示范意义。随着浙江经济社会的高质量发展和互联网新经济浪潮的助推，城乡之间的制度性阻隔不断消除，要素流动日益频繁，未来乡村已经在这一“重要窗口”和“样板地区”形成雏形。

20世纪七八十年代，安吉是著名的“北大荒”，不得已走上了靠山吃山的发展道路，生态环境受到严重破坏，也因此受到国务院的黄牌警告。2003年，浙江省提出建设“生态省”的目标，安吉依托相关政策支持，充分发挥自然资源和农业资源的优势，大力发展以农产品加工为主的第二产业和以旅游为主的第三产业，变资源为资产，实现了三产联合、城乡统筹，最终建成环境优美、生态良好、生活富裕的美丽乡村（见图8–2）。

如果安吉模式是自上而下乡村发展的典范，那么德清的莫干山地区走的就是一条外部介入自下而上的发展路径。莫干山在100多年以前就是长三角地区社会精英的度假胜地，外国商人最早在此建设度假别墅和游乐设施。新中国成立后莫干山逐渐沉寂下来，远离喧嚣反而使得历史形成的

图 8–2 安吉余村发展对比

① 中共浙江省委党校编著.共同富裕看浙江[M].杭州:浙江人民出版社,2021.

发展格局和乡村的静谧底蕴得以很好保存。21世纪初，随着新一批外国商人和国内精英的到来，莫干山的历史底蕴、生态价值和乡村庭院被重新激活，“洋家乐”的名声迅速打响，成为国内首屈一指的高端乡村民宿经营典范（见图8–3）。《纽约时报》旅游版评出的2012年全球最值得一去的45个地方，中国共有两个城市榜上有名，分别是浙江的莫干山和拉萨，其中莫干山排名第18位，拉萨第9位[①]。

图 8–3　德清莫干山的特色民宿

不论是自上而下的引导还是自下而上的生长，乡村的发展从沉寂到腾飞，都伴随着乡村社会经济的重构过程。在这一过程中，人口、资本、技术等诸多发展要素在城乡之间的自由、稳定、高频流动是必不可少的。这些乡村早已不再是一个个相对独立封闭的空间单元，而已经成为中国特色城镇化进程的重要节点，具备着连接全国甚至全球资源的能力（见图8–4）。这些乡村和村民与大众印象中的形象相去甚远，研究他们就必须去到他们中间，与他们讨论，向他们学习。

图 8–4　莫干山庾村的欧式中心广场

① 2012 年全球值得去的 45 个地方中国两地上榜．钱江晚报，(2012–01–11).

莫干山主体的多元化

拥有优越且可开发的资源，同时消除外界进入的制度性门槛，是一个乡村转变为流乡村的两个关键条件。向流乡村转变的过程必然伴随着乡村经济社会的重构，其首要的体现就是社会构成的多元化。过去的乡村社会构成单一，主体是村民，主业是务农，以家庭为基本单元进行精耕细作，以血缘、亲缘、地缘为纽带将相似的家庭串联为家族。村庄里的所有人都从事着同样的劳作生活，就算是随着城镇化浪潮进城的农民工，其身份还是农民，回到家拿起锄头还是下田干活。然而社会构成多元化的乡村，新居民基本是已经城市化的市民，他们在城市里从事的职业、扮演的社会角色不尽相同甚至天差地别，他们来到乡村、住在乡村必然不是来务农的。他们在乡村获得全新的身份，重构乡村的社会关系网络。一定程度上，他们进入乡村的这一行为可以看作是对旧有乡村的一次“侵入”。

莫干山最初因南非人高天成兴建的“裸心谷”、英国人马克投资的咖啡馆、法国人司徒夫经营的“法国山居”而为人所知。近十年来的兴起则主要是国人带来的，包括西坡的投资人钱继良、大乐之野的投资人吉晓祥和杨默涵、后坞生活的“王旅长”、原舍的朱胜萱等等。这些来自世界各地或全国各地的精英们“侵入”莫干山，彻底地改变了这片宁静的山谷。虽然他们都是前来经营民宿的外来者，但每一个人都过着截然不同的人生，都有着丰富的人生阅历。他们在外界可能是知名的学者、设计师、艺术家、商务精英……他们的身份不会因为居住在一个小小的村庄而被轻易改变。他们拥有社会资源和关系网络，因此他们绝不是作为单独的个体孤立地存在于乡村社会空间。他们是村庄连接外部世界的重要节点，是各自代表的一类群体在乡村开拓疆土的先锋。他们会吸引他们社交关系网络内身份性质趋同的一批人，而这一批人有着进一步成为新村民的可能。事实证明，莫干山乡村社会的重构，乡村主体的多元化乃至乡村产业的兴起正是由一个个的外来者通过类似侵入、传播、转移、裂变的过程而逐渐形成的。

这些外来者的侵入对于原有的村民和他们的生活方式的冲击非常大。他们带来全新的发展理念、经营方式和组织管理模式，对个人生活、乡村建设和村庄发展独到的见解，潜移默化地影响着村民，这对于乡村的经济社会发展无疑有着重大意义。莫干山后坞村是典型的外来主体带动乡村发展的案例。村子位于莫干山南麓，有18个村民小组，共有407户1599人，其中劳动力1093名，党支部共有党员60名。后坞村于2005年创办第一家农家乐，现有农家乐25家，洋家乐3家，客房共计355间，一次性可接待游客千余人。

后坞村最初发展依托的就是莫干山和天泉山优越的自然条件。随着大批热爱山林野趣的游客的到来，后坞村开始发展农家乐，但早期的发展十分粗放，住宿条件差，卫生条件不佳，导致村庄发展一直不瘟不火，直到2012年“王旅长”的到来。“王旅长”本名王天鹏，当年他以很低的价格包下5户农舍，在后坞村打造出了一片集特色建筑、农家体验、户外娱乐、文艺活动、运动疗养为一体的民宿综合体（见图8-5），深受城市白领、艺术家、户外运动爱好者、摄影师、文艺青年等群体的喜爱。在王天鹏的影响和带动下，后坞村家家户户都开始兴办民宿，村庄的发展开始步入正轨。2016年，后坞村400多户村民中有170户在做民宿，人均年收入达到5万元以上[①]。

图 8-5　后坞村的民宿

① 邵颖萍. 落脚乡村与民宿经济——莫干山特色文化重构[M]. 南京：江苏凤凰教育出版社，2019.

后坞生活与余村民宿联盟

任何新事物的产生与发展都不是一帆风顺的。外来者的“侵入”的确助推了乡村经济社会的重构与繁荣，但是若将时间尺度拉长，观察视角拉近，就会发现乡村重构的过程中饱含了点点滴滴的艰辛，尤其是站在某一微观个体的角度。“侵入”这个词本就暗含强迫与阵痛的意味，侵入一方与被侵入一方必然要在长期相处过程中互相妥协、磨合、调整直至适应，冲突在这一过程中始终存在。这种冲突的根源依旧可以从构成乡村主体的身份差异上寻找答案。本村人与外来者，甚至每个个体之间行事风格、思想观念、认知习惯、利益立场、格局视野都存在差异，因此冲突常常不可避免，这或许也是村庄转型发展必须经历的阵痛。这些冲突可大可小，小的冲突更多地体现在生活、工作相处上的一些摩擦，大的冲突体现在村庄重大事务的话语权更迭，以及村庄利益格局的调整上。后坞村的“后坞生活”和余村的“民宿联盟”的发展过程就是鲜活的案例。

后坞生活最初进入后坞村是比较顺利的。2012年前后的后坞村经济较为落后，后坞生活创始人王天鹏以极低的成本完成了对房屋土地的租借、修缮、管理和运营。凭借先进的乡宿理念、前卫的设计手法、轻奢的服务环境、精明的商业运作在很短时间内就收回了成本，客人源源不断，经常一房难求。在当时普通村民的农家乐经营惨淡的情况下，后坞生活平时一间房的价格就高达960元，周末翻倍，节假日甚至达到2200元。在村民们眼里，外来人到村里来搞建设开发，吃的用的都是村里的，钱自己赚走了，吃喝拉撒全部留在村里了。带有这些想法的村民就会用行动表达不友好的情绪。比如民宿搞建设需要大车运输建筑材料、配送生活消耗品，村民担心压坏道路，就往地上一躺不让走，民宿老板不得不亲自出面说好话来协商解决。

民宿老板认为村民们普遍较为短视，他们过多地关注眼前利益，看着自己来得早赚钱多就会眼红，并没有看到后坞村这一带的经济发展是后坞生活带动的。村民只看到后坞生活赚的钱比他们多，有游客来问后坞生活的地址，村民甚至会故意不指路。

在民宿的服务人员眼中，老板是外来人，又是艺术家，自然会带有几分古怪的脾性，不擅长和其他人打交道、处关系。反倒是村里人都十分淳朴热情，如果服务人员能很快地融进当地社会中，这也会给他们带来很多的便利，比如去本地的超市、小卖部，村里人会热情地给予打折优惠。

在村主任眼中，老百姓一开始的不理解肯定是有的，但他们知道如果没有外来人的进入，村庄的发展没有这么快，他们更看重的是老板这个人怎么样，是不是很和气。其实老百姓很淳朴，他们不要求获得什么，要的就是基本的尊重，见个面打个招呼，最好路上遇到村民主动载人家一程。农村就是这样一个熟人社会，现代社会遵循法律法规，农村都是人情世故，态度完全转变也需要有个过程。

如果说后坞村的冲突体现在本地人与外地人的矛盾上，那么安吉余村在发展过程中的冲突更多地体现为本地村民与外部资本之间的冲突。余村是习近平总书记提出“绿水青山就是金山银山”科学论断的地方，也是深刻践行“两山”理论的重要标杆。2015年，村庄开始全方位的治理建设，很快就走上了绿色发展的路子（见图8–6）。越来越多的村民开始返乡创业，主要经营乡村民宿，开农家乐，经营白茶、冬笋等土特产。在旅游旺季，经营得好的农户一个月能够获得十几万元的毛利。

由于余村是“两山”理论的诞生地，它的发展一直受到浙江省各级地方政府的高度重视。余村不仅获得较多政策、资金和项目上的倾斜，市场与资本也非常青睐，发展尤为迅速。县里的旅游公司、外来的地产集团都

图 8–6 余村的风景

有意与余村合作共同开发。伴随着开发项目一个个落地，村庄的绿色GDP也水涨船高。在2020年，余村吸引来自长三角乃至全国各地的游客蜂拥而至，外来车辆将余村的大小街巷堵得水泄不通，巨大的客流量给本地村民带来了丰厚的收入。

项目与资本越来越多地进入村庄，冲突便不可避免地产生了。2020年村里承接的县里的垂直项目——研学中心正式开业了。依靠县财政兜底，研学中心不以营利为目的，对余村的旅游市场带来了冲击，村民的旅游产业收入急转直下。通常每年8月份是村里的旅游旺季，常常一房难求，当时村里的高端民宿每晚价格是1800元（见图8–7）。然而研学中心开业后的价格是446元，游客拼团的话200多元就能入住，而且拥有100多间客房，基本相当于余村整个村庄的接待能力。这就直接影响了余村的旅游住宿市场，几乎抢占了余村所有民宿房间的客源。

此时由村委会出面组织成立的民宿联盟起到了出乎意料的作用。这个联盟原本是用来协调村民内部经营矛盾的，联盟内部有40多家店铺会员，且形成了例会制度，每次开会至少会有20户以上参与。如果商户不来参会需要请假。严格的准入和淘汰制度，旨在增进内部团结、促进问题协商、维护市场稳定、共谋发展。在民宿联盟的运作下，越来越多的商户团结起来找到了问题的所在，于是村民们通过民宿联盟寻求法律援助，最终发现研学中心的土地使用不合法——当初研学中心与村里签订的租地协议是教育用地，而不是商业用地。于是联盟成员决定大家集资，找最好的律师，拿出确凿的证据打官司，维护自身权益，维持正常的市场秩序。

图 8–7　余村的民宿

另一种城乡融合

冲突在所难免，但也只有在冲突中去磨合，让本地人与外来者学会妥协和让步，才能找寻到和谐共处之道。当然合作也必不可少，解决矛盾冲突的同时就会不断深化合作关系，各主体才能逐渐融合成一个新的有机整体，形成发展的合力。后坞村的外来者与原村民经过数年的冲突磨合，不仅在生活中互相尊重、互相理解，更形成了认知上的互相学习，经济上互相合作的局面，共同促进了后坞村民宿产业的持续发展。

后坞村民宿产业发展至今形成了三类较为成熟的模式。第一类是外来者全额投资模式。通过与村集体或者村民达成租地协议，雇佣村民进行开发建设，自主运营，招聘本地人作为服务人员，同时购买本地自产的食材。这种模式又可以细分为两种，一种是王天鹏这种早期就过来投资开发的个体投资者。他们善于学习并挖掘乡村特色，旨在经营生活化的体验民宿，拉近顾客与乡村情感体验上的距离。通过招聘本地“80后”年轻人作管家和“60后”阿姨做后勤服务，民宿整体营造出浓郁的乡村田园氛围和强烈的个人风格。第二种是入驻的酒店企业，以隐花坞为代表。企业运营管理完全是现代化的酒店模式，只是外观形式包装成民宿，总体上更注重秩序和效率，一定程度上缺乏人情味。

总体上，第一类民宿是后坞村定位高端的民宿，淡季单间房价也在600元以上，旺季甚至超过2000元。

第二类是外来者与本地村民合作的开发模式，以大型的民宿专营品牌“花筑”为代表。农民提供自住的房屋和土地，品牌方对房屋和周边环境进行外部包装和内部装修。村民既作为屋主，又作为酒店的管理人员，服务管理上会更加用心。民宿一般定位在中高端，价格也并不统一。

第三类是村民模仿外来者自发建设运营的民宿。这类大部分是在原先农家乐的基础上改造，与外来者之间的合作主要是生活上的往来和认知上的学习。由于缺乏设计基础并且受到资金方面的限制，民宿整体条件相对简陋，定位中低端，数量最多，定价一般在400元左右。

在本地人和外来人相互融合的过程中，政府部门的作用不可或缺。在民宿产业发展的前期，政府就制定好了土地房屋流转的规则，严禁私下交易，规范交易流程和交易双方的权责，明确交易年限。这样做既打通了城乡人口、资源互通的渠道，又保障了土地流转、产权交易和开发运营过程中农民的基本权利不受侵犯。在村庄开发建设的关键时期，政府引导村民自主创业，对于愿意开发民宿的农民，每年给予1000元的补贴，同时适当地放宽建设指标。到了村庄民宿产业发展的成熟期，政府牵头成立村庄民宿协会，协调村庄内部的社会关系，如定期举办村庄集体活动，引导外来者主动承担村庄的大小事务，组织入户慰问村民，请60岁以上的老人一起吃年夜饭等等。通过各种活动引导外来主体主动回馈村庄，同时让本地人也逐渐接纳外来者。

余村内部的融合更多地体现在村庄主体与外界资本的合作上。在村庄内部成立余村经济发展有限公司，负责对接外来投资，决定外部资本进入的范围、门槛、方式以及与村庄内部的合作模式，并规范外部资本在村庄内部的建设经营活动。为了进一步整合外部资本，将其转化为村庄发展的内生动力，余村还专门成立了两山指挥部，在整合村庄所有资源的基础上，对未来的发展进行统一的规划和管理。两山指挥部首先明确余村休闲养生旅游和党建综合培训的总体发展目标，进而确定发展策略，强化立项开发，推动落地落实，加强与地产公司的合作。近年来陆续推进了农创集市、民俗文化街、文化礼堂、智慧农业、青少年活动营地、环山绿道、灰窑遗址、山顶瞭望台、佳缘养生地产、研学中心等项目的开发建设。进一步规划通过打造未来社区、成立全体村民共同参与的股份合作公司，全面提升村庄的凝聚力，激发村庄更大的发展潜能（图8–8）。

由莫干山后坞村和安吉余村的案例可以看到，在新型城镇化、城乡一体化和快速信息化的背景下，传统乡村的社会经济结构已经发生巨大转变，主体更加多元的流乡村迅速涌现。在这些流乡村中，单一的熟人社会向现代性社区的转变还没有彻底发生，一种暂时性的半熟人社会、半社区性质的社会经济结构或许将长期存在。在这样的结构中差序格局和团体格

图 8-8　余村的新项目

局①可以共存，人情依旧可以作为一般等价物，以现代法制为基础的经济社会关系将渐进地主导乡村的发展。这个过程内在地包含了人的思想认知的变化，社会关系与经济关系的重塑以及一种全新的乡村生产生活方式的产生，乡村的物质文化得到了长足的发展。

嬗变的乡村，怎样的未来?

中国的城镇化进程还远没有结束，在中国宏大的城镇化浪潮中，许多乡村随着老一辈农人的悄然老去而消失，也有许多乡村在时代的浪潮中重焕生机。当今中国像安吉和莫干山这样的村庄虽然还不是很多，但我们欣喜地看到，原来横亘在城乡之间的那堵墙不再高不可攀，新一代的村民似乎也已找到翻墙和开洞的诀窍。星星之火可以燎原，越来越多的乡村会在重构与融合中走向未来。然而此时我们不禁会问，未来的乡村究竟是谁的乡村？在这样的乡村中生活的又是哪一批人呢？南京大学邵颖萍博士撰写的《落脚乡村与民宿经济》②一书详细地描述了2017年之前外来人进入莫干山之后给村庄带来的一系列变化。新的社会构成产生了新的社会分工，塑造了新的社会秩序，创造了新的社会文化。但是2017年以来，莫干山由黄金发展时期进入转型调整期，村庄的社会构成又产生了新的变化，这种变化一定程度上可以看作是乡村的嬗变。有人到来就会有人离去，这样的

① 费孝通．乡土中国[M]．北京：北京大学出版社，2012.
② 邵颖萍．落脚乡村与民宿经济——莫干山特色文化重构[M]．南京：江苏凤凰教育出版社，2019.

情形正越来越高频地在乡村上演。

最初进入乡村的那一批外来人会逐渐离开，他们多数会在外面成立新的开发项目，这里的民宿通常留给代理人继续经营。而经营近十年的民宿也逐渐老旧，越来越缺乏新意，曾经高傲到坚决不与线上平台合作、拒绝与客人讨价还价的身段，如今也不得不俯下妥协。民宿管理者自嘲道，“以前哪里有帮客人提行李的服务，都是坐着看顾客自己从山下提到山上。现在都是客客气气生怕顾客在网上给个差评。山里下雨发大水的时候都是我们给客人拎水烧水洗漱。”现实的竞争向来残酷，新的设计理念和经营方式层出不穷，顾客的口味也总是喜新厌旧，再加上土地房屋的租金一涨再涨，后坞村的民宿老板也换了一茬又一茬。本地村民因为家在此处，且都是自己的房子，没有客人的时候也没有成本支出，也就没什么损失。外来人口的流动每天都在发生，本地人口结构则相对稳定。村庄归根结底是村民的，外来老板经营不善，或者偏安一隅太久就会或主动或被动地离开。村庄主体的变化是个动态的持续调整过程。

乡村有着相对恒定的不变量，那就是扎根本地的村民、乡土文化与生活方式。乡村又有着相对动态的变量，即往返城乡、高频流动的外来人口以及他们所带来的新的发展方式、理念和资源。自始至终不大会变化的，是住在乡村的人们对于生存发展的需求与他们内心深处的情感。这个时代的乡村大体与所有事物的发展规律一样，总是螺旋上升的，新事物的产生寓于旧事物的灭亡之中。改革开放以来，乡村承载着三辈人：扎根乡土的农一代，辗转城乡的农二代，拥抱新时代的农三代。他们以血缘、亲缘、地缘厚植于乡村的沃土之上，生于斯长于斯的乡村始终是他们人生中不可或缺的空间。他们的血液里有对乡村的深厚情感，他们是未来很长一段时期乡村真正的主人。

然而在新的时代我们也要有充足的认识和准备，既然乡村的人顺着时代在向前发展，乡村为什么不跟着向前走呢？未来乡村的命运必定会被时代的洪流裹挟着向前走，而今日的认知和努力或许就是在选择不同轨道的起点。在安吉和莫干山这些新乡村，传统和现代不断碰撞，悠闲与秩序可以并存，生态和效率不再互斥，城乡之间不再泾渭分明（见图8-9）。空间早已开始流动，分散之中酝酿着集中，流乡村已在变革中应运而生，必将发展成为多元主体融合而不失乡土特色的生态化高品质社区。

图 8-9 莫干山的庾村文化市集：界限模糊的城与乡

回溯安吉和莫干山的乡村发展，可以看到规划在乡村转型发展的各个时期所起到的作用是不同的。村庄发展起来之前，也即前流乡村时期，规划作用并不大，更重要的是谋划与策划；村庄蓬勃发展阶段，也即流乡村形成的过程中，综合协调发展的需求迅速上升，乡村必须进行有针对性的全面设计和管控，此时实用型规划的价值最大；村庄稳定发展时期，乡村主要考虑转型升级和高质量发展问题，此时目标导向型规划更为重要。作为国土空间规划体系的重要一环，乡村规划要真正写在大地上，落在泥土里，显然不能是指标式的规划，不能是盆景式的规划，更不能是为规划而规划。创新乡村规划理念、方法和内容，把握乡村发展的趋势与阶段特征，在乡村要素开始高频流动，乡村发展开始起步的阶段，及时介入、精准发力，才能收到事半功倍的效果[①]。流乡村的规划显然是乡村规划的重点、难点，也必将是亮点！

① 盛钰仁，罗震东．宅基地“三权分置”下乡村主体性变迁与规划变革研究[J]．上海城市规划，2021，(2)：42-48.

九 | 超越标本：城乡融合时代的江村调查

有这样一个村子，如果你想了解一个人是否具有社会学或人类学的背景，你只需问他知不知道这个村子。如果回答说知道，他也许就是社会学人类学中人，或者他的知识涉及这一领域。而如果说不知道，那他肯定与社会学人类学完全无缘。这个村子，就是开弦弓村。①

坐落于太湖东南畔的开弦弓村，今日属于苏州市吴江区七都镇。这座江南鱼米之乡的普通村庄，因为一位不平凡的来客而变得不普通。这位来客就是中国社会学人类学泰斗费孝通先生。1936年的夏天，费孝通来到开弦弓村，凭借姐姐费达生在村内负责蚕丝业改革所积累的人脉关系，展开了两个月的社会调查。调查结束，费孝通就远渡重洋，负笈英伦，到伦敦经济学院攻读人类学博士学位，并在马林诺夫斯基教授的指导下，以开弦弓村调查所获得的资料完成了博士论文——《开弦弓，一个中国农村的经济生活》，1939年正式出版时定名为《*Peasant life in China*》（中国农民的生活）。此书的中译本直到1986年才由江苏人民出版社出版，书名定为《江村经济》。从此，江村就成了开弦弓村的学名，而费老前后26次的造访以及跟踪研究，使得这个村庄成为中国社会学人类学实地调查的“圣地”，源源不断地吸引着国内外的学者前来考察、研究和“朝圣”。

2021年，距费孝通先生最后一次到访江村也已经过去了19年②。19年间，中国的城乡社会已发生了翻天覆地的改变，巨变中的江村又是怎样的光景？随着长江三角洲区域生态绿色一体化发展上升为国家战略，位于长三角生态绿色一体化发展示范区的开弦弓村（见图9-1）又能有怎样的发

① 周拥平．江村经济70年［M］．上海：上海大学出版社，2006.
② 2002年，92岁高龄的费孝通先生最后一次来到江村。

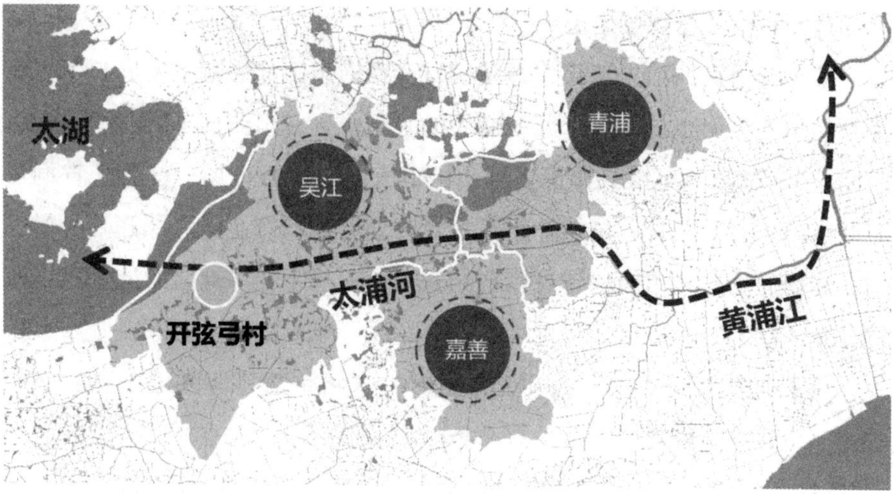

图 9–1　长三角生态绿色一体化发展示范区中的江村

展可能？带着好奇与憧憬，我们开始了第一次江村调查。

江村的区位

从苏州北高铁站出发，沿着苏州东环路高架向南直行，跨过太湖苏州湾大桥，即可抵达吴江区。吴江曾经是苏州下辖的一个县级市，2012年撤市设区并入苏州。吴江市区是在松陵镇的基础上发展起来的，费孝通先生就出生于松陵镇的富家桥弄[①]。从吴江市区驱车上苏震桃公路，向西南约30分钟后就能到达开弦弓村。

开弦弓村所在的太湖东南岸地区，人口密集，经济发达，在数十个村庄的中心地带就有一个市镇。很长一段时期内，市镇是收集周围村子土特产品的中心，又是分配城市工业品下乡的中心。开弦弓村所依傍的市镇叫震泽。在蚕丝业繁荣时期，震泽镇通过航船向开弦弓村提供生活必需品，并垄断了这个村子全部大米的贸易。村子北部还有一个大庙港镇，村民去往这个镇的庙宇时，也通常在镇里购买一些物品。开弦弓村出产的蚕丝，其贸易范围则更广，不仅在震泽周转，还有航船直接运送到村东约12千米

① 费孝通先生祖籍是吴江的同里镇，但在他出生时费家已迁到松陵镇。

处的盛泽镇，甚至直接运送到上海。

改革开放后的1980年代，开弦弓村又在横扇镇的影响下发展起了家庭毛衫纺织业。由于村庄处于苏浙交界的有利位置，出产的羊毛衫通过震庙公路、320国道，可以直接运送到中国最大的羊毛衫市场——浙江省桐乡市濮院镇。直至今日，虽然经历了多轮区划调整和产业兴衰，开弦弓村人仍然和周边的这些市镇保持着密切的联系——基于经济社会的地方网络通常是非常稳定的。

费孝通先生第一次来到开弦弓村时，水路是这一地区最主要的交通方式。“几乎家家户户都至少有一条船。河道沿岸，大小村庄应运而生。开弦弓的‘脊梁骨’系由三条河组成，主流A像一张弓一样流过村子，开弦弓便由此而得名。”[①]如今，每年由全国各地甚至外国慕名而来的众多游客主要乘车到此，他们大多会在村委会前的空地下车，循着书中的内容，追寻费老的脚步。相比于费老当年踏足之时，这个村庄的格局似乎没有发生太多变化，三条水系从村中穿过，有着极高的空间识别度（见图9-2）。可见的变化只是由于村民们一轮轮分家和致富后不断扩张的房屋体量与规模。1936年的江村人口为1458人，今日已增长到2882人，村庄的

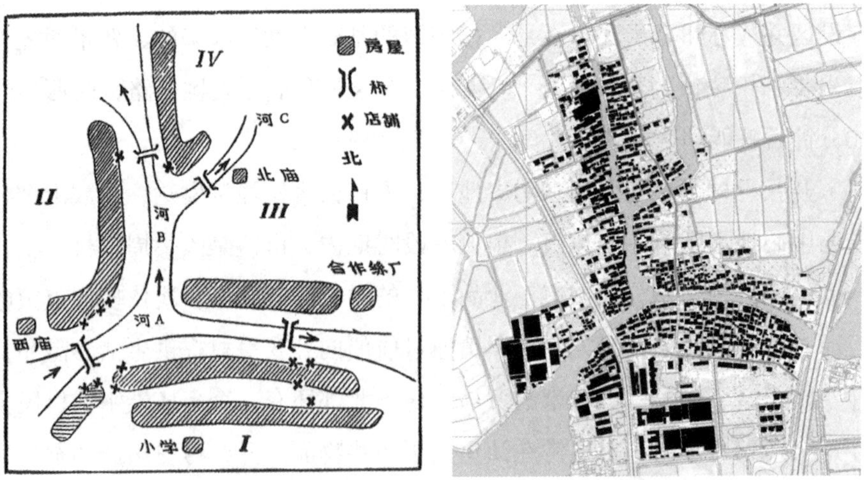

图 9-2　开弦弓村庄平面图（左：1936 年，右：2021 年）

① 费孝通．江村经济［M］．南京：江苏人民出版社，1986.

行政边界也经历了两轮调整。

如果游客们想从如今的江村找寻当年费老所描绘的那个“男耕女织、工农相辅”的传统中国农民生活的痕迹，或者找寻《江村经济》中所呈现的桥梁、庙宇、稻田、桑树所构成的乡村风景，都是要失望的。江苏和浙江交界的这一片区域，是中国东部经济最发达、城乡差距最小的地区。今日的江村虽然只是太湖流域一个普普通通的村庄，但和许多周边村庄一样，村民早已不再种地，农业生活离他们已经很遥远。

今日面貌

开弦弓村村委会就位于《江村经济》中所记录的江村小学所在位置，利用撤并后的江村小学教学楼旧址办公（见图9-3）。小学虽然早已停办，小学旧址对面的幼儿园依然热闹。孩子们上完幼儿园大多会去往庙港街道上小学与初中。村委会西侧新建了费孝通纪念馆，据村书记介绍，每年有超过100支队伍来此进行考察或研学活动，费孝通纪念馆的参观人员

图 9-3　开弦弓村村委会（原江村小学教学楼）

基本络绎不绝。纯白的外立面与简洁的几何线条，构筑出纪念馆充满现代感的建筑风格，已然成为江村最引人注目的“地标”（见图9–4）。

纪念馆北侧便是小清河（见图9–5），亦即费孝通先生书中所记录的河A。这条由西向东流淌的河道，是天然的分界线，将村子分为河南和河北。今日的开弦弓村村民仍然依水而居，沿河两岸排列着各式各样的民宅

图 9–4　费孝通纪念馆

图 9–5　小清河沿岸风貌

（见图9–6）。从一层的近乎废弃的低矮老屋，到20世纪八九十年代建造的二层小楼，再到本世纪初华丽时髦的欧式别墅以及当下现代简约风格的大独栋，立面风格多姿多彩：老式的瓷砖贴面、石材贴面、各色真石漆、江南风韵的白墙……空间的简单并置生动地展示着中国人对祖宅建造的极大热情和审美变迁的历程。房子，是村民们最大的颜面，它既是一种家庭资产，也是身份地位的象征。不同于城市中千篇一律的公寓套房，乡村的

图 9–6　开弦弓村不同时代共存的民居

祖宅是村民们展示自我的舞台。“房子肯定要造的，只要家里有点钱，就肯定要造，这个是一户人家的门面。但现在村里不允许我们翻新，要打申请、排队，每年就几个名额。”村民们这样说道。

村中的一些角落，还保留着少数砖瓦结构的老房子。从这些行将消失的老房子上，可以觅得一丝《江村经济》中传统江南农民居住与生活的痕迹。那时的农民房屋，一般有三间房间，临河的堂屋最大，是劳作、休息、吃饭、接待和供置祖先牌位的场所，堂屋后面是厨房，再往后是卧室和后院。走进一座残留的老宅，可以依稀想象出当年农民们的生活（见图9–7）。而今村民们所喜爱的房子格局，一般而言是这样的：三层的房子，门口需要有一个足够大的门厅。底层是客厅、厨房与餐厅，配备卫生

图 9–7　1930 年代典型房屋正面及平面图

间。二层和三层是主人家的卧室，卧室要足够大而且配备卫生间。有些人家甚至为每一个卧室都配置一个卫生间（见图9–8）。这样设计的原因在于，现在日常居住在村里的大多是一些老人，他们的子女与孙辈只有在节假日和春节才回到村里，因此客厅与餐厅需要尽量大以满足团聚时的空间需求，而每个卧室都带有独立卫生间，就可以满足每一户小家庭短短几日回乡时的居住需求。

图 9-8　今日新民居正面及平面图

土地利用与产业发展

江村的村民们不种地，“二十多年前就把地卖给国家了[①]，现在村里把这些地包给外面的人种树”。江村的耕地本身很少，在村中走动，几乎看不到种植水稻的农地，少量的耕地现在大多已转为苗木与蔬菜种植，或者抛荒为杂草丛生的“绿地”。村民们不种地，主要是由于户均耕地面积太小，种地收益太低，这里的人们已经普遍富裕，不愿再为这点收益而花费精力。从事水产养殖的人却是很多，村里近90%的可利用水域都用于水产（虾蟹）养殖，一些曾经用于种植桑树的土地也被挖成了蟹塘。承包蟹塘的养殖大户既有本村人也有外地人，收益相对可观，一年能赚数十万元。村中尚有不少村民因为承包不到蟹塘而苦恼。由于大面积养蟹对生态系统会产生一定破坏，目前村集体已决定，此轮租约到期后不再与承包户们续租，所有蟹塘将收回另做打算。

沿着村子西面的震庙公路，零星分布着几家纺织工厂，规模较小，主要生产窗帘用的白布，销往绍兴柯桥的轻纺市场。1978年成立的村办开

① 事实上应当是农民把土地承包权转让给村集体，由村集体统一收储和利用。

弦弓丝织厂，后转制为私营企业——吴江江村丝绸有限公司，至今仍在正常运转（见图9-9）。除此之外，村庄内部还有一些家庭手工作坊，主要从事羊毛衫加工，成品部分销往浙江桐乡的濮院，部分直接通过电商平台售卖。目前发展势头较好的是“家庭作坊+电商”的经营模式，村民通过电商平台扩大羊毛衫销售渠道，做得好的年营业额可达数百万。村中现有4家兼做电商的家庭手工作坊。总体而言，开弦弓村办工厂的黄金时代已经过去，现在只有少量私营中小企业从事着传统纺织业，集体经济薄弱，工业对江村发展的带动作用看似十分有限。

图 9-9 吴江江村丝绸有限公司

这也许令人困惑。因为在《江村经济》的描述中，开弦弓村是太湖地区蚕丝业的重要中心之一，当时在费达生先生的引导下，开弦弓村的家庭企业正有计划地变革成为合作工厂，关于蚕丝业改革的相关内容也被认为是《江村经济》中最成功的一章。这个后来被誉为中国农村工业萌芽的开弦弓生丝精制合作社创立于1929年，于1938至1939年的冬春季被拆毁。1968年，在缫丝厂被拆毁的30年后，开弦弓村人决定再建缫丝厂。当时的开弦弓村分属两个大队，北边的叫立新大队，南边的叫红卫大队。公社体制下的农村普遍贫穷，两个大队联合周边其他大队共同集资27300元把缫丝厂办了起来，当年就实现了盈利。缫丝厂重建的1967年到1997年这段历史也是苏南乡镇企业发展的一个缩影，充分展现了农村“草根工业”强大的生命力[1]。1998年缫丝厂改制，从乡镇企业转为私人企业，接手的是曾任庙港某村书记的金永观。2005年由于炒“蚕茧期

① 沈关宝. 一场静悄悄的革命［M］. 上海：上海大学出版社，2007.

货”失败导致工厂倒闭。缫丝厂关停后的厂房与土地现在仍然空置着，工厂靠着马路和小清河桥头，交通便利，村委会设想将这块地用于文旅产业开发。面对今日的门庭落寞，大多数人估计很难想象它所承载过的开弦弓村辉煌的乡村工业发展历程。

江村的商贸服务业仍然集聚在小清河西端桥头和公路两侧。在费老绘制的村庄平面图中，这个桥头位置当时就开了多家店铺。1983年震庙公路开通以后，在汽车站和桥头之间的公路两侧逐渐形成了一个小型的农贸市场。每天清晨和傍晚，个体小贩们便在这里摆摊，出售水产、蔬菜、肉类和水果等，小贩数量约30—40人，大多是本村人，顾客也以本村人为主。这个自然形成的露天农贸市场，由于影响“村容村貌”已在几年前被取缔，商贩们被统一转移到新建的室内市场。新的市场离马路数步之远，外观是当下流行的木构风格（见图9-10）。摊位固定后，风貌整洁了，但成本也增加了，许多兼职摆摊的本村菜农便不来了。现在集市内约有十余户商贩在营业，营业时间也就上午小半天，市场里大多数时间是空空荡荡的。

图 9-10　江村新农贸市场

村民日常生活

很难用“农民”来称呼当下生活在开弦弓村的人们。他们不种地，少数人从事水产养殖，部分人经营羊毛衫小家庭作坊，大多数人外出工作，只有在节假日才回来，一些留守的家庭妇女和老人在村里打零工。他们的职业多种多样，但和农业基本不发生关系。如果说他们和农耕生活还存在一点联系的话，那便是许多人家还保留着一块菜地以保证蔬菜的自给自足。

徐伯，今年60岁，是农贸集市里的一名菜贩。他居住在与集市一路之隔的两层小楼内，每天上午在集市内卖菜，一年能挣七八万元。儿子和儿媳在庙港的纺织厂上班，都是纺织机操作工人，两人加一起一年能挣15—20万。这样的家庭总收入在开弦弓村算中等收入水平，不好不差。徐伯的妻子曾经是村里缫丝厂的工人，2005年下岗后便没有再工作了，主要负责操持家务并照顾孙子、孙女。自从搬进室内农贸市场后，徐伯每年要交3500元的摊位租金。这笔钱倒不算多，但令徐伯困扰的是，生意越来越不好做了。现在村民们喜欢在手机上买菜，光顾农贸市场的人变少了。“手机买菜很方便，想买什么就在手机上选，他们在镇里，很快就送过来，比我们菜场卖得便宜，虽然我的菜更新鲜，但很多村民懒得出门就在手机上买。”

来江村调研和观光的游客很多，但对村里的商贸服务业几乎没有拉动作用。“外面来的人只是在村里逛逛，又不吃饭。本来农贸市场门口还有好几家饭店，去年店面也被村集体收回去了，说要统一开发，但现在还没动静。”除了生意逐渐冷清的烦恼，徐伯的生活倒也算和乐。每天下午对他而言是空闲的时间，他热情好客，喜欢与外面来村里的人聊天，请客人们喝熏豆茶。这种性格，是江村人的普遍特征。多位对江村进行过跟踪调查的学者都对其有过描述，例如：“村民们对你的到来就像北大学生看见外国教授，不说熟视无睹，也是见多识广的样子。他们请你吃熏豆茶，但不会‘审查’你的身份，询问你的来历。这就是开弦弓村特有的人文氛围。”①

姚伯，今年70岁，住在小清河以北，经营一家烟酒便利店，兼营一个家庭式小餐馆。他早年是村里的厨师，村子里的人家，婚丧嫁娶需要办酒

① 周拥平．江村经济70年[M]．上海：上海大学出版社，2006.

席时常请他去做大厨。年纪大了以后体力不济，无法再担任大厨的工作，他便在自家房子的一楼设了三张圆桌，有时候村里人请客下馆子，便会到他这儿来。姚伯的妻子沈阿姨帮他看店，小餐馆营业时帮忙做菜（见图9-11）。他们育有一儿一女，儿子在常熟做生意，女儿嫁到了小清河以南一户人家。女儿与女婿都在震庙公路边上的纺织厂工作。走进姚伯家的庭院，漂亮的小别墅引人注目，问起建房的事，他显得十分自豪，"这个房子建得早，所以外面都贴了瓷砖，现在新建的房子就不让贴了。房子花了三百万吧。以前我卖酒生意好，还有一个仓库的，后来村里说仓库不能建了，生意就做的少了"。几百万的建房款，对于江村村民而言，似乎是必需的！如果要达到他们心里对房子的期望，这笔钱就不能省。"现在最大的烦恼就是钱不够用，虽然房子什么的都造好了，但是我开支大，家里请客多，年纪大了赚钱不如以前了。村里面从来没有什么分红，比不上别的村。"经营、工作、赚钱的信念，是如此深刻地烙印在他们的心里。尽管村办企业辉煌的时代已经一去不复返，但这种"挣工资"的传统，从蚕桑业时代的江村延续至今，根深蒂固。

不仅是年逾七十的老人仍然在经营，需要照顾家庭而无法外出上班的妇女们也不会闲着。在江村，常常可以看到清扫落叶和垃圾的妇女，她们大多是本村或邻村人，每人有一块固定的清扫范围，每天早上8点开始工作，11点回家为家人和孩子做午饭，下午2点到5点继续工作，这样每日6个小时，一个月不休息，可以赚1500元。"如果去镇上的厂里上班，那一

图 9-11　普通小型家庭餐馆和厨房

个月至少三四千，但是我家里有小孩子在上学，没法去工厂，就每天扫一下地，赚一点钱。雇我们的垃圾清扫公司是外地人，工资太低了，但是没办法。”偶遇的扫地阿姨如此抱怨道。

开弦弓村的人家，贫富差距较为明显。既有年入千万的企业主，也有兼职打工的普通村民，但一个共识是，这个村子对他们而言，不再是谋生所必须依赖之处，只是一个概念上的“家”，或者“祖宅”。许多人家在镇上或者苏州市都购置有房产，长期留在村里的多是老人或者家境相对贫穷者。“我们村，但凡有点出息的人，都出去了。做生意，或者在政府单位上班，再差也就是在附近的纺织厂、电子厂上班，逢年过节才回来热闹一下。”尽管如此，村里宅基地上的自建房仍然是他们不断投入资金和精力的资产。他们很清楚这份祖宅是很有价值的，但具体有多大，怎么变现，他们也无法给出清晰的答案。有些人家认为以后可能开民宿，有些人家干脆摆摆手，“留给子孙的，总归有用”。

被持久凝视的乡村

经历过20世纪30年代中国农村工业的萌芽，也经历过八九十年代苏南乡镇企业崛起的辉煌，江村经济的过往历程已经成为经典的标本记录在中国乡村工业化与城镇化的历史中。而当下的江村，在新型城镇化的进程中似乎仍未找到持续发展的新动力，名气没有转化为可真正支撑其发展的资源。村干部向外来调研者这样介绍道：“开弦弓村到现在基本还是自然状态。改革开放初期搞了社办厂以后，没有像江阴等地的乡镇企业升级换代，华西村的工业，永联村的规模农业、旅游业都起来了，而开弦弓村都错失机遇，成为转型不成功的标本。吴江区别的村庄，没有开弦弓这样的名气，但有的办起了丝绸博物馆，有的村建设千亩桑园，年收入3亿多元，有的家家户户做羊毛衫很红火，而开弦弓什么都没做成。”

这个问题无疑是复杂的！也许可以有如下的思考：开弦弓村的“有名”，事实上是由于讲述这个村庄故事的人“有名”，使其成名的不是开弦弓村本身具有何种特殊性，而是费孝通先生通过对它的调查和讲述，在那个年代为世界打开了观察中国农民生活的窗口。“研究开弦弓村有什么意义？”这个问题在社会学和人类学学科内部也引起过讨论。有人就认为，今日开弦弓村的经济搞得不好，充其量在吴江属于中等水平，集体经济也垮了，私人经济一般般，村里人都外出工作或做生意，老龄化显著，已算不上农村经济社会发展的优秀典型。如果不是费孝通而使得继续做江村调查有点纪念意义，那么开弦弓村完全可能淡出人们的视野。

然而开弦弓村真正的价值也许正在于此。费老当年偶然的踏足，使开弦弓村成一个被持久观察的对象，这个村庄80年来发展的历史被充分而详实地记录下来，成为研究中国乡村变迁的宝贵对象。有学者认为，在江村调查100周年的时候，如果有一本《百年江村》问世，那一定是极有意义的，其人文价值可以媲美加西亚·马尔克斯的《百年孤独》[①]。对社会学家而言，江村的价值也许并不在于这个村庄本身发展得有多好，而在于它是一个宝贵的研究客体。通过这个小小的村落，外界的人看到了中国上世纪乡村工业的萌芽、解放前的农村土地改革、建国初期人民公社制度对农村生产生活关系的影响，以及苏南乡镇企业的兴衰……直至今日看到城镇化、信息化对乡村社会结构的巨大改变。

这种主客体关系带来的持久凝视目光[②]，成就了江村，也限制了江村。江村的“赫赫有名”带来的是各级政府的重视、关注与资源的投放，但这种自上而下的投入却不一定带来预期的收效。开弦弓村的村书记一职十分不稳定，外派到此的书记们通常三年一换，村庄发展政策往往无法连贯实施。慕名而来的各路政界、学界单位来了又去，对生活于此的村民而言，不产生任何深入的联系。“你们来了又去，一拨拨的，对我们村子到底有什么作用啊？”村民们这个朴素的问题往往令来者无所适从。这种治理主体与需求主体的错位，消磨了开弦弓村的村民主体性，他们自有生活要过，对“江村”这个名号没有更多的自豪感与留恋。

① 周拥平．江村经济70年［M］．上海：上海大学出版社，2006.

② 孙九霞．旅游循环凝视与乡村文化修复［J］．旅游学刊，2019，34（6）：1-4.

超越标本的可能

开弦弓村的白天，在村里活动的年轻人与中年人很少，这仿佛和全国广大地区的乡村一样，空心化、老龄化、没有活力。但村里各式各样的洋房别墅，又清晰地传达着一个信号，它和中西部刚刚脱贫的农村截然不同，在这里生活的人在物质上并不贫穷，甚至是丰裕的。这里是中国城乡一体化发展成效最显著的地区，城乡边界早已模糊。在实体空间维度，城市与乡村仍然存在着景观上的区分，但从人的活动观察，城乡已经在悄然融合。江村人的活动范围不仅覆盖吴江、苏州、苏南，到浙江、上海做生意的也比比皆是，年轻一代的大学生们更是天高海阔。这个小小的村庄展现出了城镇化后半场中国社会的流动性特征：人的流动、资本的流动、信息的流动……只是这些潜在的流动性，尚未被充分认知和挖掘，并应用于村庄自身的发展。在当今信息化推动的城乡加速融合时代，开弦弓村事实上具备极为优秀的发展条件：

（1）依然优越的地理区位。历史上开弦弓村凭借优越的区位和资源禀赋，在乡村工业化历程中涌现过闪光的片段，今日这一区位优势仍然显著。长三角作为中国经济发展最活跃、开放程度最高、创新能力最强的区域，发展机会与动力充足。苏州作为全球产业分工中崛起的世界级制造业中心，是吴江区域发展的重要支撑。随着长三角生态绿色一体化发展示范区的建设，开弦弓村未来的发展可以有更多的想象空间。

（2）沉睡的巨大乡村资产。和许多乡村一样，开弦弓村拥有大量尚未充分利用的土地和住房，或是被高规格地翻新但平日无人居住，或是被村集体收储但荒废闲置。随着三权分置等土地制度改革的深化，更加合理的市场化机制进入村庄后，这些沉睡的资产将显现出巨大的价值。

（3）潜在的虚拟要素资源。多年的经商传统不仅赋予江村人开放奋进、热情活泼的性格，也赋予他们四通八达的社会网络，关系、信息与资本，这些要素如果能够更好地回流并在江村集聚，必将发挥不可估量的作用。

开弦弓村如果能够在"江村"的盛名之下，有效地利用优越的区位整合潜在的虚拟要素资源与沉睡的巨大乡村资产，必将超越静态标本身份，成为城乡融合时代的新主体。也许它将更是一座流乡村的典型，一座仍然保持较低实体空间开发密度和强度，但却拥有更多交易活动与更强对外联系的乡村。这样的开弦弓村，将不再仅仅作为一个被外界持久凝视的研究客体而存在，它将拥有更多自主发展的可能性。正如费达生先生在开弦弓村的蚕丝业改革实践启迪了费孝通先生，相信未来开弦弓村更具主体性和主动性的实践，将启迪更多的研究者，把对中国乡村的凝视与深描[1]上升为理论。

① 克里福德·格尔茨.文化的解释[M].韩莉译.南京:译林出版社,2014.

十 | 流乡村理念下边远乡村的发展

随着美丽乡村建设、乡村振兴战略等国家政策的陆续出台，近年来关于乡村发展的学术研究与建设活动日益繁荣。综述已有的研究成果和实践案例，可以看到空间可达性是选择乡村发展策略的重要影响因素。大量中心城市近郊乡村得益于紧邻城区的区位优势，或者成为承接城市功能外溢的重要空间，或者通过引入城市资源实现发展振兴，因而获得了较多的关注。然而关于量大面广的边远乡村，相关研究和讨论并不丰富。边远乡村通常空间可达性较低，各种功能要素难以形成集聚，发展常常面临巨大困境，普遍呈现衰败、异化的趋势，亟需进行深入研究进而给出针对性的发展策略与规划。

移动互联网时代的加速到来，对于传统空间关系的影响日益深刻，空间可达性的概念正在被重塑。尤其随着区域间虚拟与实体要素流动成本的大幅降低，淘宝村、网红村等流乡村开始大量涌现，甚至许多实体空间可达性较差的边远乡村开始获得新的发展。这些新空间现象的出现立即引发了更深入的思考。流乡村能否成为边远乡村发展突围的可能？流乡村导向的边远乡村的发展又需要什么样的规划支撑？针对这些问题，我们深入分析传统规划方法在边远乡村实践的困境与成因，尝试从流乡村的理念出发探索边远乡村的发展策略，进而结合贵州省石阡县楼上村的实践，建构基于流乡村的边远乡村发展规划方法。

边远乡村规划实践的困境与成因

“边远”多指远离政治和经济中心之地。一般而言，边远乡村具有地理位置偏僻、对外联系不便、发展基础薄弱、人口流失及经济社会事业发展受阻等特点[1]。尤其在我国中西部地区，自然地理条件往往造成边远乡村的生活和生产较为分散，相较城市近郊乡村，较低的实体空间可达性使得产业发展的成本高、难度大。因而对于大量边远乡村，拆迁撤并是较为普遍的规划对策，能够做到“精明收缩”就是很好的路径了[2]。

实体空间可达性差虽然抑制了边远乡村的发展，但也使得这些乡村在很长时期内避免了城市化的侵蚀，保留了较为完整的传统文化资源和更为优良的生态环境格局，从而拥有相对较高的保护与开发价值。面对这类具有历史文化与生态环境资源的乡村，传统规划方法大多通过物质空间优化、项目建设来发展文化旅游与生态产业，依托政府、企业、集体等多方主体合作实现治理与运营。这些规划方法在城市近郊乡村通常能够取得较好的绩效[3]，但在边远乡村的实践中，较高的距离成本往往使得乡村旅游与农产品的销售局限在消费能力并不高的临近市场，投资建设的转化效率低，市场资本往往极少愿意进入[4]，产业兴旺的路径很难畅通。与此同时，较低的投资回报、较高的通勤成本往往阻碍人才、劳动力等要素的回流，乡村治理体系也缺乏乡贤能人，持续维护运营的能力往往不足，难以支撑乡村的可持续发展。总之，偏重实体物质空间改善与要素重组的传统乡村规划理念与方法，往往更依赖城乡之间的地理邻近性，对于边远乡村的发展很难有好的效益。

基于流乡村的边远乡村发展策略

移动互联网对于空间可达性的重构，将更多地方空间与全球网络连

① 宁华宗．治理空间的再造：边远山区乡村治理的新路径——以黔江生态移民工程为例[J]. 社会主义研究，2014（06）：145-151.

② 周洋岑，罗震东，耿磊．基于“精明收缩”的山地乡村居民点集聚规划——以湖北省宜昌市龙泉镇为例[J]. 规划师，2016，32（06）：86-91.

③ 赵佩佩，胡庆钢，吕冬敏，等．东部先发地区乡村振兴的规划研究探索——以杭州市为例[J]. 城市规划学刊，2019（05）：68-76.

④ 史英静．传统村落的振兴与困惑——以安徽传统村落尚村为例[J]. 城乡建设，2019（10）：62-64.

接，从而使得集聚带来的规模效应不仅存在于实体空间，更存在于虚拟空间，形成虚拟集聚。虚拟集聚与乡村的结合就会形成流乡村，即仍然保持较低实体空间开发密度和强度，但拥有更多交易活动、更强对外联系的乡村。由于流乡村形成的核心在于虚拟集聚，实体空间的可达性并非决定性要素，因此为边远乡村打破传统乡村发展理念与规划方法的实体局限性，形成发展突围提供了可能。基于对流乡村的界定和机制分析，我们认为可以从三个方面推动边远乡村向流乡村的转变，即确立虚实互促的良性发展理念，重构虚实两个维度的乡村潜力识别体系和线上线下相协同的规划方法体系。

确立虚实互促的良性发展理念

虚实互促的流乡村发展理念认为，边远乡村完全可以立足当地特色异质的资源，通过虚拟集聚化解实体空间可达性较低的难题。一方面，通过选择易于在虚拟空间吸聚流量的相关特色产品和宣传方式，在更广阔的互联网上开拓市场，借助互联网的赋能导入资金、人口、技术等要素流，激活乡村内生动力，推动乡村在虚拟空间中成为要素流动的节点；另一方面，在生产模式、空间组织、治理方式等方面进行相应调整更新，通过线下发展品质的提升进一步推动线上要素的聚合，形成虚实互促的良性循环。这一循环虽然并未改变边远乡村在实体空间中的区位，却能够通过虚拟集聚为乡村创造更多交易机会、更多就业岗位，进而实现产业兴旺，改善公共环境，吸引人口回流，推动乡村良性可持续发展（见图10–1、10–2）。

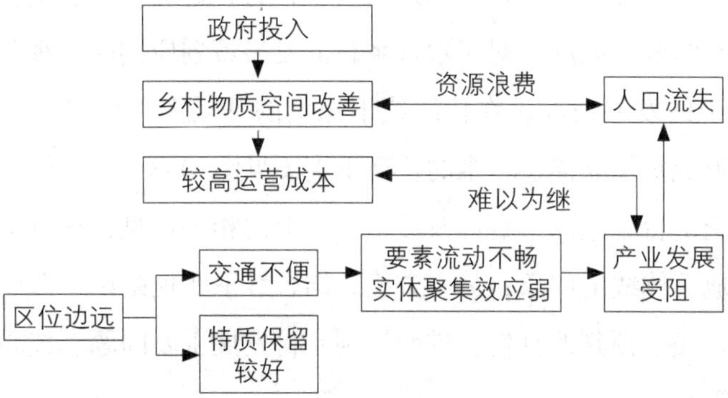

图 10–1　边远乡村发展困境解析

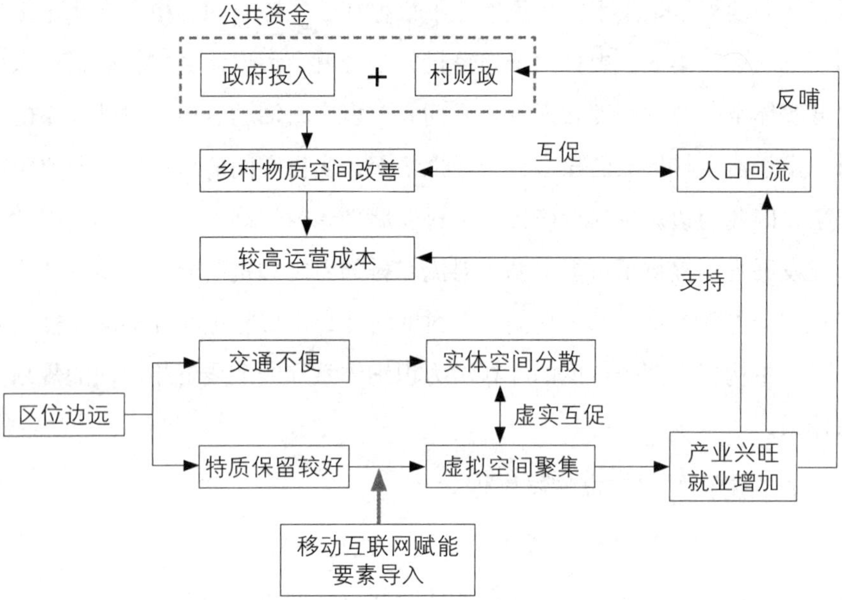

图 10–2 基于“虚实互促”的边远乡村发展路径

重构边远乡村潜力识别体系

伴随移动互联网使用的持续深化，无论城市还是乡村均不再是实体空间中的三维对象，其在虚拟空间这一新维度中的形象对于发展的影响日益凸显，典型的案例如“天空之境”——茶卡盐湖、“最后一方净土”——稻城亚丁以及“丁真的世界”——理塘等等。大量“藏在深山人不识”的边远地区在移动互联网时代快速进入公众视野，进而全面影响实体空间的发展重点与绩效。因此，对于边远乡村的发展策划应同时重视其在虚拟与实体空间中的发展情况，在传统线下识别的基础上，增加线上维度的调研，从而形成更加立体、多维的特征识别（见图10–3）。具体而言，一方面综合社交平台、电商平台以及搜索平台上的相关信息，通过综合分析与判断，形成总体线上印象；另一方面，结合线下实地踏勘、深度访谈等，检验、校核线上预判的真伪，进而识别乡村发展主要问题、核心价值以及潜力要素等。

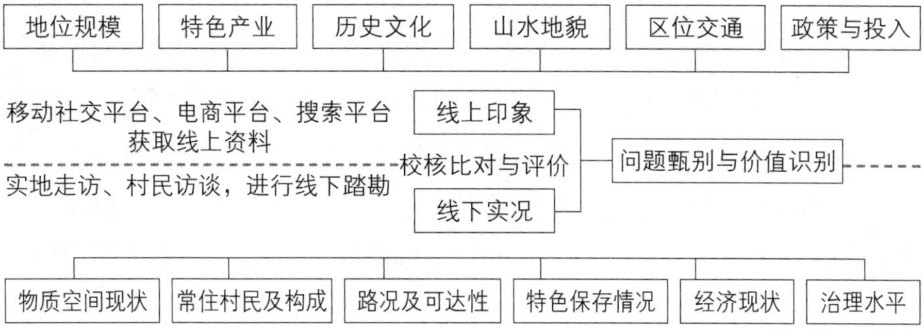

图 10-3　边远乡村潜力识别体系

形成线上线下协同规划体系

基于虚实多维度的识别体系，边远乡村的规划需要有针对性地协调线上、线下资源的分配，在统筹考虑产业、空间、治理等子系统的基础上，积极推动虚实空间的要素联动，最终实现向流乡村的蝶变（见图10-4）。

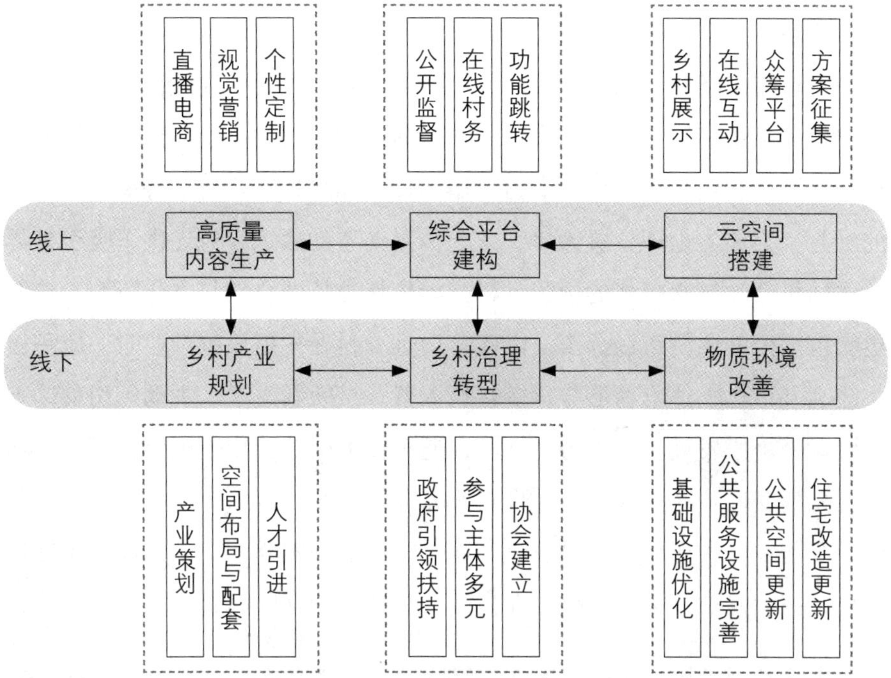

图 10-4　基于线上线下协同的规划方法体系框架图

多元化的产业策划是乡村经济发展的有力保障，线上线下协同的产业子系统构建需要被摆在首位。农业生产是乡村空间的主体功能，农产品优势往往是乡村空间最大、最不可复制的优势。因此，产业策划首先要围绕农产品的销售展开。相比于传统的线下销售，移动互联网深度发展所催生的一系列基于社群平台的商业模式创新[①]，为农产品的线上销售提供了多种选择。相较于“图片+文字”的传统电商模式，“直播+电商”的新模式通过对农产品生产制作过程的“可视化”，以及对销售互动性的增强迅速获得消费者和生产者的青睐，而且其较低的技术准入门槛，在乡村地区具有很强的可行性与可推广性。2017年以来尤其新冠疫情爆发之后，越来越多的农户开始利用短视频、直播等平台进行网络销售，普遍收到很好的绩效，并且获得基层政府的鼓励和支持，“县长带货”成为很多地区农产品销售的亮点。积极利用直播、短视频等互联网手段，设置直播基地、培训广大农户，有效对接市场网络，及时根据反馈信息引导生产，将成为边远乡村融入区域产业分工、实现产业兴旺的重要途径。

在乡村产业策划中，旅游振兴始终是显化乡村异质性资源价值的有效方法。近年来随着自驾出行、自由出行的兴起，旅游的体验性、新颖性和差异性需求快速增长，旅游市场不断延展与细分。过去基本处于传统旅游市场外围的边远乡村的旅游潜力开始凸显，加之抖音、快手等短视频平台的崛起，为原先地理位置偏僻、缺乏传播渠道的边远乡村提供了吸引外界关注的机会，越来越多的边远乡村开始依托独特的自然与文化资源，参与更大范围内的旅游市场分工。因此，边远乡村在发展旅游产业时，应积极关注利基市场，适应新形势，链接新人群，接轨新需求。主动运用移动互联网营销手段发展“注意力经济”，通过线上引流、线下提质合理适度地实现流量变现，提升自下而上的市场认知度。

改善乡村人居环境既是乡村产业兴旺后的必然要求，也是进一步推动乡村可持续发展的重要支撑。在全面广泛地接触互联网后，村民获取信息

① 罗珉，李亮宇．互联网时代的商业模式创新：价值创造视角［J］．中国工业经济，2015（01）：95-107.

的途径大为丰富，对乡村人居环境改善的需求必然日益提高，同时新产业模式的植入也会推动空间格局重构。改善迈向流乡村的边远乡村的人居环境，首先需要满足触网觉醒后的乡村居民对新生活与新产业发展的需求，尤其充分考虑草根精英返乡创业与生活现代化的需求，整理、盘活乡村多种空间资源，为产业进一步发展预留空间。同时对于新空间需求、建造技术与资金的获取，可以借助信息平台进行统筹策划，一方面吸引更广阔范围的技术和投资，另一方面实现自下而上的、更具实操性的空间营建。最终将移动互联网植入乡村的空间展示、整体运营以及单体改造之中，创建空间信息交互平台，促使更大地域范围的要素集聚和对流，实现虚拟空间与实体空间高频互动。

治理有序是乡村可持续发展的重要保证。随着要素更加集聚，交易更加频繁，迈向流乡村的边远乡村的治理必须适应新的发展趋势，探索新的模式。首先，乡村治理的主体不能简单地局限于原有的在地村民，所有为乡村发展做出贡献并在乡村拥有产权的主体都应该纳入乡村治理体系，使其拥有参与乡村治理的权利。同时积极倡导“多元共治”思维，结合移动互联网技术，搭建线上村务平台，整合多方信息，疏通互动反馈渠道，让在地与异地的“泛村民”都有机会参与到村庄的建设管理与决策。有效的线上线下协同的多元化治理格局，必将激发更多自下而上的动力，实现乡村治理现代化。

基于流乡村的边远乡村发展规划

为了更清晰、具体地阐述基于流乡村的边远乡村发展策略，我们以贵州省铜仁市石阡县楼上村的发展规划为例展开详细说明。楼上村是典型的边远乡村，作为国家级传统村落，楼上村虽然颇受当地政府的重视，但较低的实体空间可达性使得发展一直不瘟不火，急需破解发展困境。移动互联网时代的加速到来，贵州“扶贫云”的诞生，铜仁市互联网发展协会、“母亲电商”等项目的运营，为楼上村利用移动互联网赋能实现边远乡村振兴奠定了良好的基础。

线上预判，线下校核，识别潜能与核心问题

规划先后在线上线下两个维度展开现状调查，以期全面了解楼上村的线上形象和线下实际发展情况。线上资料显示楼上村以旅游景点为主要打造方向，生态与文化资源要素丰富，拥有“中国传统村落”“中国历史文化名村”等头衔，规划定位较高，地方扶持力度较大。但相较贵州诸多旅游名胜，尤其邻近的黔东南地区的镇远古镇、千户苗寨等景点，楼上村的旅游项目策划与宣传明显不足，网络热度低，市场反响差，总体成效不高。农业产业是楼上村选择的另一条重要发展路径，但目前只有关于生态农业振兴发展的提法，未能真正落地形成规模和品牌化运营。

深入楼上村的线下调研进一步证实了线上调查的结论，并形成了更为准确的原因判断。楼上村地处铜仁市石阡县国荣乡南部，周边缺乏大城市依托，复杂的山区地形也大大降低了其与县城、集镇的通达度。在旅游发展上政府投资主要集中于基础设施建设与古屋翻新，村落格局与风貌得到了较好的保护和改善（见图10–5），但边远区位造成的高旅行成本问题基

图 10–5　楼上村村貌鸟瞰

本无法解决，既有的旅游内容与特色不足以克服区位阻碍吸引游客。在农业经济方面，坡度较大的山地地形导致农地破碎、规模较小，农业机械化程度极低，特色农产品的种植尚未形成规模化和产业化。政府长期以来对于实体空间的建设投入大大改善了乡村的整体环境，然而由于乡村产业的停滞不前，乡村“空心化”的程度始终较高，乡贤能人以及青壮年劳动力大量流失，乡村自我“造血”能力不足（见图10–6）。

图 10–6　老人为主的村庄

基于线上线下的综合分析可以看到，楼上村保有传统村落的空间格局与文化特质，具备良好的生态资源，已经得到地方政府的持续关注和大力扶持，整体发展潜力很大。目前产业发展的困境主要来自于边远的区位、多山的地形和人才的不足。与此同时，线上宣传的乏力导致更广泛区域的市场感应不足，在有限受众市场范围内难以找到可持续发展的产业，而对于政府输血式投入的依赖一定程度上也会弱化地方创新、创业的积极性，形成“等靠要”的消极思想。要摆脱实体空间区位的桎梏，实现楼上村历史文化与生态资源的价值转化，必须运用互联网思维，确立迈向流乡村的发展理念，充分用好国家政策，推动线上线下产业、空间、治理的全面升级转型。

充分结合电商与直播经济，推动产业融合发展

乡村要振兴，产业兴旺是基础。楼上村的产业发展需要持续聚焦旅游与农业两大方面，借助互联网多元电商模式打开市场。通过直播、短视频等新传播途径宣传楼上村原真、生态的生活，同时关注“人货场”的构成

与线下生产、服务的质量，拓展农产品的销路。

以“直播+电商”为重要抓手，疏通产品“流出”与要素“汇入”渠道，倒逼“人货场”重构转型，推动农产品上行。为了更好地连接直播市场，满足多元化需求，首先需要对人群重新组织。在主播构成上，选择“当地农民+腰部网红+县长”的模式，以“产品推销+知识科普”为主要内容进行直播。在组织管理上，设置乡村直播基地，构建政府引领、返乡创业者主导、村民参与的集体经济组织，对涉及直播销售事务的相关人群进行统一管理与培训。

其次需要优选本地特色农产品，重构农业种植类型并延伸产业链。产品选择需要以市场反馈热点为主要参考因素，重点选择特色鲜明、有可能成为“爆点”的小众农产品，并由村集体与农业科研院所等专业机构综合评议后决定。规划建议楼上村选取“楼上菌棒、石阡苔茶、贵州刺梨”三种典型本地农产品进行小规模试种试销，这些农产品分别代表本地发展基础较好的、县域正大力推广扶持的以及极富发展潜力的三种类型。进而在已有初级农产品发展的基础上，提出相关延伸产品的开发建议（见图10-7）。同时结合直播平台，尝试互动性更强的“线上农场”模式——云端选种种植、直播作物成长、快递运输成果（见图10-8）。通过“云耕”方式降低城市居民与资本“下乡”的门槛，通过定制化服务与娱乐价值的赋

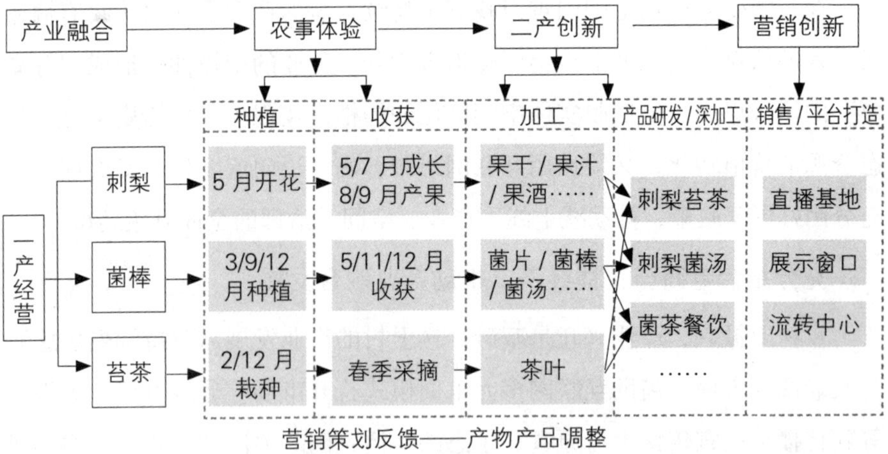

图 10-7　农业产业链延伸

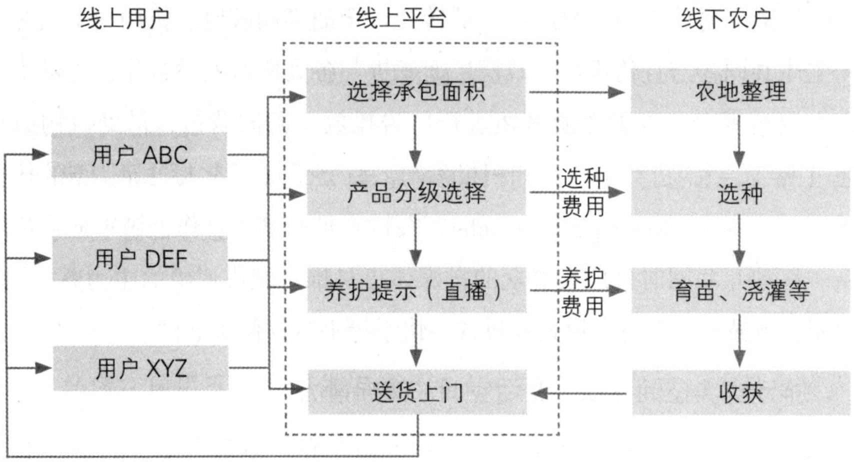

偏远山村以全托管为主，综合托管与众筹模式相结合

图 10–8　线上农场模式

能提高农产品附加值与销售量，进而创造线下旅游需求。

最后，需要充分利用传统村落的空间格局与生态资源背景，打造直播所需的特色场景。场景涵盖农特产品生产、乡村风光、文化空间等多样化内容，具体可以包括在群山环抱的环境中种植采摘，在古井山泉边清洗食材，在古屋古木下聚集晚餐等自然的生活化场景。同时增加与消费者互动的机会，优化消费体验，提升消费者黏性。

在旅游发展方面更需要结合互联网的巨大传播力，线上引流，线下提质，充分展示独特的乡村景观与文化，及时呈现真实且高质量的乡村生活，满足新旅游人群对舒适度、体验性以及精神文化的追求。在线下内容生产上，楼上村首先需要提升道路交通、民宿餐饮等设施质量，丰富活动项目的体验性、互动性，使得客流能驻留更长时间，增加消费力度。建议基于优秀的民间演艺团队、生态农业资源以及村内的雅正书院与铜仁学院的定向志愿合作，设计策划民俗演艺、农事体验、星光夜读等特色活动。通过线上定制、定点讲解等更为灵活的参与方式，有机串联起各类项目与空间，使旅游人群能更便捷自由地实现旅游休闲。

在线上营销中，要巧用“两微一抖一快”平台，进行网络互动造势。结合直播产品，变线上消费者为线下游客，变线下游客为线上消费常客，全面推动乡村旅游向乡村旅游生活转变。全面推动政府、机构与个人等不同主体共同参与宣传推广。政府层面积极与各大旅游网站合作，借助贵州官方宣传平台、湘黔旅游联盟进行广告投放、共同营销，借助机构力量通过网红、大V进行引流，如积极参与"百县千红新农人"等类型的扶贫活动，与KOL（Key Opinion Leader，关键意见领袖）合作推销本地特色产品。移动互联网时代广大群众的自媒体更是推广城市形象的主力军①，因而要积极鼓励、支持当地人在抖音、快手等平台宣传楼上村。

推动虚实空间互动，激活空间"造血能力"

虚实空间互动包括两个方面：一方面是在"乡筹"平台的整合下，运行线上线下共谋共策、共建共享的空间建造模式；另一方面是将电商直播产业植入楼上新村，使新村与保持历史传统风貌的楼上古寨形成功能联动。

创建信息交互的"乡筹"平台，投放村落空间展示、规划建设、空间单体改造项目，实现线上提议、线下实施，可以有效降低离村乡贤对村寨的指导与投资成本，更迅速地反馈市场需求、激发潜在客户群兴趣。策划搭建线上"乡筹"平台，设置线上空间展示与互动窗口。平台收集实地体验者与线上围观者的意见后，结合村寨发展定位进行筛选整合，并发布空间改造需求信息，通过佣金支付、奖金奖励、"以工换宿"等形式进行方案征集与人员招募，甚至可以通过平台实现项目资金众筹。项目落成后，在平台上进行评价与反馈，实现虚实空间的持续互动。

在这个过程中可将改造空间分为公益公共空间、集体经营空间以及个体空间三类，针对不同类型进行因地制宜的改造。对于公益公共空间，如景观小品、生态厕所等非营利性项目，需要做到共谋共用。经费来源以上级政府拨款及集体经济投入为主，经过完整的项目启动—方案征集—方案确定—项目落地—意见反馈等环节，使项目成为更广意义上的公共空间

① 抖音，头条指数，清华大学城市品牌研究室．短视频与城市形象研究白皮书 [R/OL]. 2018-09-23.（2020-12-16）

与公共设施。针对集体经营空间，如公用厨房、直播基地等营利性集体项目，需要实现利润共享。经费来源主要为集体经济投入及众筹资金，线上线下协同贯穿项目全过程。对于个体空间，如商铺、民宿等项目，更加强调个性化定制。经费来源主要为村民与创业者个人提供，借助类似“Design Home”“我的小屋”等娱乐化平台降低设计门槛，扩大受众。

楼上村正在古寨东西两侧进行新村建设，引导村民搬出古寨以进一步保护、开发古寨。作为楼上村民经济、社会活动的新载体，规划新村除作为村民迁出后的新居外，需要同时兼顾民宿餐饮、电商园区、直播基地等生产、服务功能。而古寨区域作为楼上宝贵的历史文化遗产，一方面需要进一步保护、完善特色风貌，形成旅游目的地和电商直播的重要场景，另一方面需要优化存量，充实新元素，形成更加丰富的文化、创意功能，为村民提供就业、创业的空间。规划新村古寨形成功能互补、融合互促的格局。

图 10-9　楼上村的传统建筑

基于发展规律对楼上村格局进行再梳理，可以将空间开发内容划分为三个圈层组团。核心组团为重点保护开发区，组团内现有马桑古屋、梓潼宫、戏台等传统古建，将承载深度体验型活动（见图10-9）。延伸组团为重点配套活动区，聚集了文化广场以及新建建筑，建筑格局应与原有格局保持一致，同时控制功能类型和建筑质量，可适当布置高品质民宿。东西部组团，规划为次重点配套区，主要承载民宿、餐饮、旅游服务中心等综合服务功能。为兼顾旅游新人群的需求和村民的生活诉求，规划需完善楼上村内的空间品质，如旱厕的整改与公厕的增设、停车场的规划建设等。

倡导线上线下多元治理，激发自下而上动能

治理体系包括纵向重构和横向协同两个维度。纵向治理体系是实现产业升级的基础，而横向治理体系是在已有产业基础上协同各方利益、实现可持续发展的必然要求。

在纵向治理体系方面，推动形成上级政府引领、村两委衔接落实、“新乡贤”组织引导、村民积极参与的治理格局。对于楼上村这样缺乏产业基础与创新观念的西部边远乡村，建议采用“政府+服务商”模式[①]，通过市、县、乡镇多级政府推动和服务商陪伴式培育服务，促使电商及相关产业落地生根。在这一治理重构过程中需要重视“新乡贤”群体的作用。返乡创业人群通常拥有较高的经济社会地位与“本地人”的身份，是非常重要的“新乡贤”来源，将成为新治理体系中代表村民利益的中坚力量。最后，实现善治需要提升广大村民的参与主动性与能力。随着楼上村向流乡村的转变，许多村民经过培训学习后将成为主播、电商经营者、旅游从业者等“新村民”，他们参与乡村治理的意愿将大大提升。与此同时，与楼上村有着紧密经济社会联系的线上村民同样是乡村治理的重要组成。新乡村治理需要充分整合线上、线下的多元力量，结合线上平台与奖励机制，鼓励村民积极参与线上村务管理。

在横向治理体系中，可依托经济合作组织、线上村务平台，形成多方协调、线上线下村民共治共营的发展格局（见图10-10）。建立以电商合作社为代表的经济合作组织，共享发展信息，降低生产成本，提升社会风险抵御能力，统筹协调各方利益，进行重大事务决策。村民可以通过土

① 罗震东．新自下而上城镇化：中国淘宝村的发展与治理［M］．南京：东南大学出版社，2020：120-125.

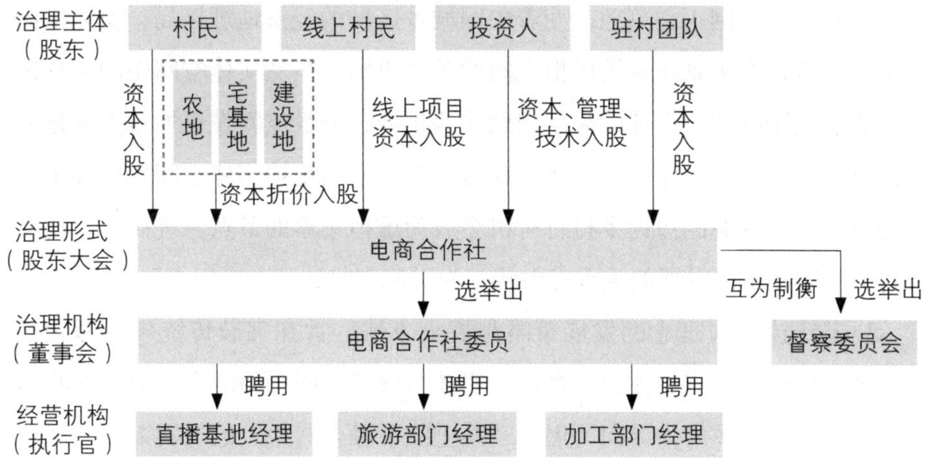

图 10-10　合作社化多方合作关系

地、房屋等折价入股参与决策，从而保障村民的决策主体地位。选举产生督察委员会，负责对电商合作社的选举流程、经营过程、分配过程进行监督并提出质询。合作社委员会聘用有能力的代理人参与到直播基地、旅游部门、加工部门的生产过程中，并定期对他们进行绩效考核。搭建线上村务平台，下设四个板块，以“主播主页”与“信息发布”板块促进信息公开、流通与交互，以“积分奖励”板块激励广大村民参与治理并实现成果共享，以“议事大厅”板块提供低成本意见反馈渠道，从而达到重塑城乡社会网络、实现共治共建共享的目的（见图10–11）。

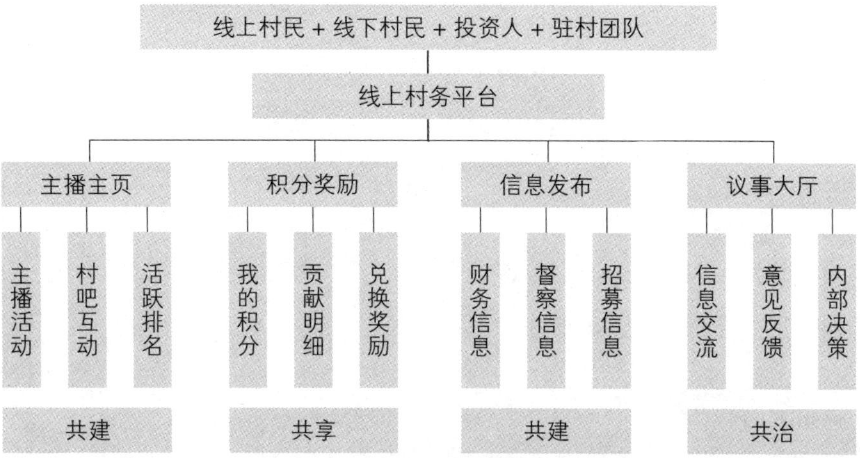

图 10–11　线上村务平台构建

移动互联网正深刻地改变着中国城乡区域的经济地理格局，实体空间中的经济社会关系正在被虚拟空间的关系重塑。虽然实体空间中的地理区位无法完全改变，但伴随流空间的快速扩展，城乡空间在更加自由连接的网络中的区位将发生剧烈变化。在这一虚拟空间重构实体空间的过程中，拥有异质性资源的边远乡村将有机会成为虚拟集聚的节点，进而成为流乡村，将曾经阻碍发展的重重青山转变为引流创收的“金山银山”。

基于流乡村理念的发展策略与规划方法，旨在突破传统规划理念与方法的桎梏。重点关注边远乡村在实体与虚拟空间中的潜力价值及核心问题，以迈向流乡村为导向，倡导“线上线下融合共生”的规划策略。规划内容涵盖产业转型升级方式、宣传引流与渠道引导、空间虚实互动格局与功能规划以及新乡村治理模式等。期望通过更加综合、创新的方式为边远乡村提供一条实现美丽发展、共同富裕的可行道路。

结语：再谈李子柒的“城”与“乡”

“李子柒”的成功显然是移动互联网时代才会产生的一个现象级事件。据报道，其在海外视频平台上的粉丝数已达到1410万[①]，并保持着强劲的增长势头，而“李子柒是不是文化输出”也成为微博上阅读超过7.5亿次的热搜话题。有人说李子柒在油管频道（YouTube）的对外文化影响力“可以抵得上1000个中国国际电视台”，也有人说李子柒视频里的乡村生活并不是真实的，更有人害怕李子柒的视频会给中国的乡村贴上新的标签。为什么是李子柒？当人们还在持续争论这样的话题时，与李子柒有着近乎相同逻辑的“张同学”横空出世，在2021年的最后两月爆红于短视频网络[②]。无论是李子柒式的精致淡雅，还是张同学式的粗粝质朴，无论是天府之国的风花雪月，还是东北大地的锅碗瓢盆，都一致地指向中国的乡村，尤其中国乡村的日常生活。观察网络上的各种解读与评论，除了视频拍摄与剪辑、市场定位与流量等技术性思考外，人们也不约而同地开始讨论乡村、小城镇、县城这些在过去40多年的城镇化进程中，尤其在近20年的大城市化过程中被忽视、淡忘甚至抛弃的空间。是啊，史无前例的超大规模快速城镇化，在取得巨大成就的同时也带来了城市与乡村的双重危机[③]。关于李子柒们的讨论也许只有回到城镇化，回到空间才能找到问题的线索，给出更好的解答。

① 2021年2月2日，吉尼斯世界纪录发文宣布，李子柒以1410万的YouTube订阅量刷新了由其创下的“YouTube中文频道最多订阅量”的吉尼斯世界纪录。信息来自“李子柒刷新‘最多订阅量的YouTube中文频道’吉尼斯世界纪录”，新浪科技，2021-02-02.

②“张同学”爆红背后的流量密码：怀旧视角、烟火气与乡村振兴．澎湃新闻，2021-12-05.

③ 雷蒙·威廉斯．乡村与城市［M］．韩子满，刘戈，徐珊珊译．北京：商务印书馆，2013.

快与慢，城与乡

改革开放以来的40余年是中国城乡发生巨变的40余年。城镇化率从1978年的17.92%提高到2020年的63.89%，城镇常住人口从1978年的1.7 亿增加到2020年的9.0 亿[①]。中国已经从一个相对落后的传统农业国转型为拥有完备工业体系的现代工业国、世界第二大经济体。工业化与城镇化的巨大能量让“进城”成为当代中国乡村人口生活的主旋律，无论是“50”后还是“00”后，无论是“考学”还是“务工”，通过种种手段脱离农业，跳出农村，进入城市，常常成为一个乡村家庭发展策略的重心。40余年的快速城镇化进程已经彻底改变了中国城乡之间的人口结构与关系，然而40余年的时间仍不足以抹去人们对于乡村以及乡村生活的清晰记忆。事实上，“乡土中国”并未也不可能一转身就成为“城市中国”。“城乡中国”将成为中国今后相当长时期的主旋律，在这一时期里，“乡土成故土，乡村成故乡”[②]。

乡村生活虽已远离，也很难回去，但思念和记忆历久弥深。李子柒乡村生活的视频，一如《舌尖上的中国》，乡土、故乡、团聚的味道总是让人难以忘怀。视频内容可以被设计，被制造，被生产，但亲人之间自然流露出的情感是做不了假的。李子柒的视频中，与奶奶在傍晚一同吃饭、聊天的镜头打动了许多人。快速城镇化进程对于大量乡村家庭而言，是家庭被分隔的过程，别离成为许多乡村家庭的常态。一家人团聚、共进晚餐是许多在城市中打拼的年轻人藏在心底的渴望。李子柒视频中展现的祖孙之间的温情时刻，应该会让许多人想起远方家里年迈的亲人。这种温情也是李子柒在国外网友中获得共鸣的重要原因之一。毕竟人类最朴素的情感是一样的，爱是本能。

城市文明与乡村文明只是两种不同的文明形态，不存在谁优谁劣，

① 根据第七次全国人口普查结果，居住在城镇的人口为 90199 万人，占 63.89%。

② 刘守英，王一鸽. 从乡土中国到城乡中国——中国转型的乡村变迁视角[J]. 管理世界，2018，34（10）：128-146+232.

而是相互需要、互为补充的关系[1]。尤其在大城市建设密度不断提高，城市人工作节奏越来越快的当下，乡村文明的价值更加凸显。“工作996，生病ICU”“内卷”“躺平”等网络流行语的不断涌现无不反映着普通城市人面对快速变化环境时的无奈。于是乡村意象中，淡雅的、朴素的、稳定的乃至于缓慢的农耕生活如同桃花源一般吸引着城市中的人们——人在此岸总是向往着彼岸。木心先生在诗歌《从前慢》中说，“从前的日色变得慢，车，马，邮件都慢，一生只够爱一个人”[2]，短短几句感动了无数人。李子柒诚意满满的乡村视频大致也是相似的，让快节奏的城市人可以从中得到片刻的宁静与逃离。在中国大地上其实有太多在传统的、自上而下的、单中心媒体传播时代没有得到发掘与展现的乡村美景。移动互联网时代变革了大众传媒的方式，去中心化的、自下而上的个体自由表达，使得许多秀美明丽的乡村得以更加立体、多元地呈现在大众面前，李子柒视频中的川西村落就是其中之一。

乡村文明除了自然、生态，更重要的还有文化。乡村是中华数千年传统文化的最后承载地。文化并非遥不可及，而是一种生活方式，衣食住行都是文化。李子柒的视频展现的就是最有生命力、最贴近普通人生活的那一部分。天人合一、人与自然和谐地交融与互动一直是中华文明的追求。她的视频里面就有对天时的感知：春天用“桃花泪”煲粥，夏天采青梅做酒，落雪的时候要有小火炉和涮锅子。也有对生命的尊重：在钓小龙虾时，还没长好钳子的小虾被重新放回池塘里，就像孟子说的那样，“数罟不入洿池，鱼鳖不可胜食也”[3]。这一切对于脱离自然太久、自然感知能力已经退化了的城里人，无疑又是一剂让心灵复苏的热汤。

快与慢，城与乡，原本就不是对立的。对于李子柒的热议，对于张同学的好奇，一定程度上恰恰说明我们的城与乡都出了问题。“物极必

① 刘守英，王一鸽．从乡土中国到城乡中国——中国转型的乡村变迁视角［J］．管理世界，2018，34（10）：128-146+232.

② 木心．云雀叫了一整天［M］．上海三联书店，2020.

③ 参见《孟子·梁惠王上》。

反、过犹不及”是中国古代哲学中非常有远见的理念，快慢、城乡也是辩证的共生关系。对于中国快速城镇化进程中存在的问题，刘守英老师早已洞察。

“相当长时期的一个误区是，将城镇化作为实现现代化的唯一目标，以为城镇化能带来乡村问题顺其自然的解决。事实上，单向城镇化的结果不仅导致大量的城市病，而且导致乡村问题加剧。城乡中国阶段的公共政策必须以城乡平等发展为基础，而不是以消灭乡村为结果，只有城乡的平等发展才能实现城乡两个文明的共生、共融、共荣。将城乡中国而非城市中国作为一个阶段，将允许城市与乡村良性互动，生产要素在城乡有效配置，这样更有利于抵达城市中国。”①

一个人的城镇化

如果说城乡融合、城乡良性互动是化解当前城镇化危机，进而走向城市中国的必由之路，那么李子柒们则是城乡融合的桥梁。李子柒与张同学的成功看似一致地指向乡村，然而真正让他们走向成功的恰恰是他们的城镇化过程，进城、返乡进而频繁的城乡穿梭让他们获得了城与乡的双重滋养。

李子柒出生在乡村，成名也在乡村。她个人在城市的经历往往被忽略，但这段个人城镇化的历程或许才是成就今天李子柒的关键——毕竟一个从来没有去过城市的人很难制作出符合大众审美趣味，进而爆红网络的视频产品。李子柒本来就是一个已经城镇化的人，她的城镇化历程大致可以分为四个阶段：在乡村，进城，返乡，城乡穿梭。

童年的李子柒跟着爷爷在乡村学会了做木工、干农活。这段历程给了她后来为人称道的动手能力，也使得她对于乡村生活极为熟悉。14岁的李子柒进入城市务工谋生。刷过盘子，学过打碟……对于一个年轻女孩，

① 刘守英，王一鸽．从乡土中国到城乡中国——中国转型的乡村变迁视角[J]．管理世界，2018，34（10）：128-146+232.

可以想见这段历程充满艰辛甚至苦难，但也必然对她的人生和后来的选择发挥重要的影响。应该就是在城市的这段时光，她深入地接触了互联网，学会了剪辑视频等技能，受到了审美与时尚的训练……如果李子柒一直生活在乡村中，没有超脱的经历所带来的超脱视角，她很难将普通的乡村生活升华为作品中的美与艺术，也很难将其制作为符合互联网审美趣味的视频。

为照顾亲人而返乡的李子柒最初注册了一家淘宝店，并以此为生计。或许是错过了电子商务创业的最佳机遇期，她的网店收益不佳，这迫使李子柒寻找新的创业可能。转而拍摄视频的她，正好赶上了短视频爆发的时代，赶上了移动互联网赋予创业者的新机遇，这次她竭尽全力，也大获成功。走红之后的李子柒开始参加各种活动、开设天猫店以至于参加外事文化交流，显然这些活动都不大会在乡村中完成。当然，她也不能离开她的乡村，这是她的原点，她的事业根植于此。于是城乡穿梭就成为她的日常。进城，返乡，城乡穿梭，李子柒一个人的城镇化，其实也是许多乡村草根创业者的城镇化。我们熟悉的大量淘宝村的创业者们，他们其实也是在这样的城乡回路上来回穿梭，以个体的城镇化带动群体的城镇化，进而让他们的乡村成为流乡村，完成了移动互联网时代的乡村城镇化。

三个时代的城镇化

以李子柒为代表的无数个体在城乡空间中移动、停留、穿梭的本质是个体需求与具有不同竞争力的各类空间相互适配的过程。人存在的本质决定着人的需求。马克思强调人的本质是人的自然属性、社会属性和精神属性的统一[①]。人首先“直接地是自然存在物”，人的存在首先来自自然肉体的存在与生活需要，并同时受到个体的肉体组织与自然关系的制约。其次，“人是社会存在物”，人依靠群体关系，在大大小小的多成员共同

① 武天林．人的存在、本质和解放的三重性［J］．陕西师范大学学报（哲学社会科学版），1998（4）：3–5.

生活的社会统一体中得以存在，其中家庭是最小的社会单元。最后，人是“自由的有意识的生命活动的存在物”，有意识的生命活动将人与动物区分开，这一属性要求人承担自我认识、自我完善的使命，最终完成人的自由而全面的发展[①]。人的三重属性呈现出由低层级到高层级发展的特征，人类需求满足的优先次序通常也呈现先低后高的特征，亦即人首先需要满足经济发展这一能保障自然存在的需求，再追求家庭团聚等社会存在的需求，进而追求良好的生态环境、高质量的教育等精神存在层面的需求。城镇化过程中不同的人类需求，需要与之相适配的空间来满足。大城市、县城、小城镇、乡村等差异化的空间在适配层级化的人类需求时具有不同的竞争力。通常个人会根据自身需求进行城镇化空间的选择，与高优先级需求匹配的高竞争力空间将在决策中被优先考虑。

大卫·哈维（David Harvey）在20世纪70年代为诠释社会物质实践巨变语境下的时空属性，提出时空压缩（time-space compression）概念以挑战传统的时空观念[②]。根据时空压缩的程度，我们将互联网时代的城镇化分为前互联网时代、传统互联网时代和移动互联网时代三个阶段[③]。可以看到李子柒的城镇化正是贯穿这三个时代的城镇化，她个体的城镇化也是时代城镇化的缩影与映射。在前互联网时代，时空压缩的程度有限，地理上的空间距离以及相伴的时间距离依然是难以逾越的障碍。这一时期以报纸、电视、广播为代表的大众媒体具有典型的中心化、单向层级化的特点，信息传播机构庞大而高高在上，信息集中，受众被分化与控制，人们所能获得的信息有限[④]。城乡之间呈现典型的向心结构，城市作为经济发展中心占据着经济主导权，作为行政中心占据着管理支配权，作为信息生

① 陈学明．马克思的人的全面发展理论与当代人的生活取向[J]．复旦学报(社会科学版)，2000（2）：17–23.

② 冯建辉．哈维的“时空压缩”理论浅析[J]．唯实，2010（7）：33–37.

③ 吴俊伯，罗震东，钱俭．互联网时代人的城镇化动力机制研究——基于淘宝村精英个体生命历程的实证[J]．上海城市规划，2021，(2)：1–7.

④ 曼纽尔·卡斯特．汤景泰，星辰译．传播力[M]．北京：社会科学文献出版社，2018：39.

产中心占据着传播权。乡村在这一时期始终处于从属地位，物质、人口、资金等要素都源源不断地流往城市。

在前互联网时代，改革开放与市场经济制度的确立大大推动城乡发展，中国乡村居民的温饱问题初步解决。然而刚跨过温饱线只是解决了暂时的生存危机，不能满足真正的生存需求，因此，这一时期经济发展始终排在需求满足优先序列的首位。而此时只有大城市能够提供大量非农就业机会，满足广大乡村剩余劳动力的经济发展需求，是毫无疑问的高竞争力空间。进城打工成为大量农村人口的最优选择。然而大城市对于城镇化人口而言，在家庭的整体迁居、公共服务方面存在诸多门槛与壁垒，故而只可作为工作空间而非长期生活的空间。这一时期人的城镇化选择有限，呈现出半城镇化特征，即长期进城务工、短期回乡团聚的“候鸟式”迁徙。经济发展需求始终占据主导地位，家庭团聚等与生俱来的社会性需求只能让位于经济发展需求。乡村居民通过进城务工获得发展机遇的过程也是无数家庭代际空间分隔的过程。这种家庭分隔的城镇化带来一系列社会问题，诸如大量人口流失所导致的乡村衰败、留守老人无人赡养与留守儿童教育缺失等，让本已脆弱的乡村雪上加霜，失去活力，没有未来。

进入传统互联网时代[①]，信息技术革命有效地减少了信息不对称，加速时空压缩的进程。互联网大幅提高信息传播的效率，自由传播挑战了嵌在社会组织机构中的权力关系[②]。信息流不再是由高层到低层、由城市到乡村的单向层级式传播，传播权力下沉，传播向度更加多元化。与此同时，高速公路、高速铁路网络的建设有效地促进了互联网新经济的扩张，城乡时空格局开始发生巨变。向心型城乡格局开始向多中心的城乡网络转变，而具有良好区位、资源的小城镇和乡村重新获得发展机遇，跃迁为城乡网络中的新节点，其中就包括以淘宝村为代表的流乡村。人口、资金由

① 传统互联网时代指21世纪初到2012年左右，大众主要基于个人电脑连入互联网；而移动互联网时代则是2012年前后迄今，手机开始成为连入互联网的主要方式。

② 曼纽尔·卡斯特．汤景泰，星辰译．传播力[M]．北京：社会科学文献出版社，2018：5-7.

城市向流乡村回流，生产建设活动开始在流乡村聚集，使得这些乡村逐渐摆脱资源净流出的“失血”状态，在城乡中拥有更加独立的地位。

传统互联网时代的中国仍处于城镇化加速期，经济的高速增长和城市的加速扩张是城镇化的主要动力，而互联网革命则为人的经济发展提供了新的空间。互联网平台提供的虚拟市场对经济空间进行重新组织，大城市的经济部门不再是唯一的选择，人的经济发展需求可以通过虚拟空间在更广阔的实体空间中完成。虚实空间的重新组合重塑了流乡村的空间竞争力，更为低廉的地租与创业成本可以满足更多个体经济发展的需求，而新的“离土不离乡”模式使得家庭团聚等社会性需求同时得到满足，更多要素的回流一定程度上意味着城市在空间竞争力上的垄断性地位开始松动。经济需求与社会需求关系的重新权衡使得个体的城镇化选择更加多元，异地城镇化、本地城镇化以及互联网推动的就地城镇化同时存在。留在大城市的打工者延续着候鸟式的异地城镇化模式，少数佼佼者脱颖而出实现身份转变，最终完成家庭整体的城镇化。在大城市难以长久立足的打工者往往回到家乡所在县城、小城镇，利用此前积累的资金和技能创业或继续打工。县一级城镇进入门槛相对较低，大部分人也能实现家庭整体的城镇化。而互联网推动的就地城镇化则是更为彻底的自下而上进程。外出打工的乡村居民带着在城市获得的资金、经验、技术与理念返回乡村，成为互联网时代的创业者，就地推动产业发展和乡村城镇化，在家庭团聚的同时推动乡村走出衰败，走向现代。

进入移动互联网时代，随着移动通信网络的大规模建设与通信技术的发展，网络渗透的程度大幅提高。大量信息通过移动端收发，大大降低了实体空间的束缚，个体交流的自由度明显增加。传统互联网时代普遍担忧的城乡数字鸿沟开始消弭，时空压缩的趋势更加明显，与之相伴的是城乡网络结构的深化。随着传播权力的进一步下沉，在前互联网时代与传统互联网时代得不到关注的县城、小城镇和乡村开始获得充分展示自身的渠道。据统计至2020年底，抖音平台全国获赞数前10位县城中有4个为国家级贫困县[1]，快手平台上三农兴趣用户超2亿，三农主题短视频日均播放量达6.5亿次[2]。内生经济主导的淘宝村、镇与视觉景观主导的网红村、镇大量涌现。移动互联网时代的新乡村进一步打破相对封闭的向心型城乡等级结构，凭借自身的生态优势、产业优势、文化优势与城市形成更加互补交融的格局。

在移动互联网时代的中国城乡社会，经济的长期高速增长已使得人们的需求发生改变。正如十九大报告所指出的："中国特色社会主义进入新时代，我国社会主要矛盾已经转化为人民日益增长的美好生活需要和不平衡不充分的发展之间的矛盾。"移动互联网时代的个人需求日益呈现高层级与多元化的特点。尤其在流乡村中，当经济发展与家庭团聚需求逐渐得以满足以后，更高层级的需求凸显，如乡村生态环境的改善、自我的提高与完善、社会的认可与尊重等。个人需求优先次序变化的同时，城乡不同空间的竞争力也持续改变。一方面，大城市凭借强大的规模集聚效应、良好的基础设施和公共服务，在个人的经济、社会发展需求满足方面始终具有强劲的竞争力。另一方面，随着城乡融合与乡村振兴战略的实施，流乡村不断完善基础设施、公共服务，空间竞争力显著提升，不仅是乡镇经济的重要补充，甚至成为县域经济的亮点和城乡融合的支撑。尤其随着人们对更加健康美好生活的向往，拥有良好自然生态环境、稳定和谐社会关系的新乡村人居环境，是具有更强空间竞争力的新型城镇化空间。

移动互联网时代是人的城镇化选择更为多样和自由的时代。人口流动更为高频，城镇化载体更加丰富，宽谱系的多元城镇化模式日益浮现[3]。大城市、县城、小城镇与乡村都是能够满足个人经济社会发展需求的、具有不同竞争力的空间载体，它们所构成的城乡体系不再是要素单向流动的等级体系，而是多向度自由流动的多中心网络体系。城镇化载体的增多同

① 抖音平台，2020抖音数据报告。

② 快手平台，2020快手三农生态报告。

③ 罗震东．基于真实意愿的差异化、宽谱系城镇化道路［J］．国际城市规划，2013，(3)，vol.28：45

时意味着人的城镇化选择更多，空间流动的自由度更大。城乡联系日益紧密、城乡功能高度互补成为个体在城乡之间高频流动的本质推动力。新一代移动通信技术、高速铁路、城市轨道交通等基础设施的加速发展则为个体的高频流动提供了坚实的物质支撑。在移动互联网时代的新乡村，李子柒们将更加频繁地穿梭于城乡之间，以实现个人的更全面发展。

从流乡村走向新兴田园城市

网上有许多人羡慕李子柒，许多人想要过上李子柒的生活，但关于她所展现的乡村生活是否真实一直存在争议。大多数人认为这种生活是美好而虚假的，真实的乡村生活充满艰辛与残酷，夏天的蚊虫、冬天的跳蚤、水田的蚂蟥、厕所的苍蝇……田园牧歌只是幻想。真的只是幻想吗？也许是吧。雷蒙·威廉斯在《乡村与城市》中就指出，田园主义怀旧反对资本主义的金钱秩序，承载了一定的人道主义情感，但又将这些情感附着于一个理想化的前资本主义的美好世界，始终认不清资本主义作为一种生产模式是乡村和城市大部分历史的基本过程[①]。

比威廉斯早出生71年的埃比尼泽·霍华德显然不可能听到他的批判，这位英国议会速记员执着地将他的幻想认真地写成一本被认为是现代城市规划诞生标志的著作，120年前它以《明日的田园城市》为名再版。此后霍华德直接参与并推动的田园城市运动席卷欧美几十年，影响了很多欧美城市的空间规划和生活方式。然而不可否认的是，工业革命时代的田园城市并不成功，因为所有兴建的田园城市都无法解决“规模悖论”[②]：田园城市要提供充分的就业就需要较大的规模，因为只有规模更大才可能提供更多的就业机会，但规模越大，开发的强度和密度就会更高，田园特色就会消失。规模悖论的存在使得大量建成的田园城市都不可避免地成为大都

① 雷蒙·威廉斯. 乡村与城市[M]. 韩子满，刘戈，徐珊珊译. 北京：商务印书馆，2013。

② 罗震东. 新兴田园城市：移动互联网时代的城镇化理论重构[J]. 城市规划，2020,(3), vol.44：9–16.

市的“卧城”或者新郊区。

流乡村的出现预示着规模悖论可能被打破。在流乡村，生产早已与农业脱钩，居民不再全都是农民。他们可以是电子商务创业者，可以是网红、主播、网络作家[①]，甚至可以是艺术家、设计师、大学教授……移动互联网将这些新乡村与全球网络链接，就业机会不再取决于人口或者建成区规模，更取决于网络连接的强度与密度，规模悖论悄然崩塌。流空间所引致的虚拟集聚在创造更多经济发展机会与就业岗位的同时，并不必然引起实体建成空间开发密度与强度的大幅提升，从而使得田园城市在单一实体空间中无法解决的规模悖论得以破解。更多精英对于流乡村的青睐，不仅会促进高端产业的集聚从而放大集聚的规模效应，而且会促进人居环境的改善和优化，保持田园城市的环境优势和持续的吸引力。

中国改革开放40多年的城镇化历程中涌现过很多“新乡村”。从浙江村、羊城村，到淘宝村、网红村，虽然存在时代的差异，但它们的核心都是接近就业市场、连接更大的生产分工网络，最主要的差别在于前者通过主动的空间迁移去接近市场，而后者则利用互联网就地接近市场。虽然它们都是所处时代的新乡村，但相比于浙江村与羊城村内嵌于大都市的被动与限制，淘宝村和网红村的发展往往更加自主。流乡村的定义旨在透过这些乡村的表象，揭示互联网时代新乡村的内在实质。试想当年的浙江村如果持续到今日，必定是如同大源村一样的流乡村；而依然只是单纯地承载生活功能的羊城村，则不可能成为流乡村，虽然它们在大部分特征上与大源村并无二致。

虽然借助互联网有可能打破规模悖论，但流乡村不会自然地成为新兴田园城市，深入的研究、精准的政策制定、多元主体参与的规划建设与治理才是转型升级的关键。显然，以流乡村为代表的移动互联网时代城镇化的“中国模式”不在于增量的扩张，而在于存量的盘活和升级。因此，从流乡村走向新兴田园城市的重点和难点在于对既有空间的活化，让“涌

① 蒋阳，张京祥，何鹤鸣，施德浩. 场域视角下的创新孵化空间构建机制——中国网络作家村的案例解析[J]. 上海城市规划，2021（01）：84-90.

现”的机制[①]重新产生。拥有悠久历史传统、与自然和谐共生的乡村存量资产是中国城镇化的巨大财富。然而，当前的城镇化进程并未在制度层面构建起空间活化的坚实基础，尤其农村土地制度的僵化大大阻碍了各种要素在乡村空间集聚的可能[②]。加快制度改革步伐，让市场在资源配置中发挥决定性作用，进而完善乡村现代化治理体系，引导精英群体有序地集聚与建设，将是城镇化“中国模式”急需研究和破解的课题。同时，如果说工业时代的标志是机械设计能力的登峰造极，那么新生物文明的标志就是使设计再次回归自然[③]。新兴田园城市的规划设计必将是自然主义与人本主义的结合，通过理论与技术的进步弥合人类与自然的紧张关系。

移动互联网时代构成经济社会发展的主要载体就是流城镇和流乡村。从单个的新兴田园城市到顶尖的全球城市，大大小小不同城镇化空间的优势将更加凸显和互补，差别仅仅在于实体建成空间的密度以及与规模门槛相关的公共设施和基础设施。因此，从流乡村走向新兴田园城市必将形成一条更加多元、宽谱系的健康城镇化道路。由于没有经济收益以及就业机会上的巨大差异，人们在不同城镇化空间中的选择将更加多元，流动也更加自由，城市与乡村不再对立，大都市过于密集的发展趋势将得到缓解。由于城镇化的本质是流空间的扩展，是精英群体的集聚，因此决定城镇化空间生死的将不是规模，而是结构和质量。无论大都市还是小城镇，空间结构、产业结构和治理结构的多中心程度[④]将决定它们的死与生。

---

① 凯文·凯利．张行舟等译．失控：全人类的最终命运和结局［M］．北京：电子工业出版社，2016.

② 刘守英，熊雪峰．经济结构变革、村庄转型与宅基地制度变迁——四川省泸县宅基地制度改革案例研究［J］．中国农村经济，2018（6）：2-20.

③ 同①。

④ 罗震东，朱查松．解读多中心：形态、功能与治理［J］．国际城市规划，2008（1）：85-88.

图表来源

图1–5：快手研究院.直播时代——快手是什么[M].北京:中信出版集团股份有限公司，2021.

图1–13：《白云区大源村片区提升启动区控制性详细规划》，广州市规划和自然资源局，2019 .

图1–14：维基百科（Wikipedia），2021.

图3–1：数据源自阿里研究院2013–2020年连续发布的中国淘宝村名单。

图4–2：前瞻产业研究院，全球珠宝首饰市场现状及竞争格局分析，2019.

表4–1：根据实地调研及参考文献（吕军义，南阳石佛寺镇玉雕产业集群形成机制研究，郑州：河南大学，2016）整理绘制。

表4–2：根据实地调研及参考文献（李学鑫，中部农区文化创意产业集群形成发展机制研究——以石佛寺玉雕产业集群为例，改革与战略，2012，28（1）：154–157）整理绘制。

图5–2：蒋家明拍摄，2017.

图6–13：肃宁县人民政府，2020.

图6–20：肃宁县人民政府，2020.

表6–1：资料源自阿里研究院、肃宁县人民政府，2020.

图7–3：数据源自网络搜索，2018.

图7–4：根据网络资讯整理，2018.

图7–5：源自新浪微博搜索，2018.

图8–1：Nick Gallent等著，闫琳译. 乡村规划导论[M]. 北京：中国建筑工业出版社，2015.

图8–2左图：https://zj.zjol.com.cn/news/1507496.html.

图8–3：https://www.zj–mgs.com.

图9–2左图：费孝通.江村经济[M]. 南京：江苏人民出版社，1986.

图9–7右图：费孝通.江村经济[M]. 南京：江苏人民出版社，1986.

除以上注释外，本书的图表均由作者及其研究团队拍摄和绘制。

参考文献

[1] 艾少伟，苗长虹. 从“地方空间”“ 流动空间”到“行动者网络空间”：ANT视角［J］. 人文地理，2010（02）：43-49.

[2] 安子蕴，何琬文，李一. 杭州市服装产业碳排放与经济增长的关系研究［J］. 轻纺工业与技术，2017，46（03）：11-12+18.

[3] 包东喜，党东耀. 网络传播的“乘数效应”与控制应对［J］. 中国记者，2009（4）：85-86.

[4] 贝斯特. 现实的商品化和商品化的现实：波德里亚、德博尔和后现代理论[A]//道格拉斯·凯尔纳. 波德里亚：批判性的读本［M］. 陈维振，陈明达，王峰译. 南京：江苏人民出版社，2005.

[5] Berger，J. Ways of Seeing［M］. New York：Penguin，1972.

[6] 博任纳、李志刚等译. 城市，地域，星球：批判城市理论［M］. 北京：商务印书馆，2019.

[7] 蔡凯莉. 网络直播平台的生存现状与发展策略研究［D］. 南京：南京师范大学，2017.

[8] 陈德宝. 农产品流通电商化新模式构建［J］. 商业经济研究，2013（32）：23-24.

[9] 陈锐，钱慧，王红扬. 治理结构视角的艺术介入型乡村复兴机制——基于日本濑户内海艺术祭的实证观察［J］. 规划师，2016，32（8）：35-39.

[10] 陈学明. 马克思的人的全面发展理论与当代人的生活取向［J］. 复旦学报（社会科学版），2000（2）：17-23.

[11] 陈越. 农村电商“浙里”腾飞［J］. 浙江经济，2015（14）：36-37.

[12] 戴光全，陈欣. 广州上下九的视觉表征分析——以互联网营销图片为例［J］. 人文地理，2010（5）：148-153.

[13] 德波. 王昭风译. 景观社会[M]. 南京：南京大学出版社，2006.

[14] 董新辉. 新中国 70 年宅基地使用权流转：制度变迁、现实困境、改革方向[J]. 中国农村经济，2019（6）：2–27.

[15] 方玲玲. 媒介之城——媒介地理学视野下的空间想象力与城市景观[D]. 杭州：浙江大学，2007.

[16] 费瑟斯通. 消费文化与后现代主义[M]. 南京：译林出版社，2000.

[17] 费孝通. 江村经济[M]. 南京：江苏人民出版社，1986.

[18] 费孝通. 乡土中国[M]. 北京：北京大学出版社，2012.

[19] 冯建辉. 哈维的“时空压缩”理论浅析[J]. 唯实，2010（7）：33–37.

[20] Nick Gallent等著，闫琳译. 乡村规划导论[M]. 北京：中国建筑工业出版社，2015.

[21] Goldhaber，M H. Attention shoppers[J]. Wired，1997，5（12）：1.

[22] 哈耶克. 冯克利等译. 致命的自负[M]. 北京：中国社会科学出版社，2000.

[23] 何诗煜. 临安山核桃产业的发展现状及策略研究[J]. 中国市场，2016（47）：34–37.

[24] 胡鞍钢，周绍杰. 新的全球贫富差距：日益扩大的“数字鸿沟”[J]. 中国社会科学，2002（3）：34–48+205.

[25] 黄勇. 浙江“块状经济”现象分析[J]. 中国工业经济，1999（05）：58–60.

[26] 霍尔. 编码 / 解码[A]//罗钢、刘向愚主编，王广州译. 文化研究读本[C]. 北京：中国社会科学出版社，2000.

[27] 霍尔，佩因. 罗震东等译. 多中心大都市——来自欧洲巨型城市区域的经验[M]. 北京：中国建筑工业出版社，2010.

[28] 霍尔，沃德，黄怡译. 社会城市——埃比尼泽·霍华德的遗产[M]. 北京：中国建筑工业出版社，2009.

[29] 霍华德，金经元译. 明日的田园城市[M]. 北京：商务印书馆，2010.

[30] 蒋阳，张京祥，何鹤鸣，施德浩. 场域视角下的创新孵化空间构建机制——中国网络作家村的案例解析[J]. 上海城市规划. 2021（01）：84–90.

[31] 卡斯特. 夏铸九等译. 网络社会的崛起 [M]. 北京：社会科学文献出版社，2003.

[32] 卡斯特. 汤景泰，星辰译. 传播力 [M]. 北京：社会科学文献出版社，2018.

[33] 凯尔纳，史安斌译. 媒体奇观 [M]. 清华大学出版社，2003.

[34] 凯利. 张行舟等译. 失控：全人类的最终命运和结局 [M]. 北京：电子工业出版社，2016.

[35] 克里福德·格尔茨. 韩莉译. 文化的解释 [M]. 南京：译林出版社，2014.

[36] 快手研究院. 直播时代——快手是什么 [M]. 北京：中信出版集团股份有限公司，2021.

[37] Lefebvre，H. The Production of Space [M]. Hoboken：Wiley-Blackwell，1992.

[38] Li H，Biocca，D F，The Role of Virtual Experience in Consumer Learning，Journal of Consumer Psychology，2003，13（4）：395-407.

[39] 李凌子，简子菡，丁志伟. 河南省特色农产品淘宝村的形成过程与集聚机理研究——以荥阳市刘沟村为例. 河南科学，2019，37（8）：1359-1367.

[40] 李培林. 村落的终结——羊城村的故事 [M]. 北京：商务印书馆，2004.

[41] 李学鑫. 中部农区文化创意产业集群形成发展机制研究——以石佛寺玉雕产业集群为例. 改革与战略，2012，28（1）：154-157.

[42] 李学鑫. 农区文化产业集群吸收能力与学习研究——以石佛寺玉雕产业集群为例. 人文地理，2012，27（5）：115-119.

[43] 梁菁. 将“美”进行到底——视觉消费的社会学解读 [J]. 湖北经济学院学报（人文社会科学版），2012，9（12）：22-23.

[44] 刘润，杨永春，王梅梅等. 转型期中国城市更新背景下旅游地视觉景观生产研究——以成都宽窄巷为例 [J]. 人文地理，2016，31（3）：136-144.

[45] 刘守英，王一鸽. 从乡土中国到城乡中国——中国转型的乡村变迁视角 [J]. 管理世界，2018，34（10）：128-146+232.

[46] 刘守英，熊雪峰. 经济结构变革、村庄转型与宅基地制度变迁——四川省泸县宅基地制度改革案例研究 [J]. 中国农村经济，2018（6）：2-20.

[47] 刘文沛，应宜伦. 互动广告创意与设计 [M]. 北京：中国轻工业出版社，

2007

[48] 刘扬. 德波景观空间文化理论述略 [J]. 城市问题，2011（11）：89-94.

[49] 刘扬. 视觉景观的形而上学批判——居伊·德波景观社会文化理论述评 [J]. 社会科学家，2009（2）：21-25.

[50] 陆立军. 科技型中小企业与区域产业竞争力 [M]. 北京：中国经济出版社，2002.

[51] 罗珉，李亮宇. 互联网时代的商业模式创新：价值创造视角 [J]. 中国工业经济，2015（01）：95-107.

[52] 罗震东，朱查松. 解读多中心：形态、功能与治理 [J]. 国际城市规划，2008（1）：85-88.

[53] 罗震东. 基于真实意愿的差异化、宽谱系城镇化道路 [J]. 国际城市规划，2013，（3），vol. 28：45.

[54] 罗震东，何鹤鸣. 全球城市区域中的小城镇发展特征与趋势研究——以长江三角洲为例 [J]. 城市规划，2013，37（9）：9-16.

[55] 罗震东，朱查松，薛雯雯. 基于高铁客流的长江三角洲空间结构再审视 [J]. 上海城市规划，2015，（4）：74-80.

[56] 罗震东，何鹤鸣. 新自下而上进程：电子商务作用下的乡村城镇化 [J]. 城市规划，2017，41（3）：31-40.

[57] 罗震东，项婧怡. 移动互联网时代新乡村发展与乡村振兴路径 [J]. 城市规划，2019，43（10）：29-36.

[58] 罗震东. 新兴田园城市：移动互联网时代的城镇化理论重构 [J]. 城市规划，2020，44（3）：9-16.

[59] 罗震东. 新自下而上城镇化：中国淘宝村的发展与治理 [M]. 南京：东南大学出版社，2020.

[60] 吕军义. 南阳石佛寺镇玉雕产业集群形成机制研究 [D]. 郑州：河南大学，2016.

[61] 木心. 云雀叫了一整天 [M]. 上海：上海三联书店，2020.

[62] 聂林海. 我国电子商务发展的特点和趋势 [J]. 中国流通经济，2014，28

（6）：97–101.

［63］宁华宗. 治理空间的再造：边远山区乡村治理的新路径——以黔江生态移民工程为例［J］. 社会主义研究，2014（06）：145–151.

［64］潘知常，林玮，曾艳艳. 结构主义—符号学的阐释：传媒作为文本世界——西方传媒批判理论研究札记［J］. 东南大学学报（哲学社会科学版），2004，6（3）：71–76.

［65］钱志新. 大互联网［M］. 南京：南京大学出版社，2014.

［66］饶叶玲，罗震东. 数字化转型与深度扩散：基于B2B电商企业的长三角产业空间演化研究［J］. 城市规划学刊，2021，（3）：82–89.

［67］桑德斯. 陈信宏译. 落脚城市［M］. 上海：上海译文出版社，2012.

［68］桑塔格. 黄灿然译. 论摄影［M］. 上海：上海译文出版社，2012.

［69］单建树，罗震东. 集聚与裂变——淘宝村、镇空间分布特征与演化趋势研究［J］. 上海城市规划，2017（02）：98–104.

［70］上海财经大学“千村调查”项目组. 2017中国农村互联网应用报告［M］. 上海：上海财经大学出版社，2018.

［71］邵颖萍. 落脚乡村与民宿经济——莫干山特色文化重构［M］. 南京：江苏教育出版社，2019.

［72］沈关宝. 一场静悄悄的革命［M］. 上海：上海大学出版社，2007.

［73］盛钰仁，罗震东. 宅基地“三权分置”下乡村主体性变迁与规划变革研究［J］. 上海城市规划，2021，（2）：42–48.

［74］施瓦布. 李菁译. 第四次工业革命［M］. 北京：中信出版社，2016.

［75］史英静. 传统村落的振兴与困惑——以安徽传统村落尚村为例［J］. 城乡建设，2019（10）：62–64.

［76］孙九霞. 旅游循环凝视与乡村文化修复［J］. 旅游学刊，2019，34（6）：1–4.

［77］Taylor，P J. World City Network：A Global Urban Analysis ［M］. London：Routledge，2004.

［78］藤田昌久，蒂斯. 石敏俊等译. 集聚经济学：城市、产业区位与全球化（第2

版）［M］. 上海：格致出版社，上海三联书店，上海人民出版社，2016.

［79］Urry，J. 杨慧等译. 游客凝视 ［M］. 桂林：广西师范大学出版社，2009.

［80］Walker，P，Fortmann L. Whose landscape? A political ecology of the ‘exurban’ Sierra［J］. Cultural Geographies，2003，10（4）：469–491.

［81］王凯，林辰辉，吴乘月. 中国城镇化率60%后的趋势与规划选择［J］. 城市规划，2020（12）：9–17.

［82］王梅芳，刘华鱼. 景观社会：一种视觉传播化的统治［J］. 当代传播（汉文版），2017（3）：30–32.

［83］王敏，江荣灏，朱竑. 人文地理学的“视觉”研究进展与启示［J］. 人文地理，2017（3）：10–19.

［84］威廉斯著，韩子满，刘戈，徐珊珊译. 乡村与城市［M］. 北京：商务印书馆，2013.

［85］吴俊伯，罗震东，钱俭. 互联网时代人的城镇化动力机制研究——基于淘宝村精英个体生命历程的实证［J］. 上海城市规划，2021，（2）：1–7.

［86］武天林. 人的存在、本质和解放的三重性［J］. 陕西师范大学学报（哲学社会科学版），1998（4）：3–5.

［87］吴晓波. 激荡三十年：中国企业1978—2008. 北京：中信出版社，2017.

［88］项飙. 跨越边界的社区：北京“浙江村”的生活史［M］. 北京：生活·读书·新知三联书店，2018.

［89］肖明华，陶水平. 本雅明的传统艺术与现代艺术比较研究［J］. 重庆邮电大学学报：社会科学版，2005，17（1）：122–126.

［90］许高峰. 民营经济发展及其在区域经济发展中的作用［J］. 中国青年政治学院学报，2010，29（03）：111–114.

［91］徐苇，杨传红. 短视频成为网红经济窗口的原因探析. 中国市场，2019（2）：195–196.

［92］徐维祥. 浙江“块状经济”地理空间分布特征及成因分析［J］. 中国工业经济，2001（12）：55–60.

［93］简·雅各布斯著. 金衡山译. 美国大城市的死与生［M］. 南京：译林出版

社，2005.
[94] 闫帆. 基于SaaS模式的服装设计流程管理软件［D］. 东华大学，2018.
[95] 杨文磊，李家峰. 河南镇平：小小金鱼壮大优势致富产业. 中国水产，2003（1）：35–36.
[96] 姚中秋. 钱塘江以南中国：儒家式现代秩序——广东模式之文化解读［J］. 开放时代，2012（4）：37–48.
[97] 叶裕民. 中国城市化的制度障碍与制度创新［J］. 中国人民大学学报，2001（05）：32–38.
[98] 张一兵. 颠倒再颠倒的景观世界——德波《景观社会》的文本学解读［J］. 南京大学学报（哲学·人文科学·社会科学），2006，43（1）：5–17.
[99] 赵红梅，李庆雷. 旅游情境下的景观"制造"与地方认同［J］. 广西民族大学学报（哲学社会科学版），2011（3）：14–20.
[100] 赵宏伟，戚红年，程寅，谢培原. 中部地区玉产业特色镇发展建设研究. 山西建筑，2016，42（13）：18–20.
[101] 赵刘，周武忠. 旅游景观的嬗变与视觉范式的转向［J］. 旅游学刊，2011，26（8）：32–37.
[102] 赵渺希，师浩辰，黄卓，彭祎芃. 淘宝村城镇化转型的社会网络植入与演替机制——以广州市里仁洞村为例. 上海城市规划，2021（02）：29–35.
[103] 赵佩佩，胡庆钢，吕冬敏等. 东部先发地区乡村振兴的规划研究探索——以杭州市为例［J］. 城市规划学刊，2019（05）：68–76.
[104] 中共浙江省委党校编著. 共同富裕看浙江［M］. 杭州：浙江人民出版社，2021.
[105] 周静. 电子商务推动的乡村空间重构——以南通三合口村为例. 上海城市规划，2018（6）：69–75.
[106] 周宪. 视觉文化的消费社会学解析［J］. 社会观察，2004（11）：58–58.
[107] 周洋岑，罗震东，耿磊. 基于"精明收缩"的山地乡村居民点集聚规划——以湖北省宜昌市龙泉镇为例［J］. 规划师，2016，32（06）：86–91.
[108] 周拥平. 江村经济70年［M］. 上海：上海大学出版社，2006.

后记

2015年开始关注淘宝村，2017年开始关注网红村，算来也有六七个年头了。一件事情做得时间长了就会看得更清楚。这六七年我明白了一件事：学术研究一开始是好奇与兴趣，到最后就只剩下坚持和使命了。如果说互联网时代是信息爆炸的时代，那么移动互联网时代就是信息核聚变的时代。新名词、新概念不断涌现，应接不暇。然而从学术研究的角度，一个学术名词或者概念的产生必须是慎重的，“造新词”通常是非常有风险的事情。“流乡村”是我创造的一个“新词”，为此我也忐忑了很久。然而每当我回顾这六七年来的大量调查与研究，多少又有一丁点儿拿得出来的“底气”。流乡村，不过是对新时代大量新乡村的一个学术抽象。从过去的浙江村、羊城村、河南村到现在的淘宝村、电商村、网红村……我们记录过太多朗朗上口的名字，然而这些都只是现象的描述。现象如果不进行学术抽象，研究就始终停留在经验层面，而只有经验是无法产生关于中国城镇化的原创理论的。

我关于流乡村的思考其实从2017年就开始了。那一年在南京江宁观音殿村举办的“特色乡村：乡村治理与乡村复兴”研讨会上，我就提出“淘宝村和网红村就是互联网时代下的新乡村、新景观”的观点，隐约中觉得这两个看似完全不同的乡村其实具有同样的逻辑。带着这些思考，五年来在继续大量调研淘宝村的同时密切关注网红村的发展。随着调研的深入，我慢慢发现，这两种乡村基本就是互联网时代新乡村的两种类型，表现的形式可能会持续变化，但内在的动力和机制基本稳定。一种是互联网推动的内生经济，通过网络将产品卖出去；一种是互联网推动的外生经济，通过网络将人和消费引进来。渐渐地我还发现，两者的界限并没有那么清晰，它们也会转化，进而成为更加综合的数字乡村。有了大量调研的支撑，我开始尝试将两者进行统一定义。沿着卡斯特关于流空间的原创思考，通过“实体和虚拟”“集聚和分散”这一“二乘二”矩阵，我将这些流空间与地方空间密集互动的乡村定义为“流乡村”。当第一次将这三个字敲在屏幕上的时候，忽然有第一次在女生宿舍下等女友的感觉，怕大家看到，又怕大家看不到。张扬当然是不敢的，于是悄悄塞进《新自下而上城镇化：中国淘宝村的发展与治理》的最后一章，静等大家的反应。

流乡村概念准确的界定与阐述是在《新兴田园城市：移动互联网时代的城镇化理论重构》（《城市规划》2020年第3期）这篇论文里确立的，但依然被我小心翼翼地藏在“新兴田园城市”这个同样让我忐忑不安的概念下面。文章很荣幸被《城市规划》作为当期的第一篇发表，并让“新兴田园城市”印在了期刊的封面上。更荣幸的是这篇论文还获得了“2021金经昌中国城市规划优秀论文”三等奖。论文在《城市规划》杂志社和中国城市规划学会的官方微信公众号上发布后，获得累计过万的阅读量。看来大家接受了这个概念。蒙清华大学、华中科技大学、西安建筑科技大学、哈尔滨工业大学等诸多兄弟院校师友不弃，邀我去交流，众多老师、同学的意见与问题鞭策我不断修正观点，完善概念，同时也萌发将这些年的调研和思考整理出来，与大家分享的念头。

项飙老师在《跨越边界的社区：北京“浙江村”的生活史》的修订版序言里讲到，“放下了一些理论焦虑，蓄起了一点历史视角，我重新体会了细节的价值”。而正是细节让浙江村的写作成为观察20世纪八九十年代中国城乡经济社会变迁的一部信史。我写作这本书有着同样的态度，更好地讲述只有我们这个时代才会发生的新乡村故事，更多呈现调研中捕捉到的细节，让细节映射理论。书的内容大体分为四个部分：理论性的概括只在导论和结语，不喜欢的读者可以跳过直接阅读正文章节。第一章至第六章是六个市县淘宝村镇的调查与研究，第七章至第十章是四个网红村的调查与思考。精选的这十章内容从广州、杭州到下营村、开弦弓村，力图呈现过去五年里中国新乡村发展的精彩故事，让流乡村的定义更加生动丰满。需要说明的是，部分章节已在南大空间规划（spatialplanning-nju）的微信公众号上发布，并被中国城市规划（planning-org）、规划中国（guihuazhongguo）、阿里研究院（aliresearch）、乡村规划与建设（rural-planning）、全国地学联（gpuc2005）、村庄与城市（UR-China）、中国国土空间规划（zhggtkjgh）等众多公众号转载，形成一定的学术影响力。此次出版在保持调研报告内容的基础上进行了严谨的编辑和修订，并更新了部分数据和图表。第七章来自团队在2020年新冠疫情稍微缓和的半年时间所完成的调研与思考。完整报告《协同——城乡中国的数字肃宁模式》作为第八届中国淘宝村高峰论坛的主旨报告，已在阿里研究院的官方微信公众号上发布。此次出版为了更好地呈现深度调研的成果，进行了大幅度的删改。

写作的过程从来都是痛并快乐的。因为计划写作的内容大部分都是已完成的论文和调查报告，2021年上半年拟好提纲后本以为暑假就可以完成书稿的整理统合工作，然而真正开始写作后却发现并没有那么简单。每一篇文章、报告虽然都是我带队完成的调研、亲自写作或者最终修订的文字，然而不同时间与不同参与者所沉淀的文字，各自都有各自的逻辑和风格，重新整合的过程常常让我面临重写与放弃的痛苦选择。原定暑假完成的工作也最终拖到了寒假，最终的文稿即使经过几轮改写仍有太多不完美之处，能力有限只能作罢。整理写作的过程也是愉快的，透过文字总能想起当时调研的各种情境。每一次调研都是一次惊喜之旅，每一个地方的趣事、美食都让我久久回忆。更重要的是整理写作的过程仿佛和当时的学生们又一次相聚，我们说着“见天地，见众生，见自己”的宣言，相聚又分离。这本书既是我和研究生们合作的成果，也是我们相伴旅途的见证。他们在调研和初稿写作中的贡献是这本书得以诞生的基础，请让我将他们的名字和贡献陈列出来。第一章，毛茗、钟雨妮、杨易旻、曾国威、陈兆亨、方鹏飞、蔡诗瑜；第二章，单建树、周思悦、项婧怡、傅哲宁、乔艺波、陈文涛、曹义；第三章，曹义、陈颖、项婧怡、周鑫玲、兰菁、饶叶玲；第四章，陈颖、乔艺波、傅哲宁、周玉璇、曹义、吴俊伯；第五章，单建树；第六章，曹义、项婧怡、袁超君、盛钰仁、周鑫玲、陈兆亨；第七章，朱旭佳、廖茂羽、周思悦、陈文涛；第八章，盛钰仁、周鑫玲、毛茗、蔡诗瑜、吴俊伯；第九章，袁超君、董瑶；第十章，毛茗、兰菁、吴俊伯、饶叶玲。

五年来跨越半个中国的调研，获得过太多朋友的支持和帮助，没有你们，本书的研究是不可能完成的。衷心感谢淘宝村、网红村以及相关县市区的朋友们对团队调研给予的无私帮助和支持，他们是广东省广州市白云区，番禺区，揭阳市揭东区、普宁市，浙江省杭州市临安区、余杭区、萧山区，宁波市奉化区，湖州市德清县、安吉县，河南省南阳市镇平县，湖北省十堰市郧西县，河北省沧州市肃宁县，江苏省苏州市吴江区，贵州省铜仁市石阡县等地的相关领导、村两委以及广大村民朋友。衷心感谢阿里研究院的左臣明博士、盛振中先生对于调研活动的大力支持。衷心感谢河南洛阳闪迅集团余珊珊董事长、镇平县电子商务协会满多会长，你们为河南调研提供了无微不至的照顾。衷心感谢《南方农村报》的周晓凤女士、冼伟锋先生及其团队，你们为广东调研提供了全方位的帮助。衷心感谢贵州大学余压芳教授、苏州科技大学范凌云教授、潘斌博士，你们的组织和支持让远赴贵州楼上村、深入江苏开弦弓村的调研顺利完成。封面照片来自时尚云村投资管理（杭州）有限公司的授权，特此鸣谢。

学术研究从概念生成到成果发表，离不开大量学界同仁的启发和鼓励，在此真诚致谢。衷心感谢江苏省城市规划研究会张鑑理事长，您和我关于“流乡村”的最早讨论鼓励我将这一研究持续深入。衷心感谢南京大学张京祥教授，西安建筑科技大学段德罡教授，华中科技大学耿虹教授，清华大学刘健教授、周政旭教授，昆明理工大学杨毅教授，中国城市规划设计研究院副总规划师靳东晓先生，哈尔滨工业大学董慰教授，长安大学侯全华教授，湖南大学周恺教授，上海大学刘勇教授，兰州理工大学张新红教授，苏州科技大学王勇教授、周静教授，华东理工大学徐素博士，广州美术学院董书音博士、王擎博士等师友，你们对于“流乡村”概念的认可始终鼓舞着我。衷心感谢《城市规划》杂志社与石楠主编、《西部人居学刊》杂志社与曾卫主编、《上海城市规划》杂志社与王静编辑，你们对研究成果的肯定是对这一研究最大的支持。衷心感谢江苏凤凰教育出版社文化学术出版中心李明非主任，您的鼓励和支持是本书得以尽快出版的最大动力！

罗震东

2022年1月8日于南京河西

图书在版编目（CIP）数据

流乡村：移动互联网时代的中国城镇化 / 罗震东著.
— 南京：江苏凤凰教育出版社，2022.6
ISBN 978-7-5499-9920-0

Ⅰ. ①流… Ⅱ. ①罗… Ⅲ. ①城市化—研究—中国
Ⅳ. ①F299.21

中国版本图书馆CIP数据核字（2022）第059746号

书　　名　流乡村：移动互联网时代的中国城镇化
著　　者　罗震东
责任编辑　李明非　孔　融
装帧设计　陈　也
出版发行　江苏凤凰教育出版社（南京市湖南路 1 号A楼　邮编 210009）
苏教网址　http://www.1088.com.cn
制　　版　南京紫藤制版印务中心
印　　刷　江苏凤凰新华印务集团有限公司，电话：025-68037410
厂　　址　江苏省南京市新港经济技术开发区尧新大道399号，邮编210038
开　　本　787毫米 × 1 092毫米　1/16
印　　张　15.25
版　　次　2022年6月第1版
印　　次　2022年6月第1次印刷
书　　号　ISBN 978-7-5499-9920-0
定　　价　58.00元
网店地址　http://jsfhjycbs.tmall.com
公 众 号　江苏凤凰教育出版社（微信号：jsfhjy）
邮购电话　025 - 85406265，025 - 85400774
盗版举报　025 - 83658579